安徽省教育厅质量工程项目高水平教材

大学生职业生涯规划与就业创业指导实用教程

（第3版）

主　编◎周基燕　章莉娟
副主编◎童传旺　钱琴琴

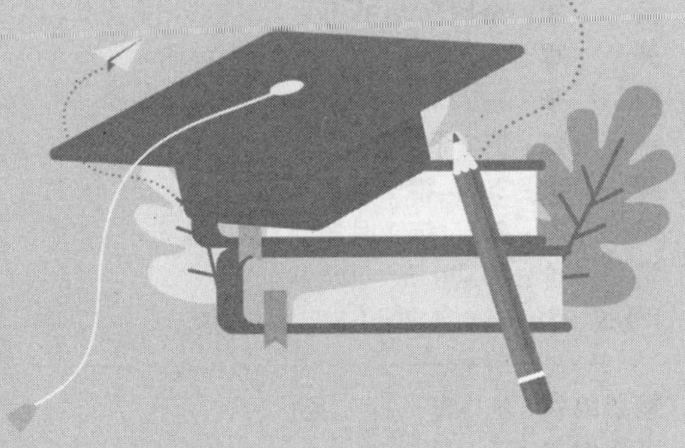

北京师范大学出版集团
BEIJING NORMAL UNIVERSITY PUBLISHING GROUP
安徽大学出版社

图书在版编目(CIP)数据

大学生职业生涯规划与就业创业指导实用教程 / 周基燕，章莉娟主编. -- 3 版. -- 合肥 ：安徽大学出版社，2025. 1. -- ISBN 978-7-5664-2914-8
Ⅰ. G717.38
中国国家版本馆 CIP 数据核字第 2025VB2693 号

大学生职业生涯规划与就业创业指导实用教程(第 3 版)
DAXUESHENG ZHIYE SHENGYA GUIHUA YU JIUYE CHUANGYE ZHIDAO SHIYONG JIAOCHENG

周基燕　章莉娟主编

出版发行：北京师范大学出版集团
安 徽 大 学 出 版 社
(安徽省合肥市肥西路 3 号 邮编 230039)
www.bnupg.com
www.ahupress.com.cn
印　　刷：合肥远东印务有限责任公司
经　　销：全国新华书店
开　　本：787 mm×1092 mm　1/16
印　　张：17.25
字　　数：372 千字
版　　次：2025 年 1 月第 3 版
印　　次：2025 年 1 月第 1 次印刷
定　　价：36.00 元
ISBN 978-7-5664-2914-8

策划编辑：方　青　邱　昱
责任编辑：邱　昱
责任校对：姚　宁
装帧设计：李　军
美术编辑：李　军
责任印制：陈　如　孟献辉

《大学生职业生涯规划与就业创业指导实用教程》（第3版）编委会

目 录

绪论 …… 1
一、如何认识大学生就业形势 …… 1
二、高等教育与就业 …… 3
三、如何学好这门课 …… 5

第一编 关注职业发展 规划职业生涯

第 1 课 职业及职业生涯发展 …… 9
一、职业及职业的意义 …… 9
二、专业学习与职业 …… 14
三、大学生活与职业生涯发展 …… 16
阅读与知识拓展 《教育部关于做好 2024 届全国普通高校毕业生就业创业工作的通知》(节选) …… 20
第 2 课 影响职业生涯的因素 …… 22
一、自身因素 …… 22
二、职业因素 …… 24
三、社会因素 …… 25
四、环境因素 …… 27
阅读与知识拓展 职业价值观 …… 28
第 3 课 兴趣、性格、能力与职业 …… 30
一、兴趣与职业 …… 30
二、性格与职业 …… 34
三、能力与职业 …… 37
阅读与知识拓展 根据性格定职位 …… 42

第 4 课　职业生涯规划与实践 …… 45
一、个人职业生涯规划概述 …… 45
二、制定个人行动计划 …… 50
三、积极践行生涯规划 …… 50
阅读与知识拓展　我的青春我做主 …… 52

第二编　练就专业技能　拓展综合素质

第 5 课　培养职业能力，夯实就业“硬基础” …… 59
一、专业技能 …… 59
二、通用技能 …… 64
阅读与知识拓展　如何成为企业的核心员工 …… 71
第 6 课　拓展综合素质，提升就业“软实力” …… 73
一、综合素质 …… 73
二、职业道德修养 …… 78
阅读与知识拓展　成功经理人 12 项自我管理能力 …… 84

第三编　调适就业心理　把握求职过程

第 7 课　了解就业政策，分析就业信息 …… 89
一、就业政策概述 …… 89
二、就业信息的类别 …… 93
三、就业信息的来源 …… 94
四、就业信息的分析与利用 …… 97
阅读与知识拓展　《人力资源社会保障部办公厅 财政部办公厅关于做好 2024 年高校毕业生“三支一扶”计划实施工作的通知》 …… 104
第 8 课　简历制作与面试技巧 …… 108
一、简历制作 …… 108
二、面试技巧 …… 112
三、面试的基本类型 …… 119
四、面试回答问题的技巧 …… 122
五、面试试题的构成 …… 125
阅读与知识拓展　大学生面试 20 个问题及回答思路 …… 127

第 9 课　就业求职心理及调适 …… 131
一、求职过程中常见的心理问题 …… 131
二、心理调适的方法 …… 133
三、健康心理的培养 …… 135
阅读与知识拓展　顶岗实习中心理问题预防 …… 137
第 10 课　劳动法规与合法权益 …… 140
一、求职中常见的侵权违法行为 …… 140
二、学习劳动法规　加强权益保护 …… 142
三、就业协议与劳动合同 …… 146
四、求职应聘要防陷阱 …… 148
阅读与知识拓展　《中华人民共和国就业促进法》(节选) …… 150

第四编　积累岗位经验　谋划职场发展

第 11 课　迈好职场生涯第一步 …… 155
一、职场与职业人 …… 155
二、初入职场面临的问题 …… 158
三、职业发展需保持良好心态 …… 163
阅读与知识拓展　大学生初入职场“四忌” …… 164
第 12 课　争取做成功的职业人 …… 168
一、了解文化　融入团队 …… 168
二、爱岗敬业　立志成才 …… 171
三、广阔天地　大有作为 …… 172
四、终身学习　持续发展 …… 175
阅读与知识拓展　成功职场人士的十大魄力涵养 …… 178

第五编　培育创业意识　提高创业素质

第 13 课　创新与创业概述 …… 183
一、创新的概念及类型 …… 183
二、创业的概念及类型 …… 190
三、“互联网＋”背景下的创新创业 …… 195
阅读与知识拓展　“互联网＋” …… 205

第 14 课　创业意识的培养与创业者的基本素质 …… 207

一、创业意识的培养 …… 207

二、创业者的基本素质 …… 210

阅读与知识拓展　某高校创业孵化园及创新创业指导体系简介 …… 214

附录 …… 221

参考文献 …… 259

第 1 版后记 …… 261

第 2 版后记 …… 263

第 3 版后记 …… 265

绪 论

大学毕业生就业工作是一项系统工程，关系社会的稳定和社会主义现代化国家的建设。就业是民生之本，是最大的民生。要牢固树立以人民为中心的发展思想，就要把就业作为落实“六保”“六稳”的首要任务，出台更多援企、减负、稳岗、扩就业的支持性措施，突出抓好高校毕业生、农民工、退役军人、受灾群众等重点人群就业工作。2024年高校毕业生预计超过1170万人，要强化促进青年就业政策举措，优化就业创业指导服务，教育部要指导各地高校认真谋划布局，加力加快促进高校毕业生就业。根据国家和教育部的要求开设的“大学生职业发展与就业创业指导”课，对于当前形势下大学毕业生就业工作有很好的指导作用。高等学校作为高水平人才培养基地，应义不容辞地肩负起大学生就业观念教育和就业能力培养的重任。大学生职业发展与就业创业指导课程建设是高校人才培养工作和毕业生就业工作的重要组成部分。

一、如何认识大学生就业形势

1. 我国目前的就业形势

国际贸易摩擦升级等给我国经济平稳运行带来了较多不确定和不稳定因素，而这些问题与我国劳动力市场结构性失衡等交织在一起，导致当前就业形势依然严峻。高校毕业生和农村劳动力就业难等问题要在短时期内得到根本解决具有较大的挑战。

据教育部统计，2024年全国普通高校毕业生人数达1179万人，比2023年同比增加21万人，再创历史新高。当前高校毕业生就业形势复杂严峻，就业工作已进入关键时期。

2. 大学生就业存在的问题

大学生就业难除了受外部因素影响，大学生自身的内部因素起到关键性的作用。首先，大学生要树立正确的价值观和就业观。今天的学生是未来实现中华民族伟大复兴的中国梦的主力军。大学生肩负社会重任，要发挥自身优势，为社会发展和民族复兴贡献自己的力量，到祖国最需要的岗位上，到最适合自己的岗位上建功立业。目前，有部分毕业生存在慢就业、不就业的倾向，这与祖国的期望、家庭的希望和个人的成长是相悖的。其次，大学生要练就过硬的就业技能。随着高校招生规模不断扩大，教学资源相对不足，加上不少大学生在大学学习期间不努力，基础知识不扎实，动手能力不强，缺乏实践经验等，这些都直接或间接地影响着大学生的整体素质。最后，大学生的自身定位要合理。据调查，72%的大学生都希望到工作稳定的机关事业单位或收入高、待遇好的大中型企业去上班。54%的“95后”大学生最向往的职业是主播和“网红”。由于我国地区经济发展的不平衡，东西部地区之间、沿海地区和内地之间的差距较大，大学毕业生在选择就业区域时，过度集中于大中城市和经济发达地区，这使得大中城市和经济发达地区的就业压力加大。同时，不少大学生眼高手低，这导致他们就业时“高不成，低不就”；还有的大学生心态浮躁，这山看着那山高，不断跳槽。大学生对自己的定位不准，也严重影响了就业。

造成大学生就业难的原因是多方面的，解决大学生就业难题，需要用人单位、大学生、高等院校、政府部门共同努力。但是，归根结底，大学生自身才是解决就业难题的主要因素。因此，要加强高等院校大学生职业发展与就业指导教育，提高大学生规划职业生涯的自主意识，促使大学生树立正确的就业观，理性地规划自身未来的发展，并在学习过程中自觉提高就业能力和职业生涯管理能力。

人头攒动的就业求职市场

从目前大学生毕业后创业的情况来看，持有创业愿望的人很多，但付诸行动的不多，创业成功率也不高，其原因有很多。首先是资金问题，其次是项目选择不准，再次是对企业管理的专业知识储备不足，还有对市场风险的分析、判断、处理等方面的能力还很欠缺。因此，对在校大学生进行创业教育并引导他们树立创业意识，点燃他们的创业激情，培养他们的创业素质和能力，具有重要意义。

3. 大学生就业的前景是乐观的

尽管当前大学生就业还面临着不少困难，有些困难可能还需要较长时间才能解决，但是,从国家社会经济发展的总趋势来看,大学生就业的前景总体上是乐观的。

经济增长与产业结构升级将为大学生就业创造广阔的空间。作为一个拥有14亿多人口的大国,其潜在的经济需求是巨大的。特别是通过40多年的改革开放,这些需求已经被成功启动,首先在大中城市,然后是在沿海小城市与农村地区,随之而来的将是广阔的中西部地区。中国兼具农业社会向工业社会转型、工业社会向信息社会转型的特征,工业基础设施与信息基础设施建设都是最为关键的。在未来很长一段时间内,这些都将是吸引大学生就业的重要渠道。

我们有理由相信,伴随着我国经济结构的调整,经济竞争力及人民总体生活水平的提升,产业结构升级是必然趋势,这使得受过高等教育的专业人员有很大的发展空间,社会对高素质大学生的需求将会更多。

二、高等教育与就业

1.我国高等教育的发展

我国高等教育从2000年开始进入跨越式发展的阶段,到2023年我国高等教育的毛入学率为60.2%,进入了世界上公认的普及教育阶段。从高等教育的精英教育阶段进入高等教育的普及教育阶段是现代社会的必然要求。在高等教育进入普及教育阶段的背景下,大学生就业形势将发生根本性的变化。

高等教育的发展分精英教育、大众化教育和普及教育3个阶段,其划分以高等教育的毛入学率为依据:毛入学率在15%以下为精英教育,15%以上为大众化教育,50%以上为普及教育。

高等教育普及化是世界教育发展的大趋势,我国制定的相关政策为高等教育普及化指明了方向。国民经济的持续快速发展、人民生活水平的提高、民众接受高等教育的强烈愿望等,为我国高等教育的普及化提供了广阔的发展空间。

随着社会的进步、科技的发展,各行各业的工作环境、工作方式、工作手段等都将发生质的变化,高科技手段将会渗透到社会、经济生活的各个角落。相当一部分工作将由素质高、能力强、掌握先进科学技术和工作方法的人去做,受过高等教育的人才遍布于社会生活的各个领域是社会发展的必然趋势。

温馨提示

随着民众素质的普遍提高和大学生人数的增加，可能过去由中职生或高中生从事的工作将逐渐由大学生，尤其是高职高专毕业生来担任。如数控编程加工、汽车修理、高级护理、家政服务、小学教师等，这正是社会不断进步的体现。

随着高等教育进入普及教育阶段，用人单位对人才的选择余地渐宽，学历之外的劳动力职业素质逐渐为用人单位所关注。大学毕业生能否成功就业，主要取决于社会需求以及毕业生自身的职业素质。在社会不断发展和科技不断进步的历程中，对人才素质的要求越来越高，毕业生职业素质是决定其能否就业以及就业状况的关键因素。“大学生职业发展与就业指导”课程可以帮助毕业生了解职业与个人、职业与专业、社会与个人的关系，正确引导学生在德、智、体等方面全面发展，按照市场经济对人才的需求来塑造自己，学会求知，学会做人，学会做事，学会共处，提高自身的职业素质。

对于我国的高等教育来说，教育普及化不仅意味着教育规模的扩大，还要求加快高等教育的体制改革、教育结构的调整、教育功能的扩大和教育服务面的拓展。高等教育进入普及教育阶段后，社会的经济发展和结构调整带来了人才需求的多样化，必然要求人才规模的梯次结构、知识能力素质结构以及培养模式多样化，因而教育类型的分化是必然趋势；由于学校投资主体以及办学形式的多样化发展趋势，各级各类高等院校和高等教育与培训机构正在应运而生，高等教育传统的“独木桥”将变为“立交桥”；现代终身教育体系、终身学习理论的建立，学习型社会的形成，高等教育面对的将是全体公民和人的一生，不仅需要满足社会需求，而且必须最大限度地满足个人需求。

2. 高等教育的改革

随着国家“一带一路”、长江三角洲一体化发展、自贸试验区、科创中心建设等重大战略协同和联动政策推进，安徽高校毕业生将拥有更多的求职机会。针对区域经济发展的要求，灵活设置和调整专业，是高等教育的重要特色。各级教育行政部门要及时发布各专业人才培养规模变化、就业状况和供求情况，调控与优化专业结构布局。高等院校要及时跟踪市场需求的变化，主动适应区域、行业经济和社会发展的需要，根据学校的办学条件，有针对性地设置和调整专业。

积极推行与生产劳动和社会实践相结合的学习模式，把工学结合作为高等教育人才培养模式改革的重要切入点，带动专业调整与建设，引导课程设置、教学内容和教学方法改革。

三、如何学好这门课

1.课程的性质与任务

“大学生职业发展与就业指导”课程是为适应社会主义市场经济体制的建立和当前大学生就业形势的需要而开设的一门公共必修课。既强调职业在人生发展中的重要地位，又关注学生的全面发展和终身发展。通过激发大学生发展职业生涯的自主意识，树立正确的就业观，促使大学生理性地规划自身未来的发展，并努力在学习过程中自觉提高就业能力和职业生涯管理能力。本课程是高等学校思想政治和素质教育的重要组成部分，是一门具有较强的针对性和实践性的课程。

通过课程教学，大学生应在态度、知识和技能三个层面实现以下目标。

态度层面：通过本课程的教学，大学生应当树立起设计职业生涯的自主意识，树立积极正确的人生观、价值观和就业观，把个人发展和国家需要、社会发展相结合，确立职业的概念和意识，愿意为个人的职业生涯发展和社会发展作出积极的努力。

知识层面：通过本课程的教学，大学生应基本了解职业发展的阶段特点；较为清晰地认识自身的特点、职业的素质以及社会环境；了解就业形势与政策法规；掌握基本的劳动力市场信息、相关的职业分类知识以及创业的基本知识。

技能层面：通过本课程的教学和实训，大学生除应当掌握自我探索技能、信息收集与管理技能、职业生涯决策技能、求职技能外，还应该提高各种通用技能，比如沟通技能、问题解决技能、自我管理技能和人际交往技能等。

2.教学内容与要求

(1)关注职业发展　规划职业生涯

让学生把握时代脉搏，意识到确立自身发展目标的重要性，了解职业的特性，思考未来理想职业与所学专业之间的关系，逐步确立长远而稳定的发展目标，增强大学学习的目的性、积极性。

使学生初步了解自我、了解职业，学习决策方法，形成初步的职业发展规划，确定人生不同阶段的职业目标及其相应的生活模式。

(2)练就专业技能　拓展综合素质

使学生了解具体的职业对技能与综合素质的要求，有针对性地提高自身素质和职业需要的技能，以胜任将来的工作。

(3)调适就业心理　把握求职过程

使学生提高求职技能，提升心理调适能力，维护个人合法权益，有效地把握求职过程，从而成功地踏入职场。

(4)积累岗位经验　谋划职场发展

使学生了解学习与工作的不同、学校与职场的区别，引导学生顺利适应职业生涯角色的转换，适应职业岗位，适应企业，爱岗敬业，不断学习，为持续发展奠定良好的基础。

(5)点燃创业激情　书写美好人生

使学生初步了解创业的相关知识和基本程序，培养学生的创业意识与创业精神，提高他们的创业素质与能力。

3.课程教学采用灵活多样的方式进行

(1)自学与讲课相结合：在学生自学的基础上作重点讲解。

(2)专题报告：邀请专家、学者、企业家作关于现代企业对毕业生素质的要求、就业形势方面的报告。

(3)课堂讨论：有针对性地组织讨论会，提高学生对问题的认识。

(4)社会实践活动：组织学生参观当地人才市场，参加大学生就业招聘会等。

(5)情境教学：开展模拟人才市场活动，指导学生掌握基本的求职技巧。

(6)电化教学：组织学生观看先进人物在技术岗位艰苦创业、奋发成才的音像资料。

(7)典型示范：收集校友岗位成才及创业成功的范例并向学生介绍，或结合成才典型事例进行讲解，或请校友到校作经验介绍。

“大学生职业发展与就业指导”课程既有知识的传授，又有技能的培养，还有态度、观念的引导，是集理论课、实务课和经验课为一体的综合课程。

第一编　关注职业发展　规划职业生涯

大学，不仅是学习的园地，还是通向社会的桥梁。在这里，将完成由学生到职业人的过渡；在这里，要注重培养自己的职业意识。职业与人的一生密切相关，选择职业就是选择未来和人生。拥有一个理想的职业，能充分发挥自己的才能，成就一番事业，是大学生所期盼的人生大事。因此，认识社会职业，掌握职业基础知识是职业生涯成功的基本条件。

亲爱的同学们，为了更美好的明天，请开启自己的职业生涯规划！

目标要求

认识社会职业，关注自身的职业发展；了解职业生涯规划的基本概念和基本思路；明确大学生活与未来职业生涯的关系。

第1课　职业及职业生涯发展

职业无论是对于个人还是社会都具有十分重要的作用。大学是职业生涯开始的地方，大学生应关注社会职业及职业的发展，重视大学的学习生活，为将来的职业生涯做好准备。

一、职业及职业的意义

1. 什么是职业

一般认为，职业是人们在社会中所从事的作为主要生活来源的工作，也称"工作岗位"。从国家的角度来看，每一种职业都是一种社会分工；从社会的角度来看，职业是劳动者获得的社会角色，如医生、教师、律师、销售、秘书等；从个人的角度来看，职业则是劳动者"扮演"的社会角色，并为社会承担一定的义务和责任，同时获得相应的收入。

对职业的含义，不同的人、不同的社会有不同的认识。当前从事职业研究的理论工作者认为：

> 职业是指人们为谋生和发展而从事的相对稳定、有经济收入、特定类别的社会劳动。这种社会劳动决定于社会分工，并要求劳动者具备一定的生活素养和专业技能。这种社会劳动是人们的生活方式、经济状况、教育程度、行为模式和道德情操等的综合反映及权利、义务、职责的具体体现。

职业的现实内涵体现在以下5组关系中，如图1-1所示。

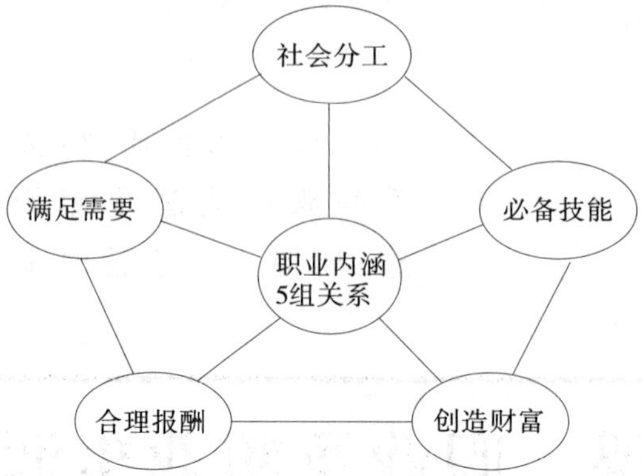

图1-1 职业内涵的5组关系图

2. 职业的特性

现代意义上的职业，有以下特性，如表1-1所示。

表1-1 职业的特性

多样性和层次性	随着社会的发展，社会分工越来越细，职业种类越来越多。我国早先就有“三百六十行”之说，现代社会职业更是成千上万。职业除呈现出多样性特点之外，还呈现出差异性和层次性。
专业性和技术性	每一种职业都需要专门的知识和技能、特定的职业道德品质。只有具备了特定的要求，才能胜任所对应的职业。例如，从事数控机床加工，要有机械制图、机械原理等方面的知识，具备数控编程与数控机床操作的技能和一丝不苟、精益求精的工作态度。随着科学技术的进步，职业的专业性和技术性会越来越强。
连续性和经济性	一般来说，一个人可能在较长时间内持续从事某种职业，并通过职业活动获得较稳定的经济收入。正是因为职业具有明显的经济性和连续性，它才与人们的社会活动和日常活动紧密联系在一起。

从不同的角度分析，职业除上述特性外，还有社会性、规范性、时代性等。

3. 职业的意义

职业在实质上实现了劳动者与生产资料的结合，体现了人与人之间的社会关系。人们通过某种职业（工作）不仅满足了自身的需要，而且通过各自劳动成果的交换，也满足了彼此的需要。因此，职业及职业活动无论是对于个人还是社会都有着非常重要的意义。

（1）职业与个人

职业选择是否合适，对个人一生能否顺利发展具有重要的意义。首先，职业为人们提供物质生活的基本条件，是人们赖以生存的手段。生产劳动是人类社会发展中最重要的活动，职业是和生产劳动紧密相连的，因为人们总是通过一定形式的职业来进行劳动，以获取生存和发展所必需的生活资料。人们在职业活动中取得经济利益的同时，也为社会创造了财富，实现了社会物质财富和精神财富的积累。因此，职业是经济性和社会性的统一。其次，职业能满足人们的精神需要，促进个性的健康发展。职业是个人获得名誉、地位、权力以及友谊、交往等精神需要的重要来源。人们按照一定的社会规范从事一定的职业时，由于每种职业都有各自的活动内容和形式，必然对从业者的生理和心理产生重要影响。

温馨提示

当所从事的职业能够使个人的才能得到发挥、个性得到不断发展与完善时，就成为促进个人健康发展的途径。而随着个性的完善和才能的逐步提高，人们自我实现的需要便得到满足。

(2)职业与社会

职业和职业活动构成了人类的社会生活，是社会存在和发展的基础。第一，通过职业劳动，生产出社会物质财富和精神财富，构成了社会发展的基础；第二，职业分工及劳动是社会经济制度及其运行的主要组成部分；第三，职业的运动和转换推动着社会的发展；第四，职业是维持社会稳定，实现“安居乐业”的基本手段。

4. 职业的产生与演变

(1)职业的产生

职业是人类社会生产力发展到一定阶段的产物，是随着社会分工的产生而出现的。原始氏族社会，人们只能靠采集果实、外出打猎、从事原始农业等为生。确切地说，这些还不能算作真正意义上的职业，因为那时还没有固定从事某项专门工作的人群。

原始狩猎

人工插秧

机械收割

图 1-2 职业的产生

随着人类征服自然能力的提高，社会生产力逐步发展，人类社会发生了三次社会大分工：第一次有重大意义的分工是畜牧业从原始农业中分离出来，它使一部分人长期从事打猎的实践活动或专门从事畜牧劳动，开始脱离其他劳动；第二次社会分工是工业从农业中分离出来，当时少数人从事手工业劳动，逐渐脱离了农牧业劳动；第三次社会分工是商人和商人阶级的产生。由于三次社会分工，便出现了人类社会最初的职业：农民、牧人、工匠、商人等。澳大利亚经济学家费希尔 1935 年提出三大产业分类法：在初级阶段上，人类的生产活动以农业和畜牧业为主；第二阶段以工业生产的发展为标志；第三阶段以服务业的发展为标志。围绕三大产业形成了许多的职业。如图 1-2 所示。

(2)职业的演变

职业的发展与社会分工的发展密切相关。由于社会分工和科技发展是渐进的，因此，职业的演变也是缓慢的。生产工具的改进和科学技术的进步以及生产的社会化使得社会分工越来越细、越来越复杂，专业化程度越来越高，职业的种类也越来越多。工业革命使人类进入现代工业社会。机械化、电气化、自动化的实现，大大提高了生产力，使经济结构、产业结构、社会结构等发生了巨大变化，人们劳动的专业化程度越来越高，职业的变化和增多使新旧职业更替的速度加快。例如，汽车的生产使社会有了汽车制造业、运输业和汽车修理业，同时出现了司机、汽车修理工、汽车工程师等多种职业；相反，马车、人力车逐渐被淘汰，相应的职业也逐渐消失。又如，计算机的研制和激光照排技术的开发，使得印刷业中原有的铅字铸造业和铅字排版业消失，取而代之的是文字录入、激光照排职业的产生。

5. 当代职业发展的趋势

新世纪将是高新技术产生发展的时代，新技术取代旧技术、新产品取代老产品，这是社会发展的趋势。当代职业发展将出现以下几种趋势。

(1)职业的种类大量增加

职业产生初期，种类少，发展缓慢。因为传统生产技术相对稳定，一项重要的技术发明在生产上的应用往往会持续相当长的一段时间，所以社会职业也具有相对的稳定性。随着社会的发展以及科技发展的加快，职业种类增加的速度也逐渐加快，新兴行业不断涌现，新的职业大量出现。技术创新已成为经济发展的决定性因素，发达国家生产技术每年淘汰率高达 20%，技术平均寿命只有 5 年。因此，新旧职业更替的速度加快。2022 年版《中华人民共和国职业分类大典》将我国职业分为 8 个大类、79 个中类、449 个小类、1636 个细类(职业)，其中绿色职业 133 个，数字职业 97 个，既是绿色职业又是数字职业 23 个。

随着社会的经济发展和技术进步，新职业层出不穷。新职业的产生，影响着职业教育培训的方向，促进了劳动力市场的发展，扩大了社会就业。新职业发布制度的建立，将丰富和发展我国国家职业分类和职业标准体系，为开展劳动力的需求预测和规划，进行就业人口的结构及其发展趋势调查统计和分析研究，开展职业培训、职业介绍、职业指导、职业技能鉴定提供重要依据。

(2)第三产业职业数量增加

随着科学技术水平的提高，产业结构的调整，第三产业如金融、商务、传播、物流、卫生、教育、旅游等，在国民经济发展中所起的作用越来越大。第三产业就业人数不断增加，这是现代社会发展的大趋势。

案例 1-1:

阿里巴巴是全球著名的电子商务品牌,是国际贸易领域重要的网上交易市场和商人社区,融合了 B2B、C2C、搜索引擎和门户功能。阿里巴巴是全球首家拥有超过 800 万网商的电子商务网站,服务用户遍布全球 220 多个国家和地区,每日向全球各地企业及商家提供超 810 万条商业供求信息。

阿里巴巴曾两次入选美国哈佛大学商学院"管理与 MBA 案例",掀起了美国学术界的研究热潮;连续多次入选美国财经杂志《福布斯》的"全球最佳 B2B 站点";被国内外媒体、风险投资家认为是"与 Yahoo、Amazon、eBay、AOL 比肩"的电子商务代表之一。

随着整个互联网产业的发展,阿里巴巴以电子商务平台为基础,发展出了一 系列的数字经济业务,从而构建出了包含商业、服务、娱乐和互联网基础设施四 大模块的综合数字经济体。这四大业务模块带动了包括实物商品交易型、线上劳务交易型、线上服务交易型、商户展示型和互联网企业直接就业型在内的五大就业机会类型。国家相关部门也指出,互联网平台经济是生产力新的组织方式,是经济发展新动能,对优化资源配置、促进跨界融通发展和"双创"、推动产业升级、拓展消费市场尤其是增加就业,都有重要作用。互联网平台经济被认作生产力新的组织方式,必然会对生产力本身产生重要的反作用,而劳动作为最为主要 的生产要素之一,受到的影响不言而喻。经过测算,2019 年阿里巴巴全生态就业体系中共蕴含就业机会 6901 万个(即阿里巴巴数字经济体为 6901 万人带来获取收入的机会),其中电商零售带动就业机会 4976 万个,服务新消费平台带动就业机会 553 万个,大文娱平台带动就业机会 302 万个,互联网基础设施带动就业机会 1070 万个。从这一测算可以看出,整个阿里巴巴数字经济体构建了一个较为庞大的全生态就业体系,从而提供了大量的就业机会。

(资料来源于网络,文字有删改)

(3)职业活动的内容不断弃旧更新

同样的职业,时代不同,其技术方法、工作手段有着天壤之别。如工程设计绘图,过去用图板、丁字尺等,现代用 CAD 技术;机械加工,以前用普通车床,现在用数控车床。职业演变同时对人们从事职业的素质、技能的要求也提高了。

(4)职业将向高科技化、智能化、专业化方向发展

在 21 世纪,与高新技术有关的职业将得到发展。目前,得到世界各国公认并列入 21 世纪重点开发的领域有信息技术、航天技术、生物技术、新能源技术、新材料技术和

海洋技术等。党的二十大报告提出:推进新型工业化,加快建设制造强国、质量强国、航天强国、交通强国、网络强国、数字中国;实施产业基础再造工程和重大技术装备攻关工程,推动战略性新兴产业融合集群发展,构建新一代信息技术、人工智能、生物技术、新能源、新材料、高端装备、绿色环保等一批新的增长引擎。近年来,我国兴建了一批高新技术产业开发区,出现了一批高新技术公司,建立了一批外资和中外合资高新技术企业。在加快高新技术发展政策的实施过程中,与此有关的职业将得到较快发展。随着科学技术的发展,职业的专业化和复合化程度越来越高。

(5)职业的流动性增强

社会职业的不断增加,职业选择机会的增加,打破了职业的相对稳定性。现代社会职业兴衰演化迅速,职业的更新速度不断加快,导致一个人一生面临的职业变化也会越来越频繁。

二、专业学习与职业

大学教育是在学生基本掌握了较全面的科学文化基础知识的基础上,进行某个方面的专业知识和技能的教育,为社会培养高素质人才。作为高等院校的大学生,应充分了解所学专业和将来从事职业间的联系。

1. 专业设置

专业设置应将现实性与前瞻性相结合,既要适应我国当前的经济发展和劳动力的市场需要,又要适应未来的经济发展和职业变化的需要。

高等职业教育专业设置的指导思想是“以服务为宗旨,以就业为导向”,体现“高职”专业设置的特色,促进职业教育与就业创业教育的紧密结合。“高职”特色具体体现在职业性与学科性相结合,专业的划分坚持“以职业岗位群或行业为主,兼顾学科分类”的原则;合理性与科学性相结合,坚持“宽窄并存”的原则;灵活性与稳定性相结合。

教育部印发的《职业教育专业目录(2021 年)》,按照《中华人民共和国国民经济和社会发展第十四个五年规划和 2035 年远景目标纲要》对职业教育的要求,在科学分析产业、职业、岗位、专业关系基础上,对接现代产业体系,服务产业基础高级化、产业链现代化,共设置 19 个专业大类、97 个专业类、1349 个专业,其中中职专业 358 个、高职专科专业 744 个、高职本科专业 247 个。

随着社会的变迁,职业也呈现出新的时代特点。科学技术的发展,提高了职业的科技含量,对劳动者的素质也提出了越来越高的要求;改变了职业活动的内涵,职业活动中体力劳动的比重减少,脑力劳动的比重日益增加;加快了职业的新陈代谢,新职业不断产生,旧职业不断衰退。解决就业问题的基础环节是专业设置要适应市场需求。专业设置应瞄准经济与产业结构调整的走向，在广泛调研的前提下，组成由行业、企业、学校参加的专业指导委员会，对产业发展前景进行分析，对人才需求进行预测。

2. 专业学习的重要性

在现代社会里，一个人不经过专业学习，不掌握一定的专业知识和技能，就很难就业，更谈不上实现职业理想。因此，对我们每个同学来说，抓住在校学习的机会，完成专业学习任务，积极完成学业，对实现职业生涯规划具有重要的意义。

(1)学好专业是顺利就业的必备条件

扎实的专业知识和技能，是就业从业的必备条件。因为，无论在什么岗位上，没有一定的专业知识和专业技能，都无法履行岗位职责、完成工作任务，如制造类机械专业的毕业生看不懂图纸，不会使用量具，电气专业的毕业生不会使用仪器、仪表，看不懂电气设备图，又如何胜任相应的工作呢？

在就业竞争日趋激烈的形势下，只有具备扎实的专业知识和过硬的专业技能，才能在就业竞争中占有优势，为顺利就业创造有利条件。

(2)学好专业是实现职业生涯目标的基础

只有完成学业，学好所学的专业，才能找到与专业相应的职业，并在职业舞台上，灵活运用专业知识，充分发挥专业特长，出色完成工作任务，提高工作效率。这些正是一个人职业生涯发展的基础，也是实现职业生涯目标的基础。

3. 职业岗位与专业

(1)岗位群

由于社会分工不同，人们从事着不同的职业。在国民经济建设不同的产业、行业领域中，有成千上万种不同的职业。学校所设置的专业是学业分类，它是从学科与技术的角度进行划分的。所以，专业和职业既有区别，又密切相连。

一个具体的专业与职业的对应关系，可以是一个专业对应一个职业岗位，但更多的情况是，一个专业对应的是一个职业岗位群(或职业领域)。职业岗位群一般由工作内容、社会作用、基本技能要求相近，与从业者所应该具备的素质接近的若干个职业岗位构成。例如，机械设计与制造专业毕业生所对应的职业领域有机械设计、加工工艺制定、工艺装备设计、CAD/CAM等工程软件应用、数控编程、数控机床操作及技术管理等；计算机应用技术专业毕业生就业岗位群有计算机维护和修理、数据库编程、网络安装与使用、多媒体制作等。

不管是什么专业，学校在制定专业教学计划时都要明确该专业毕业生的就业方向(或职业岗位群)。高职高专毕业生工作的特点主要有三个：一是人才类型是应用型、实用型和职业型；二是工作场合多是基层部门、生产一线和工作现场；三是工作内涵是将成熟的技术和管理规范转变为现实的生产和服务。

(2)增强职业意识

高等院校是培养与社会主义现代化建设要求相适应的高素质人才的摇篮。大学生进入高等院校，经过专业学习和训练，完成学业后，就会走向各种岗位。在校学习期间，就应该增强职业素质，熟悉与自己所学专业相对应的职业群，关心这些职业或职业群的变化情况；了解与自己所学专业相关的职业资格考试。

大学是一个人一生中的新起点，大学学习是一种职业学习。从报考大学的那一刻起，职业方向的选择就摆到了你的面前，来到学校，职业方向就已经基本确定。整个大学教学的内容都将围绕着这一方向来安排。

课堂讨论

与你所学的专业相对应的职业有哪些？你对这些职业感兴趣吗？谈谈自己进入大学以来的生活情况、学习情况。

三、大学生活与职业生涯发展

大学时期是个人职业生涯早期的探索、学习阶段。在这一时期，大学生应该清醒地认识到，职业生涯规划对大学生生活道路的选择具有重要的意义。

1. 职业生涯概述

(1)职业生涯

与职业不同，职业生涯是个发展的概念，即将个人的职业生活看作一个动态的过程，具有浓厚的个人色彩。简单地说，职业生涯就是一个人的终身职业经历。一个人一生中连续从事的职业，不仅包括过去、现在和未来那些可以实际观察到的职业发展过程，而且包括个人对职业生涯发展的见解和期望。

职业生涯是以心理、生理、智力、技能等的开发为基础，以工作内容的确定和变化，工作业绩的评价，工资待遇、职称、职务的变动为标志，以满足需求为目标的工作经历和内心体验的经历。职业生涯是人生中最重要的历程，是追求自我实现的重要人生阶段，对人生价值起着决定性作用。

一个人的职业生涯是一个漫长的过程。他可能遵循传统，一生只从事一种职业，持续而稳定地在此职业岗位上晋升、增值；也可能由于个人兴趣、能力、价值观以及工作环境的变化而经历不同的岗位、职业甚至行业。大多数人还是希望找到一个相对稳定、适合自己的职业的。

(2)外职业生涯与内职业生涯

外职业生涯是指从事一种职业的工作时间、地点、工作单位、工作内容、工作职务与职称、工资待遇等因素的组合及其变化过程。

外职业生涯通常可以通过名片、工资单体现出来。名片上标明工作的地点、企业的类型、担任的职务、职称等内容；工资单里写明基本工资、岗位津贴、福利待遇、奖金等等，这些因素就构成了外职业生涯。

内职业生涯是指从事一种职业时的知识、观念、经验、能力、心理素质、内心感受等因素的组合及其变化过程。

内职业生涯中所讲到的这些因素，并不是通过名片、工资单可以体现出来的，而是通过从事职业时的表现、工作结果、言谈举止表现出来的。

外职业生涯的发展通常是由他人决定、给予、认可的，也容易被他人否定、收回、剥夺。内职业生涯的发展则主要靠自己的不断探索来实现，不随外职业生涯的发展而自动具备，也不由于外职业生涯的失去而自动丧失。在职业生涯发展进程中，起重要作用的是内职业生涯。

温馨提示

在职业生涯的初期，内职业生涯提升最快的工作，就是一份好工作。大学毕业生在择业时，不要只看重薪水、福利等外在的东西，要选择对自己能力提升快、对今后的职业方向影响最大的工作。

(3)职业锚

职业锚是指当一个人面临职业选择的时候，他无论如何都不会放弃的职业中至关重要的东西或价值观。实际上，就是人们选择和发展自己职业时所围绕的中心。

形象地描述，一个人驾驶着生命之舟在茫茫大海上漂泊，不知道哪里可以停靠、补充给养，哪里才是航行的目的地。这时，他来到了一个美丽的港湾，他发现，这是一个让他的生命从此充满阳光的地方。于是，他决定在这里停船下锚。如果一个人在职场中也有这么一次航行的话，那么这个美丽的港湾就是最佳贡献区。找到了最佳贡献区，就可以在这里停船下锚了，这就是所谓的“职业锚”。

一个人对自己的天资和能力、动机和需要、态度和价值观有了清楚的了解之后，就会意识到自己的职业锚到底是什么了。

2. 职业生涯规划的含义

职业生涯规划又叫“职业生涯设计”。

职业生涯规划是指结合自身条件和现实环境，确立自己的职业目标，选择职业道路，制定相应的培训、教育和工作计划，并按照职业生涯的发展阶段采取具体的行动以实现目标的过程。

美国职业生涯规划师唐纳德·E.舒伯按照人生的不同阶段，将职业生涯分为5个阶段。

职业准备阶段(0～18岁)：主要任务是发展职业想象力，对职业进行评估和选择，接受必需的职业教育。

查看组织阶段(19～25岁)：主要任务是在一个理想的组织中获得一份工作，在获取足量信息的基础上，尽量选择一种合适的、较为满意的职业。

职业生涯初期(26～40岁)：主要任务是学习职业技术，提高工作能力；了解、学习组织纪律和规范，逐步适应职业工作，适应和融入组织；为未来的职业成功做好准备。

职业生涯中期(41～55岁)：主要任务是重新评估早期职业生涯，强化或改变自己的职业理想，选定职业，努力工作，取得一定成就。

职业生涯后期(56岁直至退休)：主要任务是继续保持已有的职业成就，维护尊严，准备引退。

职业生涯格言：

20岁是你的事业起步期，如果这个时候你还没有自己的梦想，你将来要为此付出代价；

40岁是你的事业飞跃期，如果这个时候你不能保持积极乐观的心态，你可能永远在起步期；

60岁是你的生命收获期，这时你并不需要做什么。如果你40岁时做对了，这时你想不辉煌也难；如果你前40年没做对，这时你想不凄凉也难。

按照时间维度，可将职业生涯规划分为短期规划、中期规划、长期规划和人生规划。

短期规划是指2年以内的规划，主要是确定近期目标，规划近期应完成的任务。如计划2年内熟悉新公司规则，融入企业文化，为此要花较多的时间与同事、领导沟通，向“过来人”学习。

中期规划一般涉及2～5年内的职业目标和任务，是最常用的一种职业生涯设计。例如，3年后要成为部门经理，完成相应的业绩，以及为实现此目标而参加的培训等可采取的具体措施。

长期规划是指5～10年的规划设计，主要是设定较长远的目标，如规划35岁时成为分公司副总经理,承担更大的责任,以及为实现此目标应采取的具体措施。

人生规划是指整个职业生涯的设计,设定整个人生的发展目标和阶梯。

从字面上看,个人职业生涯设计从短期到中期,再到长期,直至整个人生规划,如同将要拾级而上的台阶,一步步地发展。但在实际操作中,时间跨度太长的规划由于环境、个人的易变性而难以把握,而时间跨度太短的规划又没有多大意义,所以,一般我们提倡个人职业生涯设计掌握在 2～5 年内比较好。这样既便于根据实际情况设定可行目标,又便于随时根据现实的反馈进行修正和调整。

3. 职业生涯规划与未来生活

一个人的职业生涯是其生活的重要组成部分,选择了一份职业,就是选择了一种社会角色,进而选择了一种生活方式。我们在社会舞台上扮演得如何,过着什么样的生活,其实是可以由我们自己来把握的。每个人都应该是自己人生事业的规划者和耕耘者,规划自我,发展自我,为实现自我价值创造机会,并扬长避短,最终迈向成功。或许即使没有职业生涯规划,个人也可能获得成功,但是,有了职业生涯规划,我们肯定会更快地走向成功,会取得更大的成就。同时,职业生涯规划不仅能使我们找到自己喜欢且适合的工作,更重要的是,它引导我们努力去追寻自己理想的生活方式。

在发达国家,青少年很早就接受了职业生涯教育,从学生时代起,他们就开始有目的地规划设计自己的未来生涯。对于很多今天的中国年轻人来说,“职业生涯”已不再是一个陌生的词语。越来越多的年轻人认识到,职业生涯对自己有限的人生是何等重要。在人生大舞台上,相信每个人都渴望实现自我的价值,实现自我“需求”是人的本性。

这里需要强调的是,较高级的人生需求,如友爱和归属的需求、受尊敬的需求、自我实现的需求是无限的,必须通过满足社会公众和他人的需求才能实现。而所有这些需求实际上都要通过职业生涯活动来满足。通过从事一份职业,我们获得生命赖以存活的食物、水等物质;通过从事一份职业,我们能拥有一处安全舒适的住房以休息放松;也是通过从事一份职业,我们获得人们的认可、尊敬、友爱,享受美好生活;更是通过从事一份职业,我们能够发挥自己的潜能,体现自我价值,体验成就感。然而,有一份工作就能保证我们实现所有这些需求吗?

毫无疑问,答案是否定的。高级需求能否实现很大程度上依赖于我们职业生涯的进展状况,很难想象一个抱着“当一天和尚撞一天钟”的心态、浑浑噩噩度日的人能充分体会到上述的高级需求被满足的愉悦,感受到人生成功的快乐。

温馨提示

职业生涯规划对个人的作用：

帮助个人确定职业发展目标，鞭策个人努力学习和工作，引导个人发挥潜能，评估目前工作成绩。

谁都希望能在自己的职业生涯中有所成就，特别是那些受过良好教育、自身素质较高的“新生代”，更是对未来事业之途充满期望，并愿意为成功付出努力。但是成功仅有主观努力是不够的，关键在于你是否选择了正确的方向。

大一新生进入梦想中的大学，在欣喜的同时也会面临一些新的挑战，如学习方式的改变、交际的困惑、就业的选择……大学生活宝贵而短暂，转瞬即逝，如果把握不好，就业时往往不知所措。大学，不仅是学习的园地，还是通向社会的桥梁。在这里，我们将完成由学生到职业人的过渡；在这里，我们将注重培养自己的职业和职业生涯意识及就业意识，有意把自己锤炼成懂理论、有技能的应用型人才；在这里，我们将认真做好自己的大学规划、人生规划，掌握过硬的专业知识，建构合理的知识结构，提高自己的综合素质，修炼自己的职业素养。

阅读与知识拓展

《教育部关于做好2024届全国普通高校毕业生就业创业工作的通知》（节选）

高校毕业生是国家宝贵的人才资源。

一、把高校毕业生就业工作摆在更加突出位置

1. 强化统筹部署。各地各高校要把高校毕业生就业作为重中之重、摆在更加突出的位置，纳入领导班子重要议事日程，健全就业促进机制。要按照“秋季校园招聘月”“寒假暖心行动”“春季攻坚行动”“百日冲刺行动”的部署，结合工作实际，统筹做好本地本校工作安排，落实落细各项工作要求，确保高校毕业生就业局势总体稳定。

2. 强化协同联动。各省级教育部门要主动加强与组织、人力资源社会保障、发展改革、财政等部门沟通衔接、分工合作、协同联动，把高校毕业生作为公共服务的重点群体，争取更多岗位、资金、培训、服务等公共资源向高校毕业生倾斜。要牵头成立高校毕业生就业工作专班，制定工作方案，明确任务清单，进一步优化工作机制，全力推进各项任务落实。

3. 强化高校责任。高校是做好本校毕业生就业工作的责任主体，主要负责同志是第一责任人，分管负责同志是直接责任人。加强学校党委组织领导，把就业工作列入学校党委常委会重要议题定期研究推进。建立健全“校—院（系）”两级就业工作领导

小组，分别制定就业工作方案，分级落实工作责任。加强部门工作协同，完善激励考评机制，调动全校力量形成全员促就业工作合力。

二、大力开拓市场化社会化就业渠道

4. 深入开展“访企拓岗”专项行动。各地各高校要持续深入开展“高校书记校长访企拓岗促就业专项行动”。高校书记、校（院）长和校领导班子成员要认真落实“两个100”要求，有针对性拓展就业市场；二级院系要结合学科专业特点，精准有效访企拓岗，足质足量开拓就业岗位，上一年度初次毕业去向落实率低于本校平均水平的二级院系，原则上院系领导班子成员和专业负责人平均每人联系走访用人单位不少于10家。要结合毕业生就业需求，提升岗位的利用率和访企拓岗的实效性。要通过访企拓岗深度了解行业企业的人才需求，深化人才培养改革，推动供需精准对接。鼓励各地结合产业发展需求和学校办学特色组织开展集中走访。

5. 推进实施“万企进校园”计划。各地各高校要充分发挥校园招聘主渠道作用，主动邀请用人单位进校开展招聘活动，提升每场校园招聘活动的实际效果。要结合毕业生求职就业意愿，大力拓展岗位资源，努力为毕业生提供优质的就业岗位信息。支持院系积极开展小而精、专而优的小型专场招聘活动。加强校园招聘活动组织管理，认真审核校园招聘信息，确保校园招聘活动安全、规范、有序开展。

6. 全面推广使用国家大学生就业服务平台。优化升级国家大学生就业服务平台功能，深入开展“24365携手促就业精准服务”，持续加强就业岗位的互联共享和精准推送。各省级和高校就业网在满足本地本校招聘需求的基础上，积极与平台共享更多岗位信息。各地各高校要组织就业工作人员、毕业班辅导员和有求职意愿的毕业生及时注册使用平台，确保就业政策、资讯、岗位信息等实现精准有效推送。鼓励地方和高校依托平台联合举办专场招聘活动。

课后思考

1. 想想职业的发展对社会和个人的意义。

2. 请思考“职业生涯规划”对未来实现自己的“梦想”的作用。

实践活动

一、了解你所学习的专业所对应的岗位或岗位群，并通过学长、学姐们了解本专业的就业和工作情况。

二、登录中国就业培训技术指导中心网站，了解最新职业。

目标要求

了解影响职业发展与职业生涯规划的内部和外部的重要因素，为科学、有效地进行职业生涯规划做好铺垫与准备。

第2课　影响职业生涯的因素

在人的一生中，职业生涯是主体，是人生旅途中最关键、最辉煌的阶段。而这一阶段主要受以下四方面因素的影响，它们相互关联、相互制约，共同影响着人的一生。

一、自身因素

影响职业生涯发展的自身因素在人的职业生涯中起着基础性作用，决定着人的发展方向和前景。它包含显性因素和隐性因素。显性因素有健康状况、受教育程度等。隐性因素有自我价值观等要素。

1. 显性因素

(1)健康状况

身体是职业的本钱，健康的身体是任何人开始职业生涯的首要条件。几乎所有的职业都需要有健康的身体。凡是积极追求健康的人，大多满意他们过去的职业经历。他们看重生命，关心健康，执着追求。但是紧张忙碌的职业会导致压力增加。因此，运用一些技巧，保持适度的压力激励自己，但又不伤害身体，显得十分重要。当代大学生要强化健康意识，养成良好的生活习惯，积极锻炼身体，要为承担未来的工作打下良好的基础。

(2)受教育程度

受教育程度一般情况下反映了受教育者的知识和能力水平，是从事具体职业的基本条件之一。因为职业对从业者的知识和能力是有要求的，职业发展深受正规教育或专业训练的影响。教育上的成功往往能对职业的发展起促进作用。

案例2-1：

联合技术汽车零部件公司一位员工的讲述：关于自己不是名牌大

学毕业生而缺乏自信的问题,我想简单介绍一下在联合技术汽车零部件公司和通用汽车公司技术中心看到的情况。在这里,没有人会打听你是哪里毕业的,一切全看你的工作实际表现。在我身边,一位专科毕业的同事和一位麻省理工学院毕业的同事都同样在专心致志地努力做好自己的工作,因为他们知道,明天的前程取决于现在的工作,而不是曾经的辉煌或失败。教育是人持续一生的事业,不是名牌大学毕业只是表明上一阶段你失去了更好地被教育的机会,但并不等于也失去了以后的机会。所以当你失去了一次机会之后,不要再因缺乏自信而失去另一次机会。

温馨提示

受教育程度虽然是事业成功不可缺少的因素,但也不尽然。现在企业对录用者能做什么更感兴趣,而不是只注意他们的受教育程度。一般来说,企业要找的是既受过正规教育,又具备某些发展潜力的人。

2. 隐性因素

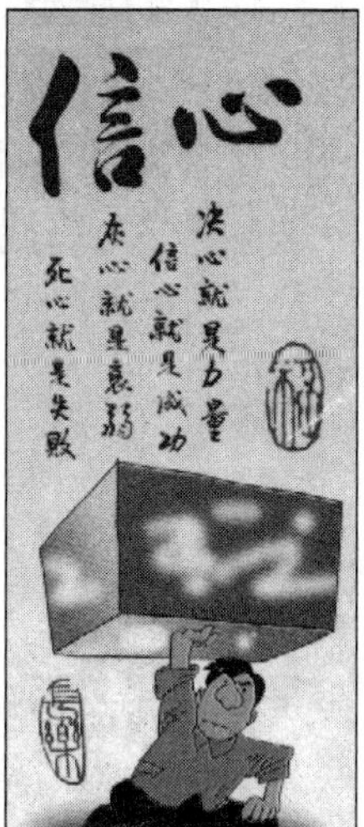

职业选择是个人快乐原则与现实原则相结合的结果。个人在人格与冲动的引导下,通过升华作用,选择可以满足其需要与冲动的职业。职业指导的重点应着重"自我功能"的增强。因此,个人的价值观、兴趣、性格、气质等因素对职业生涯有直接影响。这些在随后的课程中还将进一步讨论。而由上述因素外化的进取心、责任心、自信心等则较容易被人们所认识。下列因素将影响个人的职业生涯发展。

(1)进取心与责任心

进取心是使个体具有目标指向性和适度活力的内部能源,认真而持久地工作是个体事业成功的前提,而具有进取特质的个体也就具有了事业成功的心理基石。责任心强的人常能够审时度势地选择适度的目标,并持久地、自信地追求这个目标,事业也容易成功。

(2)自信心

自信心为个体在逆境中开拓、创新提供了勇气,也为怀疑和批评提供了勇气,自信心常常使自己好梦成真。没有自信心的人会变得平庸、怯懦、顺从。喜欢挑战、战胜失败、突破逆境是自信心强的突出表现。

职业生涯格言：

由百折不挠的信念所支持的人的意志，比那些似乎是无敌的物质力量具有更大的威力。

——爱因斯坦

(3)自我力量感

虽然人的能力存在差别，但只要个体具有中等程度的智力，再加上善于总结经验、教训，善于改进方法和策略，那么，经过主观努力，许多事情都是能够完成的。因此，可以把成功和失败归因于努力的程度和工作方法的优劣。

(4)自我认识和自我调节

了解自己的优势和劣势及其与组织环境的关系，善于调节自己的职业生涯规划和学习时间等是非常重要的。冷静、稳定的状态是做好工作的前提，而且可以提供适度的激活动力。焦虑和抑郁会使人无端紧张、烦恼或无力，恐惧和急躁易使人忙中出乱。

(5)社会敏感性

对人际交往的性质和发展趋势应有洞察力和预见力，应善于把握人际交往时的逻辑关系。行动之前要思考相应的后果，设身处地地想一想他人的处境，乐于与人交往，体察他人的感受。

(6)社会接纳性

社会接纳性是建立深厚的个人关系的基础。要在承认人人有差别和有不足的前提下接纳他人，真诚对他人及他人的言语感兴趣，能认真倾听并注视对方。

二、职业因素

一个人在选择职业时，必须考虑职业的影响因素。也就是说，一个人在职业生涯中必然会追求所从事的职业能给自己带来较高的社会地位和声望。因此，在进行职业生涯规划时，必须考虑以下影响因素。

1.职业的社会报酬

这里的报酬是指社会学意义上的报酬，即在政治、经济、文化等方面能赋予任职者的各种权利，如权力、权威、工资收入、福利待遇、晋升机会等。职业的社会报酬越高，则其声望与地位也越高。

2.职业的自然条件与社会属性

职业的自然条件是指与职业活动相关的自然工作环境，如地理位置、空气质量等。职业的自然条件越好，其地位和声望一般越高。

职业的社会属性一般包括职业的技术复杂程度、劳动强度等。一般来说，技术复杂程度越高、劳动强度越低，职业声望越高。否则，职业声望就越低。但这不是绝对的，因为职业的社会属性并不是决定职业声望的唯一因素。

3. 职业的要求

职业的要求是指进入职业的必要条件。这些条件包括受教育程度、所需的训练和必要的经验，以及拥有的证书或执照等。一般来说，获得该职业的要求越高越严，则该职业的声望也就越高。

三、社会因素

社会因素对每个人的职业生涯乃至发展都有重大的影响。要注重通过对社会大环境进行分析，了解国家和地区的政治、经济、文化等建设发展方向，寻求各种发展机会。影响职业生涯的社会因素包括以下方面。

1. 社会阶层

社会阶层是相对封闭的一种形态，因为人们往往只喜欢和自己同一阶层的人聚合。社交圈为某一类型的人提供机会，生存机会多半由社交圈决定。虽然社会阶层深深地影响着个人的职业生涯，但是阶层界限并非牢不可破。事实上，很多人为了提升自己的社会地位，加入工作及生命旅程的新阶层中，学习和奋斗就是非常重要的因素。尽管用人单位只就社会阶层来挑选员工的状况已发生根本改变，但是，社会阶层目前仍是个人职业生涯的制约因素。

2. 经济发展水平

在经济发展水平高的地区，企业相对集中，优秀企业也比较多，个人职业选择的机会就比较多，因而有利于个人职业的发展。但是，经济欠发达的地区当前建设步伐加快，随着加工制造业的转移，国家加大对欠发达地区经济建设的投入，使得这里企业增加，也会出现许多就业岗位。

3. 社会文化环境

社会文化环境是影响人们行为、欲望的基本因素。主要包括教育水平、教育条件和社会文化设施等。在良好的社会文化环境中，个人能受到良好的教育和熏陶，从而为职业生涯打下更好的基础。

4. 价值观念

价值观念，简称"价值观"，是指人们有关价值追求的观念。具体地说，它是人们关于某类事物的价值的基本看法和总的观念，表现为人们对该类事物相对稳定的信念、信仰和理想等。

(1)社会主体价值观

人生活在社会环境中，必然会受到社会价值观念的影响，大多数人的价值取向，在很大程度上都是受社会主体价值取向所左右的。一个人的思想发展、成熟的过程，其实就是认可、接受社会主体价值观念的过程。社会价值观念通过影响个人价值观念从而影响到个人的职业选择。要坚持正确的价值观念，就应在大学的学习和实践中，进一步认可、接受积极进步的主体价值观。

(2)职业价值观

职业价值观是指人生目标和人生态度在职业选择方面的具体表现，也就是一个人对职业的认识和态度以及他对职业目标的追求和向往。

理想、信念、世界观对于职业的影响，集中体现在职业价值观上。

俗话说："人各有志。"这个"志"表现在职业选择上就是职业价值观，它是一种具有明确的目的性、自觉性和坚定性的职业选择的态度和行为，对一个人的职业目标和择业动机起着决定性的作用。

温馨提示

请回答以下问题：

1. 我希望工作……

请在1分钟的时间内尽可能地写下你头脑中所联想到的任何短语。

2. 你在工作中寻找的是什么？

3. 你判断工作"好""坏"的标准是什么？

——初步判断你的职业价值观

课堂讨论

谈谈社会主义核心价值体系的基本内容。

谈谈自己的职业价值观。

四、环境因素

环境对个人的职业发展有着直接或间接的影响，它能左右人所从事的行业、改变人生的发展轨迹。这里仅就行业环境、企业内部环境进行讨论。

1. 行业环境

行业环境将直接影响企业的发展状况，进而影响到个人的职业生涯发展。正确分析行业环境，有利于个人选择有发展前景的行业和职业，有助于个人职业目标的更好实现。行业环境包含以下内容。

行业发展现状。对行业发展现状进行分析，首先应了解自己现在从事的是什么行业，这个行业目前有怎样的发展趋势，是一个逐渐萎缩的行业还是一个朝阳行业。

国际国内重大事件对该行业的影响。国际国内重大事件容易影响行业的发展，进而影响到该行业能否提供较多的职业机会，比如2008年的北京奥运会给建筑业、旅游业和服务业提供较多的发展机会。

行业发展前景预测。可以从两个方面进行：一方面是行业自身的生命力，是否有技术、资金支持等；另一方面也要考虑和研究国家对相关行业的政策。

2. 企业内部环境

企业内部环境对个人的职业生涯有着直接的影响，所有的人都处于企业的小环境之中，个体的发展与企业的发展息息相关。对企业内部环境进行分析，可以使个人及时地了解企业的实际发展状况、前景，把个体的发展与企业的发展联系在一起，并融入企业之中。这有利于个人作出合适的职业生涯规划。

(1)企业文化

企业文化是全体员工在长期的生产经营活动中形成并共同遵循的最高目标、价值标准、基本信念和行为规范。

企业文化体现了一个企业组织和其员工的关系，故员工的职业生涯是被企业文化所左右的。一家主张员工参与管理的企业显然比一家独裁的企业能为员工提供更多的发展机会；渴望发展、追求挑战的员工也很难在论资排辈的企业中受到重用。当然，一个人的价值观与企业文化有冲突，难以适应企业文化，这也决定了他在组织中难以得到发展。所以，企业文化是个人在制定职业生涯规划时要考虑的重要因素。

(2)企业制度

企业员工的职业发展，归根结底要靠企业管理制度来保障，包括合理的培训制度、晋升制度、绩效考核制度、奖惩制度、薪酬制度等。企业价值观、企业经营哲学也只有渗透到制度中，才能使制度得到切实的贯彻执行；没有制度或者制度制定得不合理、不到位的企业，员工的职业发展就难以实现。

(3)领导的素质和价值观

企业的文化和管理风格与其领导的素质和价值观有直接的关系，企业经营哲学往往就是企业家的价值观。

(4)企业实力

企业在本行业中是否具备了很强的竞争力？发展前景如何？在激烈的市场竞争中，不一定是最大、最强的企业就能生存，即不是强者生存而是适者生存。只有适应环境、适应发展趋势的企业才能生存。

阅读与知识拓展

职业价值观

不少人听说过这样一个游戏，列出"社会声望、高收入、独立性、帮助他人、稳定性、多样性、领导、休闲"8项进行选择，先是去除相对不看重的3项，再逐一删除直至最后1项，而这剩下的最后1项一定是你最看重的、最不想放弃的东西。当你很犹豫地在最后两个中作出选择时，你忽然就明白了你心里真正的想法，所以对于迷茫的人生来说，这的确不失为了解自己的一种好方法。

杨澜在一次题为《成长与成功》的讲座中谈及曾给她极大震撼的一次采访，那是对1998年诺贝尔物理学奖获得者、美籍华人崔琦的访谈。他出生在河南农村，10岁前在家放羊养猪没读过书，10岁时姐姐找到一个在教会学校教书的工作，就想让弟弟到香港去念书，而他父亲对独子要远行不大愿意，因为男孩大了可以帮忙干农活，但他妈妈却非常坚定要送儿子去读书。没想到这一走成了他与父母的永别，他父母后来在大饥荒时都活活饿死了。杨澜听完问崔教授："如果那个时候妈妈没有送你去读书，你如今会怎样？"他回答说："我宁愿当时妈妈没有送我出来，农村家里有一个儿子是很重要的。如果我当时留在农村，或许我一直不识字，但我父母或许不至于饿死。"这番话给了杨澜其实也给了我很大震撼，获得诺贝尔奖在很多人眼里是极大的成功，可是在崔教授心里，人生有些东西更珍贵，这就是每个人的价值观不同吧。

一个人的价值观对于职业的选择同样重要，可以试着问自己，在以下的内容中，自己在选工作时最看重的是什么，次看重的是什么，觉得最不重要的是什么，次不重要的是什么。

1. 工资高、福利好；

2. 工作环境（物质方面）舒适；

3. 人际关系良好；

4. 工作稳定有保障；

5.能提供较好的受教育机会；

6.有较高的社会地位；

7.工作不太紧张、外部压力小；

8.能充分发挥自己的能力、特长；

9.社会需要与社会贡献大。

不同的人，选择并不完全一样。事实上，每个人心中对于“好”工作的理解还是有差异的，只是我们很少去认真地思考而已。不同价值观念的人在经历相同的境遇时，会得出完全不同的经验和智慧，什么样的价值观决定了怎样的取与舍，心智、阅历、理想境界的不同最终决定了眼界的不同。一份工作能满足自己多方面的需求当然是最好的，也是每个人梦寐以求的，但是理想与现实往往有差距，追求完美是一种境界，学会妥协是一种策略。追求更好的生活，它会推动我们去努力，去奋斗，催生一种积极的人生态度。但同时，我们也该清楚地知道这个世界上没有什么是完美的，每种选择都会有机会成本，都会牺牲一些东西作为代价。比如薪水高却压力大，比如工作稳定却地位不高，比如要更多的发展机会却需要离乡背井……这个时候，我们就需要同现实妥协，而对自我职业价值观的清晰认识就能让我们更加明白自己需要的是什么，明白哪些是自己该坚持的，哪些是可以暂时放弃的，从而作出更加理智和明智的选择，不至于将来后悔。

（资料来源于网络，作者有改动）

课后思考

影响职业生涯发展的因素有哪些？罗列并分析你具有哪些有利因素和不利因素。

实践活动

登录学院就业网站，对你的职业价值观进行测评，得出你的职业价值倾向。

目标要求

了解自我特性与职业选择和发展的关系，并认识自我，形成初步的职业发展目标。

第3课　兴趣、性格、能力与职业

在进行职业生涯规划之前，首先要了解自己的兴趣、性格及能力倾向，这些个性倾向对职业选择和职业发展都有重要影响。

一、兴趣与职业

爱因斯坦说过："兴趣是最好的老师。"诺贝尔物理学奖的获得者丁肇中也认为："兴趣比天才更重要。"实践证明，在影响个人职业生涯规划与发展的众多主观因素中，兴趣所起的作用最大。那么什么是兴趣？兴趣是如何发展和影响个人职业生涯的呢？

1. 兴趣的重要性

兴趣是人们力求认识、掌握某种事物，并经常参与相应活动的心理倾向，是对于事物特殊的认识倾向。兴趣是人们对客观事物的选择性态度，是对需要的情绪表现。在选择职业过程中对某种职业需要的情绪表现就是职业兴趣。

根据内容，兴趣可分为物质兴趣、精神兴趣和社会兴趣。物质兴趣与人们的物质需求相联系，表现为对物质的迷恋和追求，在职业选择上表现为追求待遇高的职业和舒适的工作环境。精神兴趣主要是指对文化、科学、艺术的迷恋和追求，如旅游、写作、书法、摄影、发明创造等兴趣，它可以增强人的求知欲，使人朝气蓬勃地去工作和探索。社会兴趣主要是指对社会工作等活动的兴趣。

兴趣的产生和发展一般经历有趣→乐趣→志趣的过程。有趣是兴趣过程的第一阶段，也是兴趣发展的低级阶段，往往短暂易逝，非常不稳定。处于这一阶段的兴趣常常与你对某一事物的新奇感相联系，随着新奇感的消失，兴趣也往往随之消失。乐趣是兴趣过程的第二阶段，它是在有趣定向发展的基础上形成的，是兴趣发展的中间阶段。在这一阶段中，兴趣变得专一和深入。志趣是兴趣发展的第三阶段，当乐趣同你的社会责任感、理想、奋斗目标结合起来时，乐趣便成了志趣。志趣具有社会性、自觉性和方向性，是你取得成功的根本动力。兴趣是一种心理活动，当发展成为一种爱好时，就成为一个人较长久且相对稳定的行为倾向，影响到人们能力的发挥。兴趣作为个体成就事业的基础，是发挥和发展其创造能力的心理推动力量之一，是激发个体进行创造性活动的内部动机，使其充分发挥自身潜能，感知力敏锐，创造性思维活跃，想象力丰富，从而提高事业成功的概率。同时兴趣能激发个体强烈的创造热情，增强克服困难的信心和决心。

2. 兴趣对职业生涯规划的影响

职业心理学家认为，兴趣是人们从事职业活动强有力的动力之一，是影响职业选择的重要因素。实践证明，当人们对某种职业感兴趣的时候，这种兴趣便会引导他们积极地从事这方面的实践活动，即使在外人看来是很枯燥的工作在他们那里也会变得其乐无穷；相反，如果个体所从事的是他们不感兴趣的工作，这在心理上便是一种负担，令他们无精打采，勉强应付，也很难作出成绩。

兴趣是职业生涯规划的内因。兴趣对职业生涯规划的影响主要表现在三个方面：兴趣是职业选择的重要依据，是一种强大的精神力量；兴趣可以提高工作效率，充分发挥才能；兴趣是保证职业稳定、职场成功的重要因素。

古往今来，事业成功者确定志向、选择职业很多是从兴趣出发的。我国著名的戏剧家曹禺在上中学前就热衷于看“文明戏”和京剧，也爱看地方戏和电影。升入天津南开中学以后，他成了南开新话剧团的演员。通过演戏实践，曹禺对戏剧产生了浓厚的兴趣，虽然父亲希望他学医，但他的兴趣在戏剧上。中学毕业后，曹禺进入清华大学学习西方语言和文学，兴趣得到进一步发展，开始从事长篇小说和戏剧创作。在大学的最后一年，他写出了他的第一个剧本《雷雨》，尔后成了我国著名的戏剧家。

> 职业生涯格言：
>
> 在职业生涯初期，我们可能做的是自己不喜欢且不想从事一生的工作。要分清：喜欢不喜欢这份工作是一件事，应该不应该做好这份工作、是否有能力做好这份工作是另一件事。切记：职业生涯发展是从做好本职工作开始的。当你还没有能力做好一件工作时，就没有资格说不喜欢。

3. 霍兰德的兴趣类型理论

(1)兴趣类型

著名的生涯辅导理论家霍兰德(Holland)自20世纪70年代以来，提出了一系列的研究假设。他认为：①职业选择是人格(Personality)的一种表现，某一类型的职业通常会吸引具有相同人格特质的人，这种人格特质反映在职业上就是职业兴趣。②大多数人的职业兴趣可以归纳为六种类型，即实用型(Realistictype，简称 R)、研究型(Investigative type，简称 I)、艺术型(Artistic type，简称 A)、社会型(Social type，简称 S)、企业型(Enterprising type，简称 E)和事务型(Conventional type，简称 C)。③个人的职业兴趣往往是多方面的，很少只是集中在某一种类型上。大家可能或多或少地具备所有六种兴趣，只是偏好程度不同。因此，为了比较全面地描绘个人的职业兴趣，通常用最强的三种兴趣的字母代码来表示一个人的兴趣，这个代码就称为“霍兰德代码”(Holland Code)。这三个字母间的顺序表示了兴趣强弱程度的不同。比如，SAI 和 AIS 的人虽具有相似的兴趣，但他们的兴趣强弱程度是不同的。如表 3-1 所示。

表 3-1 霍兰德职业兴趣类型倾向

	类型	喜欢的活动	重视	职业环境要求	典型职业
霍兰德职业兴趣类型倾向	实用型 R (Realistic)	用手、工具、机器制造或修理东西。愿意做事务性工作，喜欢户外活动或操作机器，而不喜欢在办公室工作	具体实际的工作，诚实，常识	使用手工或机械技能对物体、工具、机器、动物等进行操作，与“事物”工作的能力比与“人”打交道的能力更为重要	园艺师、木匠、汽车修理工、工程师、军官、兽医、足球教练员
	研究型 I (Investigative)	喜欢探索和理解事物，喜欢学习研究那些需要分析、思考的抽象问题，喜欢阅读和讨论有关科学性的论题，喜欢独立工作，对未知问题的挑战充满兴趣	知识，学习，成就，独立	分析研究问题、运用复杂和抽象的思考创造性地解决问题的能力，谨慎缜密，能运用智慧独立地工作，一定的写作能力	实验室工作人员、生物学家、化学家、心理学家、工程设计师、大学教授
	艺术型 A (Artistic)	喜欢自我表达，喜欢文学、音乐、艺术和表演等具有创造性、变化性的工作，重视作品的原创性和创意	有创意的想法，自我表达，自由，美	创造力，对情感的表现能力，以非传统的方式来表现自己；相当自由、开放	作家、编辑、音乐家、摄影师、厨师、漫画家、导演、室内装潢设计师
	社会型 S (Social)	喜欢与人合作，热情关心他人的幸福，愿意帮助别人成长或解决困难、为他人提供服务	服务社会与他人，公正，理解，平等，理想	人际交往能力，教导、医治、帮助他人等方面的技能，对他人表现出精神上的关爱，愿意担负社会责任	教师、社会工作者、牧师、心理咨询师、护士
	企业型 E (Enterprising)	喜欢领导和支配别人，通过领导、劝说他人或推销自己的观念、产品而实现个人或组织的目标，希望成就一番事业	经济和社会地位上的成功，忠诚，冒险精神，责任	说服他人或支配他人的能力，敢于承担风险，目标导向	律师、政治运动领袖、营销商、市场部经理、电视制片人、保险代理
	事务型 C (Conventional)	喜欢固定的、有秩序的工作或活动，希望确切地知道工作的要求和标准，愿意在一个大的机构中处于从属地位，对文字、数据和事物进行细致有序的系统处理以达到特定的标准	准确、有条理、节俭、盈利	文书技巧，组织能力，听取并遵从指示的能力，能够按时完成工作并达到严格的标准，有组织有计划	文字编辑、会计师、银行家、簿记员、办事员、税务员和计算机操作员

(2)职业环境类型

霍兰德认为：①同一职业群体内的人有相似的人格特质，因此对情境和问题会有类似的反应，从而形成特定的职业氛围，亦即职业环境，它具有特定的价值观念、态度倾向和行为模式。②因此工作环境也可以分为六种类型,其名称及性质与兴趣类型的分类一致。③具体职业通常也采用上述三个字母代码的方式来描述其工作性质和职业氛围。例如,建筑师这一职业的代码是 AIR,律师是 EAS,而会计则是 CRI。

为了鉴别不同职业的代码,霍兰德及其同事开展了一项非常庞大的研究,并于1996 年出版了《霍兰德职业代码字典》(*Holland Career Index*),为 12000 多个工作提供了霍兰德代码。需要注意的是,该职业索引是一份未经本土化的版本,因此在职业名称和职业对应的霍兰德代码上可能与中国国情有偏差。考虑到国内这方面的资料较少,我们仍然将这份索引附录于后,在使用时仅作参考,主要是为了拓展大家对于职业的思路,不必拘泥于职业的代码。

(3)六种类型之间的关系

霍兰德提出了六角形模型(见图 3-1)来解释六种职业类型之间的关系:在六角形模型中,任何两种类型之间的距离越近,其职业环境及人格特质的相似程度就越高。例如,企业型和社会型在六角形模型中是相邻的类型,它们的相似性也最高,因为这两种类型的人都比其他类型的人更喜欢与人打交道,只是他们打交道的方式不同而已。而事务型和艺术型处于对角线的位置上,它们就缺少一致性而具有相反的特质:事务型的人喜欢循规蹈矩,而艺术型的人则追求自由与个性化。六角形模型可以帮助我们对兴趣类型与职业环境类型之间的适配性(Congruence)进行评估。

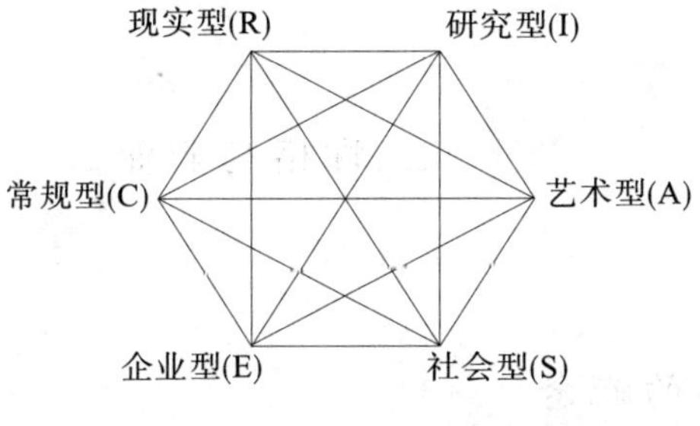

图 3-1 霍兰德六角形模型

(4)个人与环境的适配

霍兰德提出:个人兴趣类型和职业环境之间的适配将增加个人的工作满意度、职业稳定性和职业成就感。因此,占主导地位的兴趣类型可以为个人选择职业和工作环境提供方向。可以使用霍兰德类型来了解自己的兴趣,并根据它来探索及理解工作世界。通过自我探索活动或测评工具得出自己的兴趣代码后,就可以对照找出与之相匹配的职业,从而了解可能有哪些适合自己的工作领域。

需要说明的是,在实际生活中,同时拥有相对的两种兴趣类型(如霍兰德代码为RSE,R 与 S 在六角形模型上处于对角线位置)的人并不少见。在寻找与这样的兴趣类型完全匹配的工作时往往会出现困难,因为同一个工作环境很少会包含相对立的两种状况(如既提供大量与人打交道的机会又提供大量个人单独工作的机会)。这种情况下,可以考虑从事包含自己某种兴趣类型的工作(如 RE 或 SE),而在业余生活中寻求在工作中未能满足的兴趣。

另外，人们常常因为客观条件的限制而感到难以单纯从事自己喜欢的工作。有不少大学生在选择专业时由于缺乏自我和专业的认知而未能选择与自己兴趣类型适配的专业，或由于父母的意见而被迫选择了与自己兴趣类型截然相反的专业。在现实情况下，能够改换专业的毕竟是少数人。许多大学生常常因此而感到痛苦，希望通过考研等手段换专业的人不在少数，甚至有人在就读研究生以后退学重新参加高考换专业。那么，面对这种情况，“适配”是否还是一个恰当的、可行的目标呢？

4. 兴趣的培养

个体职业选择，常与他自身的兴趣、爱好、性格、气质及能力等密切相关。从某种意义上来说，兴趣、性格等是一个人在选择职业时首先要考虑的问题。在择业过程中，人的兴趣往往具有强大的推动作用，个体的兴趣可以作为职业选择的重要依据，但不是全部依据。

温馨提示

只有把职业兴趣建立在一定能力的基础上，并与社会需要相结合，兴趣、爱好才会获得现实的基础，也才有实现的可能。

二、性格与职业

1. 性格与职业性格的概念

在心理学上，性格是指表现在人对现实的态度和相应的行为方式中的比较稳定的、具有重要意义的个性心理特征，是一种与社会相关最密切的人格特征。性格决定了人们对现实和周围世界的态度，并表现在他们的行为举止中。

性格是在后天的成长环境和教育环境中，逐渐形成的、比较稳定的，对人、对事的独特行为方式和个性倾向。开朗、直率、热情、慢性子、急脾气、健谈、木讷等，都是用来形容性格的。但是，性格并非全部是别人能看清楚、自己也很明白的，有些性格不但不容易看清楚，有时候还有迷惑性，容易让人以为是另一种性格，因此，性格具有复杂性。每个人的性格都不同，俗话说，“一龙生九子，九子各不同”，因此，性格具有独特性。

职业性格是指人们在长期特定的职业生活中所形成的与职业相联系的、稳定的心理特征。例如，有的人对待工作总是一丝不苟，踏实认真；在待人处事中总是表现出高度的原则性、果断、负责；在对待自己的态度上表现为谦虚、自信、严于律己等，所有这些特征的总和就是他的职业性格。

职业生涯格言：
性格决定命运，气度影响格局；
认识决定力度，执行决定成败。

2. 性格与职业生涯发展的关系

每个人都有着不同的做事方式，即形成每个人不同的做事习惯，这不同的习惯成就了每个人不同的性格。“性格决定命运”。性格对职业的选择以及职业生涯的成功有着重大的影响。

许多职业的确对性格有着特定的要求，要选择某一职业就必须具备其所要求的性格特征。比如律师这一职业，就需要有逻辑思维严密、喜欢独立思考的性格；而财会、统计、档案一类的职业则需要有相对严谨、踏实的性格；从事绘画、音乐、演艺等职业的人，则必须具有热情奔放、跳跃思维的性格。可以说，从事任何一种职业都需要与之匹配的职业性格，相符的职业性格有助于更好地完成工作。

当然，除了少数职业对性格类型有着近乎苛刻的严格要求，大多数职业并不一定过分强调性格与职业之间的严格对应。因为不同的性格类型可能在同一个职业领域发挥出不同的作用，而同一性格类型的人在不同的职业领域也可能会有各具特色的表现。

性格特征与生涯规划的关系是很密切的，所以要规划你的职业生涯，首先需要了解自己具有什么样的性格特征。

3. 性格对职业选择的影响

职业心理学研究表明，性格影响着一个人对职业的适应性，一定的性格适合于从事一定的职业，同时，不同的职业对人有不同的性格要求。因此在选择职业时，还要考虑自己的职业性格特点，考虑职业对人的性格要求，根据自己的性格特点选择最易适应的职业，或改变自己的性格特点来适应职业的要求。

职业心理学家勃兰特做过一个实验。他追踪调查了一批大学毕业生，将他们的个性、在校学习成绩、智力与毕业五年后的收入进行比较，结果显示：事业成功和智力的相关度是 0.18，和学习成绩的相关度是 0.32，与个性的相关度是 0.72。这个实验实证了事业成功与否与个人的个性是否适合此项事业的关联度最高。也就是说，当一个人所做的工作与自己的个性越契合，他事业成功的可能性越大。

研究表明，性格影响着一个人对职业的适应性，一定的性格适合于从事一定的职业，同时不同的职业对人有不同的性格要求。如表 3-2 所示。

表 3-2 不同性格对职业的影响

性格类型	性格特征	适合的职业
变化型	在新的或意外的情境中感到愉快，喜欢有变化和多样化的工作，善于转移注意力。	记者、推销员、演员等
重复型	善于从事连续工作，按固定的步骤办事，喜欢重复的、有规律的、有标准的工作。	纺织工、机床工、印刷工等
服从型	愿意配合别人或按别人指示办事，而不愿意自己独立作出决策，承担责任。	办公室职员、秘书、翻译等
独立型	喜欢计划自己的活动和指导别人活动或对事情作出决定，喜欢独立负责的工作情境。	管理人员、律师、警察等
协作型	在与人协同工作时感到愉快，善于引导别人，并想得到团队成员的喜欢。	社会工作者、咨询人员等
机智型	在紧张或危险情况下能自我控制，发生意外时不慌不忙，善于应对并完成任务。	驾驶员、飞行员、公安员、消防员等
表现型	喜欢表现喜好和个性，根据个人感情作出选择，通过工作来表达自己的思想。	演员、诗人、音乐家、画家等
严谨型	注重工作过程中各个环节、细节的精确性，愿意按规程和步骤工作，严谨，追求完美。	会计、出纳员、统计员、校对员、图书档案管理员等

4. 性格与职业匹配的重要意义

职业心理学的研究表明，不同的职业对从业者的性格要求不同。如从事医生职业的人要求乐于助人，耐心正直，责任心强，冷静自信，稳定性好。从事科学研究的人必须认真、敢于怀疑、有批判精神和创新意识。而自我创业者应有喜欢冒险、乐观、自信和勇于创新等性格，并精力充沛，有野心。

性格对一个人的成功有着很大的影响。一个人从事的职业与他的个性相适应，工作起来就会得心应手，心情舒畅，容易取得成功；相反，如果性格与职业不相适应，性格就会阻碍工作的顺利开展。

虽然人的性格一旦形成便难以改变，但这并不是说人们只能顺其自然，人们仍可以通过自身努力，发挥自己性格的优势，避免或减少性格劣势对事业的影响。

5. MBTI 性格理论

MBTI 的全称为 Myers Briggs Type Indicator，是一种迫选型、自我报告式的性格评估工具，用以衡量和描述人们在获取信息、作出决策、对待生活等方面的心理活动规律和性格类型。MBTI 理论基础来源于瑞典心理学家荣格（Carl Jung）有关知觉、判断和人格态度的观点，由布莱格斯（Katherine C. Briggs）和她的女儿迈尔斯（Isabel Briggs Myers）研究发展成为心理测评工具，因此称为 Myers-Briggs Type Indicator。

MBTI 从四个维度考察个人的偏好倾向，以区分人与人之间的差异，这四个维度如下。

（1）精力支配：Extraversion（E） vs. Introversion（I）

外向 内向

(2)接受信息:Sensing(S) vs. Intuition(N)
感觉 直觉
(3)判断事物:Thinking(T) vs. Feeling(F)
思考 情感
(4)行动方式:Judging(J) vs. Perceiving(P)
判断 感知

其中两两组合,可以组合成16种性格类型,如表3-3所示。

表3-3 MBTI的16种人格类型

ISTJ 内倾感觉思维判断 稽查员	ISFJ 内倾感觉情感判断 保护者	INFJ 内倾直觉情感判断 咨询师	INFP 内倾直觉情感知觉 治疗师、导师
ESTJ 外倾感觉思维判断 督导	ESFJ 外倾感觉情感判断 供给者、销售员	ENFJ 外倾直觉情感判断 教师	ENFP 外倾直觉情感知觉 倡导者、激发者
ISTP 内倾感觉思维知觉 操作者、演奏者	ISFP 内倾感觉情感知觉 作曲家、艺术家	INTJ 内倾直觉思维判断 智多星、科学家	INTP 内倾直觉思维知觉 建筑师、设计师
ESTP 外倾感觉思维知觉 发起者、创设者	ESFP 外倾感觉情感知觉 表演者、演示者	ENTJ 外倾知觉思维判断 统帅、调度者	ENTP 外倾直觉思维知觉 企业家、发明家

课堂讨论

怎样理解"干一行爱一行,行行出状元"? 人们常说习惯构成性格,良好的习惯又是可以培养的,你怎么看这个问题呢?

三、能力与职业

1. 能力、技能和职业能力

从心理学角度理解,能力是指顺利完成某种活动所具备的稳定的性格心理特征。它是顺利完成某一活动所必需的主观条件,直接影响活动效率。能力总是和人完成一定的活动相联系在一起的。离开了具体活动既不能表现人的能力,也不能发展人的能力。

(1)能力

哈佛大学加德纳认为,能力倾向(即潜能或智力)是多元的,是由同样重要的多种能力构成的,这就是著名的多元智能理论。他提出,人类的智能至少可以分成8个范畴。

①语言(Verbal/Linguistic)

②数理/逻辑(Mathematical/Logical)

③视觉/空间(Visual/Spatial)

④身体/动觉(Bodily/Kinesthetic)

⑤音乐/节奏(Musical/Rhythmic)

⑥人际交往(Inter－personal/Social)

⑦内省(Intra－personal/Introspective)

⑧自然探索(Naturalist)

(2)技能

能力按获得方式不同,一般分为能力倾向和技能两大类。能力倾向是指上天赋予的特殊才能,如运动能力等。而技能是指经过后天学习和训练而培养的能力。

辛迪·梵和理查德·鲍尔斯(Sidney Fine& Richard Bolles)将技能分为三种类型。

①专业知识技能

如果把知识看成一种信息的话,那么知识性技能则是将信息进行分类、加工、整合等进行应用的一种能力。即知识本身是静态的,而知识性技能则是一种动态的表达。这类技能与专业学习或工作内容直接相关,需要经过有意识、专门的培训获得,不能迁移。专业知识技能并非只有通过正式专业教育才能获得。它的获取还有下列途径:参加课外培训、辅导班,自学,参加专业会议、讲座或研讨会,考取专业技术资格证,参加上岗培训,参加社会实践、社团活动等。

专业技能分为基础技能和专项技能。

基础技能指从事专门职业所必须掌握的最基本技能。较高层次技能的培养依赖基础技能的掌握。以师范生为例,不管是历史、中文,还是数学或物理专业的学生,作为未来的教师,都应具备基础的教学技能,如表述技能、书写技能、信息处理技能等,即要有标准的普通话和良好的语言表达能力、扎实的三笔(钢笔、粉笔、毛笔)一画基本功以及应用现代教学媒体的能力,等等。这些技能都是教师不可或缺的技能,是教师的基本功。

专项技能指从事某种职业所必须掌握的某项或几项特殊能力。专项技能是在基础技能的基础上进一步发展起来的能力。它对于不同职业的从业者提出了更高的要求,如教师在掌握了基础技能外,在课堂上还应有板书变化技能、提问技能、强化技能、练习指导技能、课堂组织技能、教学技能的综合运用等多种技能。专项技能的高低决定了择业顺利与否,也决定了未来事业的成败。

②自我管理技能

良好的自我管理技能能够帮助个体更好地适应周围的环境、应对工作中出现的问题,因此它也被称为“适应性技能”。自我管理技能经常被看作个性品质,被用来描述或说明人具有的某些特征,常以形容词或副词的形式出现,例如,仔细的、慷慨的、喜悦的、欢快的、聪明的、高尚的等。自我管理技能无论是一个人先天具有的,还是后天习得的，都需要练习。它可以从非工作领域转换到工作领域。

③可迁移技能

人们所获得的各种技能之间可以相互作用，已经掌握的技能可能对新的技能起促进作用，也可能妨碍学习新的技能。这种现象叫作“技能的迁移”。迁移技能的特征是它可以从生活的方方面面，特别是工作之外得到发展，而且可以迁移应用于不同的工作之中，因此，也被称为“通用技能”。

(3)职业能力

与职业相关的能力指的是“职业能力”，它是人们从事某种职业能力的综合。例如，教师只具有语言表达能力是不够的，还必须具有对教学的组织和管理能力，对教材的理解和使用能力，对教学问题和教学效果的分析、判断能力，对学生学习的指导、启发能力。

一定的职业能力是胜任某种职业岗位的必要条件，任何一个职业岗位都有相应的岗位职责要求，一定的职业能力则是胜任某种职业岗位的必要条件。因此，求职者在进行择业时，首先要明确自己的能力优势以及胜任某种工作的可能性。条件允许的情况下，可以由专业职业指导人员帮助分析，根据求职者的学历状况、职业资格、职业实践等来确定求职者的职业能力，必要时可以通过心理测试作为参考，在基本确定求职者的职业能力和发展的可能性的基础上帮助求职者进行职业选择。如表 3-4 所示。

表 3-4 能力与相应职业的一般对应关系

能力类型	概念与特点	相应职业
察觉细节的能力	对物体和图形的有关细节具有正确的知觉能力	绘图员、工程师、艺术家、医生、护士等
运动协调能力	身体能够迅速而准确地作出动作反应	舞蹈演员、健身教练、司机等
动手能力	手、手腕、手指能够迅速而准确地操作小的物体	技术工人、检修人员、模型制造人员、手工艺者等
书写能力	对词、印刷物、账目、表格等的细微部分具有正确的知觉能力	校对、录入人员等
社会交往能力	善于进行人与人之间的互相交往，互相联系，互相帮助，能够协同工作并建立良好的人际关系	公共关系人员、对外联络人员、政府新闻官、物业管理人员等
组织管理能力	擅长组织和安排各种活动，以及协调参加活动的人与人之间的关系	管理人员，如企业经理、基金管理人等

不同的职业对能力的要求是不同的，比如医生需要更为敏锐的观察力，教师要有较好的记忆力，而记者除应具有敏锐的观察力之外，还需要有思考问题的能力。对自己的能力作出客观评估是很重要的，因为有些职业，如果个体不具备这个职业所要求达到的能力，即使是再努力勤勉也收效甚微。有趣的是，人的智力分布呈橄榄形，天才和傻子都是少数，大部分人的智商在中等水平，如果受过良好的教育和系统的训练，再加上自身的努力，则可能由普通变为优秀。因此，这里所说的能力并不是一成不变的。也就是说，虽然你现在也许达不到要求，但是，经过努力，也会胜任原先难以胜任的工作。

2. 能力对职业发展的影响

(1)能力是就业的关键

一个人要想谋求理想的职业，立足岗位工作，并在职业岗位上作出成绩，不仅要具有一定的科学文化知识和思想道德素质，还要具备良好的职业能力。职业能力是就业的关键，是获得职业成功的前提。

显而易见，面对目前严峻的就业形势，就业竞争会日益激烈，这种竞争将突出体现为职业能力的竞争。在优胜劣汰的市场竞争中，不具备一定的职业能力，就意味着就业的失败，就意味着可能失业和再次择业。

(2)能力推动职业生涯快速发展

具有较强的职业能力，不但是成功就业的敲门砖，还是保职升职的有力保障。反之，如果能力不足，即使暂时获得了岗位，也会因不能胜任而遭到淘汰。具有较强的职业能力，会让自己在工作时游刃有余，获得较强的工作愉悦感和成就感。

在工作过程中，职业能力强的人，一般会取得更好的工作绩效，为组织创造更大的价值，所以比能力差的人有更多的职业晋升机会，从而获得更快更好的职业生涯发展。随着能力的积累和发挥，职业发展空间就会越来越大，而随着发挥空间的增大，能力的提升也会更快更多，形成良性循环，最终取得职业生涯的成功。

3. 影响职业能力发展的因素

能力的形成受多方面因素的影响，基本上包括以下五个方面。

(1)天赋遗传

天赋是人与生俱来的某些生理特征，是能力发展的硬件设施和自然前提。研究表明，遗传因素的作用是重要的；同卵双生子之间的智商关联度是最高的，无血缘关系者之间的智商关联度最低。遗传因素是能力发展的自然基础，决定着能力发展的可能性。对于遗传潜力大的人，后天环境对其能力发展的影响也大。每个人都有一定的遗传优势和不足，你可以发现你的优势并好好地利用它，同时发现自己的不足，通过努力去克服或者通过其他方式补偿改变。

(2)环境因素

环境是指客观现实，包括自然环境和社会环境。心理学认为，每个人从遗传基因中所获得的潜在能力不同，但这种潜能开发到何种程度取决于环境。父母在儿童1～3岁时期采用的教养方式会决定孩子一生的主要性格特征，从而影响孩子能力的发展。

教育对能力形成和发展所起的作用是系统性的，学生通过系统地接受教育，能力也不断得到发展。教育不仅能使个体掌握知识和技能，还能改变其思维方式，培养创造欲和创造能力。个体必须做好接受再教育或职业培训的准备，以更新知识体系，获取新的劳动技能。

(3)实践活动

人的各种能力是在社会实践的价值活动中最终形成和发展起来的。大学生参与社会实践对各种能力的发展起着促进、检验和制约的作用。不同工作制约着能力的发展方向。同时,不同的大学生社会实践的价值活动向求职者提出了不同的要求。虽然掌握知识对于能力发展是重要的,但越来越多的科学家认识到,个人直接经验的积累在人的能力发展中有着不可替代的重要作用。我国古代思想家王充指出“施用累能”,即指能力是在使用中积累的。

(4)个性品质

兴趣和性格与个体的能力发展密切相关,它们决定个体的能力倾向,是形成能力差异的关键因素。大学生应有意识地培养些兴趣,减少性格中不好的成分,以适应工作的需要,完善自我。

在实践活动中优良的品质对能力的形成和发展具有重要的意义,如勤奋、谦虚和坚强的毅力等都有助于能力的形成和发展。有些人虽然天资聪慧,但由于缺乏勤奋,最终事业无成;有些人虽然天生智力并不优越,但通过勤学苦练,也会取得事业的成功。

(5)社会环境

个人职业能力的发展同样受到社会客观环境的制约,这是因为社会制度本身具有激励和约束两方面的作用。个人能力的发展方向如果与社会的激励方向一致,发展速度就会比较快,并受到援助与尊重,也容易获得符合能力发展方向的工作;反之,就会成为社会的约束因素,难以实现个人的发展。

4.职业能力的形成与培养

(1)知识的学习

知识的学习是职业能力形成和发展的第一个阶段,在这个阶段中,新信息进入短时记忆,与来自长时记忆的原有知识建立一定的联系,并纳入原有的命题网络,从而得到理解。个体通过类属、归纳及其并列结合等内在同化过程获得知识,并且运用记忆规律促进知识的保持,用所学知识解决类似或同类课题,做到了知识的迁移。

(2)技能的学习

技能是指个体在特定目标指引下,通过练习而逐渐熟练掌握对已有的知识经验加以运用的操作程序。技能的学习要以程序性知识的掌握为前提,一般通过感性认识(看或听)、模仿(学习)、练习反馈等过程由不会到会再到熟练,从而达到自动化式的定型。

(3)态度的培养

个体对职业不同的态度决定着个体不同的认识和情感,而且会影响个体在职业中的不同表现。态度不是先天就有的,而是社会性学习的结果。在家庭、社会和学校等不同情境的作用下,通过他人的社会示范、指导或忠告,将社会的要求内化为学生自己的态度,并会在一定条件下产生迁移和改变。

(4)知识、技能的内化迁移与整合

知识、技能的习得或会应用,并不等于具备了职业能力。大学生职业能力的形成和发展,必须通过参与特定的职业活动或模拟相应的职业情境,对已有的知识、技能类化迁移和整合。

5.提高技能的途径

(1)课内学习

课内学习为学生培养专业技能创造了良好条件。学生要充分利用学校的各种资源，积极培养自身的专业技能，为成就未来的事业打下坚实的基础。

(2)主动参与课堂教学

课堂教学是大学生在校学习的主要形式。学生应主动参与课堂讨论、练习(包括口头、书面)、实际操作(模仿性的和创造性的)等活动，深刻感受知识的内在美，逐步养成良好的习惯，不断提升自己的专业能力。

(3)广泛参加第二课堂

“第二课堂”是指课外的各种学习和实践活动。这一领域的开拓，对学生就业起到了很好的推动作用。学生应积极参加各种“第二课堂”，如学术讨论会、读书报告会、朗诵、演讲、写作、书法等，并在此基础上，根据自己的爱好和特长，积极参与各种社团活动。

(4)课外培养

对大学生来说，要将技能的提高放到实践活动中完成。大学生参加课外活动，可培养发现问题和运用专业知识解决问题的能力。掌握了学习课本以外知识的方法与途径，具备了分析和解决问题的能力，通过课外实践活动的锤炼，技能便会在点滴之间得以积累。

通过对兴趣与职业的关系、性格类型与职业的关系、能力与职业的关系的了解，大学生可以结合自身情况认真分析，初步确定自己的职业方向。

> 职业生涯格言：
> 态度决定一切，目标高于一切；
> 能力创造价值，兴趣制造快乐。

阅读与知识拓展

根据性格定职位

一位老板想从值得信任的甲、乙、丙三位助手中，选拔他们分别负责管理财务、推广业务、负责策划的工作。这位老板想了解三位助手的性格特点，再根据性格分配适合的工作。于是他安排三位助手下班后留在公司与他一起研究问题，在这期间，故意制造了一起假火灾，以便观察他们三人的性格特点。结果发现，在火灾面前三人的表现完全不同。甲说：“我们赶快离开这里再想办法。”乙一言不发，马上跑到墙角拿起灭火器去寻找火源。丙则坐着不动，说：“这里很安全，不可能有火灾。”

老板通过三位助手各自的行为表现，找到了满意的答案。

他认为，甲首先离开危险区，保持不败之地，表现了性格的客观、谨慎、稳重、老练；乙积极向危险挑战，抢先救火，忠于公司，表现了性格的勇敢、大胆、敏捷、果断，也敢于冒险；丙对公司的安全早有全面了解和信心，甚至可能是才智过人，早已看出这是一出“戏”，表现了性格的沉着冷静、深谋远虑、胸有成竹。老板通过自己的观察，根据他们的性格特征，分别将甲、乙、丙安排在不同的岗位上，发挥他们的性格优势，以做到人尽其才。他认为甲的性格适合管理财务工作，乙的性格适合业务推广工作，丙的性格适合筹划和后勤工作。因此，在选择和安排职业时，如果善于把人的性格特征和职业特点结合起来考虑，就可以更好地发挥人的性格优势和潜能，提高人的主观能动性，从而获得较高业绩和效率。

点评：人的性格类型与职业之间具有关联性。主要表现在不同的性格类型对不同的职业有着不同的适应性，如科技人员的创新、百折不挠和刻苦实干，医务人员的一丝不苟和精益求精，管理干部的长于沟通和善解人意，等等。但也要注意大多数的职业并不一定过分强调与性格之间的严格对应，因为，不同类型的性格在同一职业领域中能够有各具特色的表现，同一性格的人在不同的职业领域中也会有各具魅力的展示。大学生应理性分析自己的性格特征，正确对待自己的性格与职业选择。

课后思考

一、兴趣对职业有哪些影响？

二、性格能决定命运吗？

三、简述能力与职业能力对职业活动的影响。

四、从报刊或其他媒体以及你周围的人中，找一找这样的事例：起初对自己所从事的职业不了解或不感兴趣，而在职业实践中真正了解这个职业以后，不但有了兴趣，而且成为这一职业的成功者。把有关材料整理一下，说说怎样才能形成职业兴趣及培养职业兴趣的重要性。

实践活动

他人眼中的我

写下自己的5个特质，分别找同学、朋友、家人等熟悉自己的人，请他们也列出你的5个特质。看看他们对你的认识与你对自己的看法有什么异同，并和他们讨论这些异同。

“不识庐山真面目，只缘身在此山中。”我们眼中的“自己”，常和别人眼中的“自己”有一些甚至是很大的差距。陷于“自己”这座山，一个人对自己的认识常常是有局限的。小A一向觉得自己内向，待人不够热情，但她在同学的反馈中看到了“亲和”“热情”这样的描述。小A在惊讶之余开始反思和重新审视自己，并和同学进行了沟通。她发现，其实自己并不像自己认为的那样内向与不热情，只是过于担心自己成为那样的人而已。明白了这点，小A在和人打交道的时候轻松了很多，也有了更多的信心。

因此，对自己性格的了解，不要局限借助于MBTI或其他的性格测评。你身边有很好的资源来帮助你认识自己，不仅在性格方面，后面章节提到的兴趣、能力等也是如此。当你疑惑你的MBTI类型有些描述与你不符合时，或许借助于身边的资源可以更好地认清你是谁。从另一个角度讲，对性格、兴趣、技能等的结构性研究与描述都是为了让人可以更有思路去觉察自己，所以让这些研究与描述服务于你，而不是被它们束缚。无论何时，允许自己有时间和空间从心里去感受自己是什么样的人或想成为什么样的人，而不是凭借外在的答案来判断自己。

目标要求

掌握职业生涯规划的原则、步骤和内容，学习职业目标选择，通过分析自身及社会环境等因素，制定切合实际的职业生涯规划书。

第4课　职业生涯规划与实践

通过前面几课的学习，我们建立了生涯与职业意识，认识到个人职业生涯规划的重要性。本课将学习决策的相关知识，运用决策技能制定自己的职业生涯规划。

一、个人职业生涯规划概述

一个人的职业生涯规划就是一个决策的过程。在对个人条件和环境因素的分析基础上结合个人的兴趣、性格和能力，科学选择自己的职业路径，将会更容易成功。

职业生涯是个发展的概念，即将个人的职业生活看作一个动态的过程，具有浓厚的个人色彩。具体地讲，职业生涯是以心理、生理、智力、技能等的开发为基础，以工作内容的确定和变化，工作业绩的评价，工资待遇、职称、职务的变动为标志，以满足需求为目标的工作经历和内心体验的经历。职业生涯是人生中最重要的历程，是追求自我实现的重要经历，对人生价值起着决定性作用。

1. 职业生涯规划的出发点

职业生涯规划，简单地说就是要解决职业生涯设计中“干什么”“在哪干”“怎么干”“以什么样的心态干”这4个基本问题。

又有专家将此概括为职业生涯中的“四定”，即定向、定点、定位和定心。

定向，就是确定自己的职业方向。方向和目标有所不同，目标是自己拟定的期望实现的一个理想，而方向是为实现目标而选择的一种路径。如果方向错误，则会偏离目标，即使修正也会花费许多精力和时间。对大学生来说，职业定向需要冷静的头脑和十足的勇气，要根据自己的兴趣、理想、专业去选择自己未来的职业方向。在这里，专业已经被淡化到次要的地位；如果有可能，大学生并不一定非要让理想屈从于专业。当然，理想和专业一致将更加完美。

定点，就是确定职业发展的地点。地点也是现实环境的一个因素。就中国来说，各地的经济发展现状和前景都有所不同，甚至差异很大。这几年的调查研究显示，绝大多数毕业生选择就业地点只盯着经济发达地区，但这些地区竞争激烈，外地毕业生还要面临环境、语言、文化等差异带来的困难，而且发展空间未必比在发展中的地区更好。这也是大学生就业时要慎重考虑的。

定位，就是确定自己在职业人群中的位置。定位过低会导致个人在职业生涯中无法实现自我价值的最大化；过高则容易遭受挫折，从而对职业生活丧失信心。大学生往往因为定位不准而“高不成，低不就”，毕业数年仍漂泊不定。因此，大学生应准确地确定自己的位置，不自卑，不自傲，应根据自己的实际水平，在择业时对职位、薪资、工作内容等做好判断和把握。

定心，就是稳定自己的心态。人的一生必然会有高低起伏，成功与挫折总是结伴而行，个人的职业生涯也不例外。在实现职业理想与目标的过程中，难免会遇到磕磕绊绊和意想不到的困难。对大学生来说，就要保持一种稳定的心态，敢于正视就业过程中的困难和问题，始终坚定地按照自己的计划去实现理想。

> 职业生涯格言：
> 在职业生涯早期，对自己锻炼最大的工作是最好的工作；
> 在职业生涯中期，挣钱最多的工作是最好的工作；
> 在职业生涯后期，实现人生价值最大的工作是最好的工作。

2. 职业生涯规划的主要原则

职业生涯规划必须遵循一定的原则，如表 4-1 所示。

表 4-1 职业生涯规划的主要原则

基本原则	内容和解释
可行性	规划要有事实依据，并不是美好的幻想和不着边际的梦想，否则只能是纸上谈兵
清晰性	保证目标与措施的清晰明确，可以按部就班地具体实施计划以实现目标
适时性	规划中的各项措施与行动应该有明确的时间表，以便及时评估和修正
适应性	未来有很强的不确定性，规划需要一定的弹性，能随着环境的变化而适时调整
持续性	规划要考虑到生涯发展的整个历程，每个发展阶段应能持续连贯衔接
长远性	规划应该从大方向着眼，尽可能制定远期目标
挑战性	如果目标在原地踏步不前，规划则失去了原本的意义，也无法激励自己

3. 职业生涯设计的步骤和内容

(1)职业生涯设计的具体步骤

设计一个完整、有效的职业生涯应包括自我评估、外部环境分析、目标确定、实施策略和反馈评估5个环节。每一个环节都要设计若干具体内容。

①自我评估

自我评估的主要内容包括兴趣、个性、能力、特长、学识水平、思维方式、价值观、情商、潜能等。要清楚自己是谁,自己想要做什么,自己能做什么。常言道“当局者迷”,一个人对自己的认识通常是片面的。因此,在自我评估中还应该包括他人的意见,称为“角色建议”。

②外部环境分析

外部环境分析包括对社会政治环境、经济环境和组织(企业)环境的分析,即评估和分析环境条件的特点、发展与需求变化趋势,自己与环境的关系以及环境对自己的有利与不利的方面等等,以求相应地调整自己,适应环境的需要。这样,职业生涯设计才会切实可行,不至于空泛。

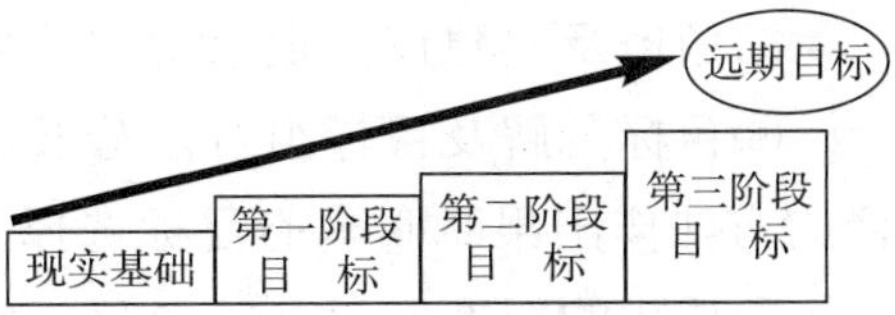

图 4-1 职业生涯目标确定

③目标确定

说到底,制定个人职业生涯规划就是为了实现某种职业目标,进而获得自己理想的生活,所以目标抉择才是职业生涯设计的核心。职业生涯设计的确定,是指可预想到的、有一定实现可能的远期目标,包括人生目标、长期目标、中期目标和短期目标。如图4-1所示。

温馨提示

我们一般可根据个人素质与社会大环境确定人生目标和长期目标,再通过目标分解,分化为符合组织需要的中期、短期目标。

④实施策略

所谓“职业生涯实施策略”是指为实现职业生涯目标而制定的行动计划。在我们确定职业生涯目标后,就要制定相应的行动方案来实现它们,这就如同设计我们奔向目标的阶梯。包括职业生涯发展路线、教育培训安排、实践计划等方面的措施,要求具体可行、容易评估。

⑤反馈评估

有效的职业生涯规划还要求便于我们不断地反省和修正目标及策略方案。现实社会中种种不确定因素的存在,会使我们的实际发展与原定的职业生涯目标产生偏差,这就需要我们及时针对规划的目标和行动方案作出调整,从而保证我们的职业生涯之途顺利持续下去,并最终实现最高的人生理想。从这个意义上说,反馈评估是一个再认识、再发现的过程。

(2)职业生涯设计文案的详细内容

著名职业生涯学研究者与培训师程社明博士提出职业生涯设计应包括 9 项内容。

①题目。包括姓名、年限、年龄跨度、起止时间。

②职业方向及总体目标。指从业方向和当前可以预见的最长远目标。

③社会环境分析结果。包括对政治环境、经济环境、法律环境的分析，还包括职业环境分析。

④自身条件及潜力测评结果。个人分析包括了解自己的目前状况和发展潜能。

⑤角色及其建议。记录对自己职业生涯影响最大的一些人的建议。

⑥目标分解及目标组合。分析实现目标的主要影响因素，通过目标分解和目标组合的方法作出果断明确的目标选择。

⑦成功的标准。对各阶段目标实现状况的评价标准。

⑧差距。即自身现实状况与实现目标要求之间的差距。

⑨缩小差距的方法及实施方案。根据自身观念、知识、能力、心理素质等方面与实现目标要求之间的差距，制定出具体方案，以逐步缩小差距，实现各阶段目标。

4. 个人职业生涯发展决策方法

职业生涯路线选择即发展决策是人生发展的重要环节之一。在进行职业生涯路线选择时可以从以下 3 个方面考虑。

一是个人希望向哪一条路线发展。主要考虑自己的价值观、理想、成就动机，确定自己的目标取向。

二是个人适合向哪一条路线发展。主要考虑自己的性格、特长、经历、学历等主观条件，确定自己的能力取向。

三是个人能够向哪一条路线发展。主要考虑自身所处的社会环境、政治与经济环境、组织环境等，确定自己的机会取向。

如何综合上述因素确定自己的职业发展路线呢？下面介绍两种比较有效的帮助决策的方法——SWOT 法与“职业过滤器”法。

SWOT 法。SWOT 法就是对个人的优势(Strength)、劣势(Weakness)、机会(Opportunity)和威胁(Threat)进行分析，选出最可行方案的一种分析方法。优势和劣势用来分析个人，而机会和威胁用来分析外部环境。

优势。与竞争对手相比，处于领先地位的方面。如果断的性格、坚强的意志、丰富的知识和高超的技能等。

劣势。与竞争对手相比，处于落后地位的方面。如缺乏工作经历、不擅长与人打交道等。

机会。利于自身发展的环境因素。如企业规模的扩大、行业发展的新机遇等。

威胁。不利于自身发展的环境因素，存在潜在危险的方面。如出现新的竞争对手等。

SWOT 分析方法是针对某个具体的职业方向来进行的。通过 SWOT 分析，个人就可以清楚自己的优势和劣势，以及自己在职业生涯中有哪些发展机会和途径等。运用此方法进行评估时，要尽可能地对面临的各种职业发展机会进行评估，然后作出职业发展路线决策，选出最佳发展路线。

职业过滤器法。职业过滤器是通过明确个体的价值取向及条件来筛选职业的一种方法模型，是观察自己和自己将来要从事职业的工具，可以帮助大学生了解自己，正确选择职业。

(1)过滤器的筛网

过滤器的功能是由许多筛网来实现的，通过筛网抵达下端的，一般是个体认可的职业。包括自身因素、需求因素、家庭因素、恋人因素、环境因素、其他因素等。

(2)句型的使用

使用否定句型："只要是……就不考虑。"(第一层)

使用符合句型："只要是……就符合要求。"

使用单一条件句型："只要工资达到 5000 元，难度再大的职业我都愿意接受。"

(3)建立一个属于自己的职业过滤器

步骤：罗列影响你职业选择的因素，并用清晰的句型表达；将这些因素按照你对职业选择的重要程度从上到下排列；先用"否定"，再用"符合"，最后用"单一条件句型"；将你有意选择的职业进行过滤，通过过滤器的，就是你可以选择的职业；根据情况适当调整。

如表 4-2 所示。

表 4-2　职业过滤器

不能帮助别人的职业	不要
不能照顾父母的职业	不要
工作地点离家远的职位	不要
需要经常出差的职位	不要
医生、教师、律师、咨询师、培训师	符合
自己的专业知识技能	符合
医院	符合
在家乡的学校当老师	选择

课堂讨论

职业生涯规划的核心内容可以简要概括为 6 个字：知己、知彼、决策。怎样理解这 6 个字？

二、制定个人行动计划

职业生涯设计不仅仅是制作一个漂亮的文案，不是写给别人看的，而是自己经过深思熟虑制定的一生职业生涯发展的目标和行动方案，是人生目标和奋斗的统一体，是计划与行动的统一体。因此，大学生在校期间为了给职业生涯发展打好基础，使阶段性规划变成现实，就需要进行知识和技能的培养与开发。为此，要围绕职业生涯目标制定个人行动计划。

1. 树立自信

职业生涯规划，是自己的人生蓝图，要把蓝图变成现实，首先需要树立自信。自信心是一个人事业成功的重要因素之一，是事业发展的动力源泉。

自信，是来自心灵深处的自我认可。踏实、谦虚是自信的表现。自信是一种独特的人格魅力，拥有这种魅力的人，懂得如何取别人之长补自己之短，自信能战胜失败，自信可以在逆境中不改初衷。相信自己只要朝着目标方向努力就能成功。

2. 计划制定要切合实际

在校生在作职业生涯规划时往往志向远大，但如果脱离实际就有好高骛远之嫌。因此制定行动计划时一定要紧密联系实际。根据自己的职业倾向和现有的基础条件，以及学校和周围环境的条件制定切实可行的计划。所谓切实可行，一是符合职业生涯发展目标；二是计划具有可操作性，符合自己所处的环境，通过自己的努力是完全可以实现的；三是计划的制定和自己的学业紧密相关，两者相得益彰。

3. 计划制定的方法

计划制定首先要依据职业目标，将职业需求的目标进行分解，特别是对各项知识和能力的分解，形成各种阶段性目标。依据目标形成任务，依据任务制定完成任务的方法措施和时间进程。在校学生要从一入学就开始职业探索和规划，一旦明确了职业方向，就抓紧制定行动计划，有意识地将自己引向梦想的职业生涯。

三、积极践行生涯规划

1. 从现在做起

职业生涯规划能否实现，取决于能否立即行动。因为只有行动，才有成功的可能；只有从现在做起，把规划付诸行动，一切才会真实而明确地展现在你的面前。

在校学习的大学生,不但要为即将开始的就业做好准备,而且要为终身接受教育打下基础。学校为大学生提供了集中精力学习的环境,珍惜这种学习机会和学习环境,就是珍惜自己的未来。积极参加各种社会实践活动,如军事训练、教学实习、生产实习、公益劳动、科技文化活动、志愿者活动、勤工俭学等,既是锻炼并提高自身素质不可缺少的途径,也是了解社会,了解职业,了解、认识自己的最佳渠道。

要实现自己的职业生涯目标,必须从现在做起,当天的事当天完成。前进的道路并不平坦,要干成一番事业,必须不怕困难,持之以恒。

2. 瞄准目标,勤奋努力

当你的职业目标确定后,就应该瞄准目标,集中自己的精力、财力、时间等一切可以调动的"能量",勤奋刻苦地为实现目标而努力。在目标实现的过程中,要排除无益于目标实现活动的干扰,朝着既定的目标努力前行。

案例 4-1:

某知名公司人力资源部经理对大学生的建议:我们应该有一个十分清楚的目标体系。这个目标体系可以十分容易地检验大学生的能力与素质。比如在招聘一名人力资源部门的员工时,我们在考核他的基本知识,比如怎么开展招聘、怎样进行雇用、怎样发展员工之后,会从能力的四大方面选出3～4项核心能力指标,作为面试的主要内容。我们面试的时间为1个小时,对于每项能力,我们都有一个题库。人力资源员工应该具有的核心能力,我们认为应该是分析能力、激励他人的能力以及创造性。考察他激励他人的能力,我们的问题可能是:"在过去的生涯中,你是否曾经将你的点子,成功地兜售给你的同学或者社团成员?""你明知提出一个观念,会使大家不高兴甚至生气,可你依旧在会上提出,但由于采取了很好的方式,获得了双赢的效果。这种经历,你有吗?"等等。而对于一名会计来说,他的核心能力就大不相同,比如不需要太多的创新,而要具备以结果为导向的能力、团队工作能力等。如果每个大学生都清楚地知道了自己应该具备哪些核心能力,并有意识地进行培养,那么他就可能真正提升自己的能力与素质。

点评:目标是前进的方向,大学生在规划自己的职业生涯时,一定要确定好自己的奋斗目标,同时要知道如何实现这一目标。如果对自己未来要成为一个什么样的人,这个人应该具有哪些突出的优势和特长都不清楚,就很难取得实质性的进步。

3. 灵活机动,迂回前进

职业生涯目标的实现,一方面靠苦干、实干,另一方面也需要巧干。职业生涯规划不会是十全十美的，并且在实践过程中还会出现各种各样的变化。因此，应根据出现的新情况，及时调整规划，找到实现目标的最佳途径，而不能坚守着一条路走下去。

阅读与知识拓展

我的青春我做主

序言

《礼记·中庸》有云："凡事预则立，不预则废。"职业生涯规划，并非幻想，并非冲动，是憧憬，是期望，是规划未来，是勾画蓝图。一份规划书，规划出精彩人生，描绘出锦绣前程，在实践中调整计划，理想终究会实现！

步入大学，我的生活空间大了，很可能会因无目标而迷失方向，给自己制定了目标，就像有了航行的方向。我的职业生涯规划是成为一名机电技术高级技师。

认识自我

一、自我认识

有人说"人最不认识的是自己"，我不敢苟同。每个人对自己的性格和兴趣爱好是比较清楚的，只是有些人不愿接受事实。通过大赛提供的人才素质测评系统报告以及周围人对我的客观评价，我对自己的职业能力结构有了一个较为清醒的认识。

从个人性格和个人能力等看来，我认识到自己是个活泼开朗、善于与人交往；有着一定的学习能力，喜欢实践和动手操作；喜欢和适合从事一些操作性强的工作的人。

兴趣爱好：喜欢观看新闻，听音乐，看机电专业及励志图书，喜欢运动。

性格特点：理智，稳重，有耐心。注重逻辑，善于观察，喜欢和大家合作完成任务。

技能特点：善于口头表达，能有效地利用现有资源完成工作，动手能力强。

二、他人评价

1. 父母评价

懂事听话，比较顾家，但比较胆小，为人处世有时表现得不够成熟。

2. 同学老师评价

学习认真，工作积极而且负责，做事比较细心，懂礼貌，不太善于处理突发事件。

3. 朋友评价

生活乐观向上，充满激情，爱笑，有较强的人际交往能力；动手能力比较强；但很固执。

小结：从他人对自己的评价中，我看到了自己的优缺点。所以在以后的日子里，我要继续发扬自己的优点并进一步改正自己的缺点，培养一名高级技师所要具备的基本素质。

三、评测工具测评

自我剖析和他人评价仍显得比较主观。现在，我将通过科学的测评工具，再一次全方位认识自己。

1. 性格测评报告

我的性格类型是外向的、风趣的、自发的、精力充沛的、合群的、客观的、善于构建生活的艺术。

2. 职业兴趣测评报告

得分最高的三项分别如下。

现实型：主要是指各类工程技术工作。通常需要一定体力，需要运用工具或操作机器。

调研型/探索型：主要是指科学研究和科学实验工作。

艺术型：主要是指各类艺术创作工作。

测评结果解释：我适合做需要一定技术水平和操作技能的常规的稳定的工作！主要职业有：工程师、技术员、机电设备操作技术人员；从事电气、数控设备的营销与管理工作。

3. 职业能力测评报告

能力等级说明：有较强的推理能力、数理能力和创新能力。

总结：通过自我认识、他人评价、测评工具测评等方式，我更加全面地了解了自己。综上所述，我把自己的职业方向定为工业界，职业目标是成为一名机电高级技师，这是合适的，也正是我所追求的梦想！接下来的8年，我将为这个目标而努力奋斗！

职业环境分析

一、就业形势分析

1. 大学生就业分析

2024年，全国高校毕业生将达到1179万人，比2023年增加21万人。2024年，安徽省高校毕业生约50万人，毕业生数量持续增加，就业压力不断增大。

2. 梦想职业就业分析

随着我国社会经济的发展，国内需要大量的机电技术高级技师，因此该职业日益成为令人羡慕的、具有吸引力的职业之一。我国正在实施“科教兴国”和“人才强国”的国家战略，为全面建成小康社会奠定坚实的人才基础。在新世纪初期的若干年中，面对世界科学技术和经济发展的前景，结合我国现代化建设的实际情况推测，机电一体化技术人才是我国急需人才。涉及机械制造、汽车、石油化工、医疗器械等各个工业领域。

就安徽而言，其已经成为全国著名的家电生产制造基地（如美菱、格力、美的等），汽车制造基地（如江淮汽车、奇瑞汽车等）。此外，安徽的工程机械制造业发展势头也很好。

小结：我的目标职业就业前景很好，但对于我还有很长的路要走。要求我既要有一定的专业知识，更要求有过硬的技能。除了不断努力，还要把自身因素和社会条件做最大程度的契合，才能准确地给自己一个定位。职业生涯规划才更具实际意义。通过SWOT分析，我更全面地了解了我的优势和劣势，我要用优势和机会弥补劣势和威胁。

二、目标职业要求分析

作为一名合格的机电技术高级技师，应积极适应当今世界制造业全球化、信息化、绿色化、服务化的发展趋势，努力提高自身的综合素质，成为具有良好职业道德和创新理念，熟知机电产品、零部件设备的开发设计、设备管理以及有关国际通则的新一代高级机电技术人员。

总结：通过对就业形势、目标职业（机电技术高级技师）的分析，我清楚地认识到机电技术高级技师是一个充满挑战与机遇的职业，机电技术高级技师的工作环境与内容也符合自己的兴趣；从现实和未来趋势看，我把工业界选定为发展方向是准确的，也是大有希望的。在今后10年里，这将是我一直奋斗的目标！

职业目标的实施

一、基本路线

普通职员→技术人员→技师→高级技师

二、目标拟定

“机会往往只青睐于有准备的人”。我将把我的目标分为近期、中期、长期目标3个阶段实施。

1. 近期目标（大学生活阶段）：

(1)大学二年级

通过英语四级考试，取得英语四级证书；

通过国家二级计算机C语言考试；

加强对专业知识的学习，完成专业课，拿一等奖学金；

多读书，了解与专业相关的各方面知识，夯实基础；

多与他人沟通，建立起良好的人际关系网，加强口才训练。

(2)大学三年级

多到图书馆阅读相关专业知识；

暑假期间到工地或公司实习，积累经验；

多参加一些招聘会，体验现场，积累求职经验，巩固好专业知识，做到让各门功课融会贯通，形成思维框架。

2. 中期目标（刚工作阶段）：

(1)毕业后1～3年

先在一家公司任职普通职员；

在积累工作经验的同时，了解本行业发展现状与趋势；

丰富自身的社会阅历，同时继续努力学习英语；

争取成为一名合格的技术人员，多向高级工程师学习，从事一些简单的安装维修工作；

继续学习机电工程相关行业的知识，丰富自我；

为考取相关职业资格证书做好准备，一方面要继续学习理论知识，另一方面提高自身实践能力。

(2)毕业后3～5年

通过考取相关证书，争取提升为技师；

熟练工业行业的情况，深入学习机电项目全程设计中各个方面的知识，有机会则参加实践；

继续学习好外语，做到能与外国人进行简单的交流；

多阅读与机电工程相关的书籍，结合机电工程的理论，学习分析各大型项目的方案，学习项目知识；

树立正确的人生观、世界观，培养职业道德素养。

3.长期目标(稳定工作阶段)：

毕业5年以后：

成为技师；

成为高级技师。

备用方案

事物是不断发展和变化的，没有任何人能准确预料将来的形势。因此，我的职业生涯规划也不是一成不变的，我会根据实际情况不断地进行评估和调整，使之合理可行。

职业备选：正所谓天有不测风云，如果当我某天发现我的职业梦想难以实现的时候，我也有后路，即从事电气、数控设备的营销工作。

(摘自安徽省高校学生职业生涯大赛参赛作品，作者有删改)

课后思考

请填写表4-3，分析你有什么样的生涯发展设计。

表4-3 SWOT分析方法

优势	劣势
机会	威胁

实践活动

根据所学知识、个人测评的结果，在老师指导下制定一份自己的职业生涯规划。

要求：规划包含在校期间的学业规划，并且将重点放在大学期间及毕业后 3～5 年。

第二编　练就专业技能　拓展综合素质

在当前就业竞争压力越来越大的情况下，高校毕业生如何提升就业竞争力，是摆在每位同学面前的现实问题。一般而言，单位招聘重视应聘者的专业技能和综合素质，高校毕业生要提升自己的就业竞争力，应根据确定的职业目标，掌握目标职业所需要的基础知识和必备的专业技能，努力提高自身综合素质。在学习的过程中做到重点发展，创造条件接触社会，提高专业技能和综合素质，实现人无我有、人有我优。

目标要求

了解职业需要的基本技能、专业技能，并学会通过各种途径来有效地提高这些技能。

第5课　培养职业能力，夯实就业“硬基础”

职业能力包括专业技能和通用技能，是高校大学生走上工作岗位并适应工作需要所必备的。学习掌握专业技能和通用技能，是高校教育的特色。

一、专业技能

专业技能是指将所掌握的专业理论知识综合运用于实践的能力，是围绕所学专业的具体操作技能。专业技能水平的高低是大学生求职成功与否的首要因素，大学生要想找到与自身专业相关的工作，必须首先具备该专业较为完整的理论知识和相应的技能。因此，牢牢掌握与自己职业目标相关的专业知识和专业技能是大学生培养职业能力的重要内容。

1. 掌握专业知识

由于市场竞争日趋激烈，用人单位越来越希望招收的新员工能够很快地投入工作，倾向于招收一些具有专业背景和专业素质的人，而不愿意将大量的时间和精力投入对新员工的培训中去。因此，大学生应该抓住学习专业知识的黄金时间，充分利用校园的各种资源，制定切实可行的学习计划，努力提升自己的专业素质。

(1)大学生在专业知识学习中存在错误认识

目前，在“知识与能力孰更重要”的讨论中，一些大学生片面信奉“能力比知识更重要”，认为只要能力强，不管专业知识如何都能找到比较理想的工作，因而不重视专业知识的学习。有的大学生由于填报志愿或者其他因素导致对现有专业无兴趣，认为自己反正将来也不打算从事与本专业相关的工作，因此无心学习，也没有考虑如何解决，结果在就业时才发现自己什么都没有准备好，后悔莫及，白白荒废了在校学习专业知识的时光。而用人单位往往更愿意录用专业对口的、专业技能精湛的大学生，如果一个大学生各门功课成绩都不佳，他将首先成为被淘汰的对象。还有一些学生认为，自己所学的专业在社会上不吃香，找工作时没有优势。因此，他们在校期间就忽视了自己所学专业的基础知识的学习。但是，今日的“冷门”说不定就是明日的“热门”，只有拥有丰富的专业知识及相关能力，方能在相关领域成就一番事业。还有一些大学生发现所学专业与兴趣不符，或发现自己所学的专业不是自己今后想从事的职业。这些错误认识是大学生专业知识学习中的障碍，直接导致他们专业思想不稳定，并产生迷茫、困惑、烦躁的情绪，不利于他们沉下心来打好专业知识的基础。对于一个职业人来说，专业化程度越高，专业优势越明显，他的可替代性就越低，职业稳定性也就越高，职业发展竞争力也就越强。因此，刚刚步入校园的大学生要理性思考自己所学的专业，坚定专业方向，调动学习热情，树立积极正确的专业学习思想，避免出现认识上的误区。首先，大学生就业后应是相关职业领域的高级专门人才，如果没有比较扎实的专业知识功底，也就不能称为“专门人才”。尽管在就业过程中会出现专业不对口的现象，但专业知识仍然是从业者具备的隐性优势，或多或少、或早或晚会派上用场。其次，大学生要自觉地培养对专业学习的兴趣。再次，大学生要努力适应大学阶段的学习方式、方法和环境的改变，积极寻找适合自己的学习方法，尽快进入专业知识的学习。

（2）学习和积累专业知识的主要途径

专业在一定程度上决定了求职者的职业方向，因此大学生应该尽自己最大的努力，通过多种途径，学习和积累专业知识。

①培养和增强对专业的兴趣

当大学生对专业产生浓厚兴趣时，会主动进行学习和研究，排除一切困难去积极从事相关活动。因此，大学生应该重点培养对专业学习的兴趣，以提高自身能力为目标，鼓励自己学习。

职业生涯格言：

在学校和生活中，工作的最重要的动力是工作中的乐趣，是工作获得结果时的乐趣以及对这个结果的社会价值的认识。

——爱因斯坦

②重视课堂学习

课堂是大学生进行专业知识学习的主要阵地，授课教师本身掌握了扎实的学科专业知识，在备课时还需要参阅大量相关的资料，并将其浓缩在课堂讲授之中。课堂学习是一种高效获取知识的途径，在师生互动交流的过程中，可以激发参与者的积极性和创造力，这样的效果是个体自学难以达到的。因此，大学生应该重视课堂学习，课前做好预习，课堂上集中精力听课，课后注意复习和扩展性、关联性阅读。

③不断拓展和优化知识结构

一个人的知识结构不是一成不变的，随着时代的发展、个人经历的变化、教育环境的改变，个人所掌握的专业知识也在不断补充和更新。大学生在学校求学阶段获取的知识只是一生中所需知识的一小部分，更多的知识是在工作和生活中不断自学而获得的。大学生应该根据不断变化的客观形势和实际需要，自觉地补充、更新专业知识和相关知识，不断优化自己的知识结构，积累新的知识储备。

④考取相关职业的从业资格证书

从业资格证书是一块敲门砖，大学生在认真学习专业知识、打牢基础的同时，也可以通过参加相关从业资格的考试来验证、充实自己，同时获取迅速进入相关专业领域的资格。比如，工程专业的学生可以选择考取测量员、检测员、施工员等证书，语言类专业的学生可以选择考取翻译资格证书，会计专业的学生都为能拥有一张注册会计师证书(CPA)而自豪。

需要注意的是，大学生不能盲目地去考证书，考取的证书应该起到取长补短、锦上添花的作用。比如，一个法律专业的大学生如果考取律师资格证书的话，他的实力将被肯定。但是，如果不能结合自己的专业或者目标职业盲目地去考证书，不一定会对自己的就业有帮助。比如，一个性格内向、不善于沟通的学生，即使考取了保险代理人的资格证书，在就业面试时也不一定因为有一张证书而被录取。所以，大学生应当把考取资格证书作为提升自己素质和整体优势的一种手段。表5-1为2019—2023年人力资源社会保障部发布的新职业。

表5-1 2019—2023年发布的新职业一览表

批次	发布时间	新增数量	新职业名称
第一批	2019年4月	13	人工智能工程技术人员、物联网工程技术人员、大数据工程技术人员、云计算工程技术人员、数字化管理师、建筑信息模型技术员、电子竞技运营师、电子竞技员、无人机驾驶员、农业经理人、物联网安装调试员、工业机器人系统操作员、工业机器人系统运维员
第二批	2020年2月	16	智能制造工程技术人员、工业互联网工程技术人员、虚拟现实工程技术人员、连锁经营管理师、供应链管理师、网约配送员、人工智能训练师、电气电子产品环保检测员、全媒体运营师、健康照护师、呼吸治疗师、出生缺陷防控咨询师、康复辅助技术咨询师、无人机装调检修工、铁路综合维修工、装配式建筑施工员
第三批	2020年7月	9	区块链工程技术人员、城市管理网格员、互联网营销师、信息安全测试员、区块链应用操作员、在线学习服务师、社群健康助理员、老年人能力评估师、增材制造设备操作员
第四批	2021年3月	18	集成电路工程技术人员、企业合规师、公司金融顾问、易货师、二手车经纪人、汽车救援员、调饮师、食品安全管理师、服务机器人应用技术员、电子数据取证分析师、职业培训师、密码技术应用员、建筑幕墙设计师、碳排放管理员、管廊运维员、酒体设计师、智能硬件装调员、工业视觉系统运维员

续表

批次	发布时间	新增数量	新职业名称
第五批	2022 年 6 月	18	机器人工程技术人员、增材制造工程技术人员、数据安全工程技术人员、退役军人事务员、数字化解决方案设计师、数据库运行管理员、信息系统适配验证师、数字孪生应用技术员、商务数据分析师、碳汇计量评估师、建筑节能减排咨询师、综合能源服务员、家庭教育指导师、研学旅行指导师、民宿管家、农业数字化技术员、煤提质工、城市轨道交通检修工
第六批	2023 年 5 月	19	生物工程技术人员、口腔卫生技师、网络安全等级保护测评师、云网智能运维员、生成式人工智能系统应用员、工业互联网运维员、智能网联汽车测试员、有色金属现货交易员、用户增长运营师、布展搭建师、文创产品策划运营师、储能电站运维管理员、电能质量管理员、版权经纪人、网络主播、滑雪巡救员、氢基直接还原炼铁工、智能制造系统运维员、智能网联汽车装调运维员

课堂讨论

你知道与你所学的专业对应的是何种职业资格(技能)证书吗?这种职业资格考试要考哪些科目?你准备报考吗?

2. 提高实践能力

“读万卷书不如行万里路”,专业知识只有通过实践能力在工作中表现出来才能发挥作用。如果只会死读书,而不注重在理解、掌握和运用知识的过程中自觉锻炼、发展实践能力,那么知识的学习也会变得没有意义。求职者不仅要拥有用人单位所需要的专业知识,还要具备相应的实践能力。

(1)大学生实践能力的基本内涵

实践能力是指将理论转化为实践、将抽象思维转化为实际成果的能力。大学生实践能力有广义和狭义之分。广义的大学生实践能力指的是大学生在科学研究、生产劳动、经营管理、文化生活等各个方面的实际工作中,将理论知识与实际活动相结合的动手、动脑综合能力。狭义的大学生实践能力可以称为“大学生专业实践能力”,指的是大学生利用所学专业理论知识解决社会和专业领域实际问题的能力,如实际操作能力、数据分析能力、记忆分析能力、观察想象能力、逻辑思维能力、专业写作能力、实验能力、科研能力、设计能力、发明创造的能力等。

图 5-1　大学生职业技能实践

当代大学生实践能力缺失主要表现为:许多大学生缺乏学以致用的能力。一些大学生在校期间学习很勤奋,成绩也不错,但是一旦遇到实际问题往往束手无策。其主要表现有:自学能力差,动手能力较差,科学实验设计不合理,实验操作频频失误,没有学习计划和安排,集体活动缺乏创新等等。实践能力的缺失将严重阻碍学生专业技能的施展与发挥。一些毕业生由于专业实践能力差而与自己心仪的就业机会失之交臂。比如，有的毕业生虽然考取了英语六级证书，但却是"哑巴"英语，口语水平不足以与外国人交流；有的毕业生虽然拿到了计算机二级证书，却不能熟练使用Word、Excel等办公软件，也不会对计算机进行日常维护等等。只会考试不会动手的大学生只能是"活动书柜"，而不是单位需要的人才。

大学生要有意识地锻炼自己的实践能力，要根据自己的特点、兴趣、职业目标等来精心选择和参与各种不同类型的实践活动，从而获取不同维度的实践能力，最终达到提升自己实践能力的目的。

(2)提高实践能力的主要途径

①做好专业实验，提高操作技能

专业实验既是大学生学习专业知识的载体，也是培养大学生实践能力的重要途径。大学生应该珍惜在学校学习的机会和资源，学会安排和计划好自己的实验内容、实验程序，自觉培养操作技能和创新意识，为在实践中解决实际问题做好充分准备。

②参加寒暑期社会实践活动，开展社会调查

寒暑期社会实践活动是指大学生利用寒暑期开展的相对集中、大规模、大面积的社会实践活动。它的内容十分丰富，包括社会调查、社会服务、企业咨询、专业调研、科技扶贫、智力支乡、社会宣传、慰问演出等等。由于时间集中，参加人数多，社会接触面大，直接为社会做贡献，对于促进大学生在实践中"受教育、长才干、做贡献"，在实践中了解社会、服务社会、锻炼自我具有十分重要的作用。

社会调查是大学生走出校园、接触社会的一种学习方式。大学生通过访谈、调查、资料分析，最终形成调查报告和研究论文。在这一过程中，大学生不仅要学会如何跟人打交道，培养交流能力和实践能力，还要获取更多的感性认识，更好地理解社会生活，认识自我价值，摆正自己在社会中的位置。

③参加课外科技活动和课外就业创业活动

课外科技活动，指大学生利用课余时间参加科技文化创新、技能比赛活动，比如参加数学建模、电子设计、信息技术、造价知识大赛等，以及为企事业单位解决技术难题或管理问题，在实践中参与技术改良工艺革新和先进技术传播等。

课外就业创业活动，指大学生个人或团体利用课余时间制定就业创业计划并付诸实施的活动。通过参加模拟面试、模拟招聘会等，大学生可以增加对企业用人和就业竞争的了解。大学生还要敢于打破固有观念，积极投身于创业实践中去，充分利用学校的环境和机会，参加创业大赛等活动。虽然大学期间成功创业的只是极少数，但能够尝试创业对大学生积累一些创业资源和提高实践能力及将来走上社会真正开始创业都有很大的帮助。

④参与社区服务工作

我国目前没有将社会服务纳入大学必修课，没有强制要求大学生有社会服务记录，但大学生可以通过参与社区服务工作或者通过做义工及青年志愿者的方式来认识社会和服务社会。这些活动对帮助大学生明确精神层面上的追求，提高实践能力有着不可替代的重要作用。实践证明，这项活动的开展有助于提高社区居民的生活质量，大学生通过发挥自身知识技能优势，深入基层为群众办实事、解难题，受到基层人民群众的欢迎，既有助于提高自身能力，又可加深对社会的认识。

⑤参加校内外兼职或者勤工助学活动

勤工助学活动指大学生利用课余时间，参加体力或智力活动、获得一定的劳动报酬以资助学习的实践活动，是社会实践活动的有偿形式。参加校内外各种形式的兼职可以帮助大学生提高实践能力。譬如汽车运用与维修专业的学生可以在汽车修理铺帮忙，高年级学生可以做助理辅导员，艺术类专业的学生可以参加一些文艺表演等，这样不仅能够缓解经济压力，而且能在运用专业知识的过程中提高自己的实践能力。

⑥积极争取和充分利用各种实习实训机会

目前，很多高校都很重视对大学生实践能力的培养，纷纷在校内外设立实习实训基地。实习实训基地的运行模式一般是产学研结合，企业与学校在人才培养、科学研究、项目开发、资源共享等方面形成互惠互利的合作和交流关系。例如，安徽某高校与上海通用公司合作，成立上海通用汽车 ASEP 教学中心，直接在中心给学生开展实训教学。

实习、实训给大学生提供了接触社会生产第一线的机会，帮助大学生了解和认识岗位性质和工作内容，促进其自觉地将知识应用于实践，掌握专业技术。另外，系统的实习锻炼，不仅能够提高学生的实践能力，而且能够培养学生的专业意识、实践意识、劳动意识、经济意识，使其提前适应社会。

顶岗实习使学生完全履行其实习岗位的所有职责，独当一面，具有很大的挑战性，真实的企业环境有助于学生提高现场工作能力，了解最新动态，发展创新思维和团队合作精神，增强服务意识，建立良好的人际关系，具有传统课堂教学无法企及的优势。大学生应该充分利用这样的机会，为顺利就业打下基础。

职业生涯格言：
You hear, you forget;
You see, you remember;
You do, you understand.

二、通用技能

通用技能是指任何职业都需要的、具有普遍性的能力。对大学生而言，通用技能是在校学习期间学到的所有知识的构成和体现方式，它与专业技能共同构成了大学生的职业能力。如果说专业技能是职业活动得以进行的基本条件，那么在具备一般专业技能的基础上，又同时具备通用技能，将使职业活动获得事半功倍的效果。

1. 通用技能的内涵

当前用人单位在考核、挑选毕业生时，不仅重视应聘者的专业水平，而且十分重视应聘者的基础知识、计算机水平和外语水平，甚至还有应聘者的社会知识等等。例如，2020年，中铁四局海外公司到安徽某高校高薪招聘两名工程会计，学校推荐的两名学生在专业知识上都获得了人事经理的认可，但由于是海外公司，需要经常与国际人士打交道，两名学生的英语应用能力都达不到公司要求，只能遗憾地错失大好就业机会。

(1)通用技能的分类

通用技能分为一般常用技能和“可迁移”技能。一般常用技能包括英语和计算机应用能力、驾驶技术及文化常识，如社会学、公共关系学、心理学、历史、人文地理、美学等方面的知识。目前，用人单位普遍欢迎“复合型”人才。所谓“复合型”人才，是指职业人除了拥有本身的专业理论和操作能力，还同时涉猎多领域知识，虽不是“上通天文下晓地理”，但也具备多方面文化素养。

“可迁移”技能是一种超越具体职业、对人的终身发展起着重要作用的能力，是人们在生活、教育或工作等环境中培养出来的可迁移的、从事任何职业都必不可少的复合型技能。该技能可以提高人们工作的效率及灵活性和适应性，是个人获得就业机会、事业发展的重要保障。“可迁移”技能包括个体对环境的适应能力以及学习能力、表达沟通能力、人际交往能力、团队协作能力等的综合体现，这种复合型技能既是个体能够顺利就业的前提，也是个体在工作过程中充分利用各种资源，保持可持续劳动力，获取更大竞争优势，有效维持就业的前提，更是个体在需要的时候重新获得就业机会的有力保证。

(2)几种重要的通用技能

根据我国职业教育的培养目标，通用技能大体上可包括以下几个方面的重要内容。

①适应社会的能力

即将走出校门、面临择业与创业的大学生今后要想有一番作为，就必须注意培养自己适应社会的能力。在现实生活中，经常会有毕业生出现理想与现实不符的现象，一直生活在自己的想象中，留恋大学校园的美好，不愿意正视现实、接纳世界。“物竞天择，适者生存”。对社会、对环境的适应，不是消极等待和对困难的屈服，更不是对落后、消极现象的认同，而是主动、积极地去适应。

②获取信息知识的能力

信息化已经成为社会发展的必然趋势，大学生获取信息知识能力的高低在一定程度上决定了应对就业的竞争力强弱。现代社会是信息社会，前沿知识和信息瞬息万变，各类职业都要求从业者及时把握本领域和相关领域的专业动态；迅速自觉地获取反映当今科学技术发展状况的新知识、新信息。只有那些掌握了丰富的信息知识，并在信息观念的支配下、在信息道德允许的范围内具备有效获取信息能力的人，才有可能成为未来社会的栋梁之材。

案例 5-1：

北京小米科技有限公司（以下简称小米）在 2010 年成立，比起很多历史悠久的公司，它没有北京可言。但是小米的崛起速度极快，产品销量呈现指数增长。小米产品之所以卖得这么好，说明创新很重要。

小米为了降低成本，把更多的注意力放在了软件而非硬件上。小米为了把成本降到最低，把注意力放到用户体验上，特别善于发动客户的力量。此外，小米的产品只能从官方订购，这也省去了中间商的费用。就这样，小米在电子产品市场激烈的竞争中杀出一条血路。除了产品物美价廉，小米的品牌营销方式也极具颠覆性。在早期的品牌营销中，小米从不采用大规模投放广告的传统方式，非常懂得利用互联网的力量，通过客户来进行口碑传播。在社交媒体上，小米的营销无处不在，制作出的酷炫视频广告，让人看了就想点赞，不自觉就想转发。

在通过产品及服务俘获了大批客户的心之后，小米利用互联网进行分发和销售，进行饥饿营销，这不仅避免了供应和库存管理问题，还让小米品牌的口碑进一步提升。小米公司没有什么历史可以追溯，也没有雄厚的背景，却引爆了电子产品的中低端市场。市场就是这样的，你是否有创新意识，能否颠覆思维，决定了你能否生存和发展。

（资料来源于网络，作者整理改编）

③主动学习和终身学习的能力

有研究观点认为，大学毕业生在学校获得的知识只占其一生工作所需知识的10%，其余需在毕业后的继续学习中不断获取。随着信息时代的前进、新技术日新月异的发展，知识的更新换代不断加快。个体必须及时学习新的知识技能，才能跟上时代的潮流。当今社会是“终身学习型”社会，学习是一个不断充分发挥个人主动性和弥补个人思维缺陷的过程。现代的信息技术为“终身学习型”社会的形成创造了条件，应变单一的、被动的学习为自主的探索和合作型的学习，所谓“活到老学到老”就是最通俗的解释。

是否具备良好的学习能力和强烈的求知欲望是用人单位十分重视的，也是招聘时用人单位重点考察的内容之一。

④创新能力

创新能力是指人们用已经积累的丰富知识，通过不断地探索和研究，在大脑中独立地创造出新形象、提出新的见解和作出新发明的能力。创新人才就是具有强烈的创新意识和创新精神，具有很好的创新思维和很强的创新能力，从而能提供创造性成果、有所建树的人。

高校毕业生在校期间，应当以主人翁的责任感，自觉主动地投入学习中，发挥主观能动性，多思考，多提问，勤实践，努力把自己培养成为有创造性、有独立见解又具有开拓与创新精神的人才。

⑤组织管理能力

组织管理能力指在一定的社会组织和集团中，将各种活动要素合理有效地加以协调、使用，以求实现工作目标的能力。组织管理水平的高低，已经成为评价一个部门、一个单位的工作水平和判断一项工作成功与否的重要因素。组织管理能力包括计划和决策能力、组织实施能力、决断能力、指导能力及平衡协调能力等。

许多用人单位挑选大学生时在注重学生的学业成绩的同时，对学生是否担任过学生干部、承担过社团工作很感兴趣。因为大学生将来无论从事何种工作，都离不开一定的组织管理能力。要把工作开展起来，把计划付诸实施，把他人的积极性调动起来，把集体的智慧发挥出来，没有一定的组织管理能力是不行的。

⑥表达沟通能力

表达能力是指运用恰当的方式阐明自己的观点、意见或表达思想的能力。它包括口头表达能力、文字表达能力、数字表达能力、图示表达能力等几种形式。准确是对表达能力最基本和首要的要求。同时，只有鲜明、生动地表达，才能更好地排除人们接受信息时的各种障碍，有利于表达目的的实现。因此，高校毕业生在培养表达能力时要尽可能地向准确、鲜明、生动的方向努力。

沟通能力是指一个人与他人有效地进行信息沟通的能力。其中，恰如其分和沟通效益是人们判断沟通能力的基本尺度。恰如其分是指沟通行为符合沟通情境和彼此相互关系的标准或期望；沟通效益则指沟通活动在功能上实现了预期的目标，或者满足了沟通者的需要。一个具有良好沟通能力的人，他可以将自己所拥有的专业知识及专业能力进行充分发挥，并能给对方留下“我很棒”“我能行”的深刻印象。

案例 5-2：

应聘者沟通能力测试

在各式各样的简历中，有些关于个人总结的短语经常出现：组织协调能力、沟通能力、语言表达能力、团队精神、处理人际关系的能力等。将这些能力写进简历中已成为一种模式，但是面试官在面试过程中，会针对所招聘岗位的要求，对应聘者的能力进行专项考查。下面重点谈论“沟通能力”。

为了考查应聘者的沟通能力，面试官特意将12位面试人员安排到一间会议室中，进行一项“我是记者”的小测试。规则是将面试人员分散开呈圆形就座，每一个人都可以去采访他身边的任何一个人，要求被采访的人除了个人隐私（如体重、月收入之类）的其他问题都要回答，采访后要写出采访记录，被采访的人数不限。采访时间规定为10分钟，采访结束后，所有“记者”站起来，尽量以脱稿的形式去阐述被采访人员的情况。

测试规则讲清楚后开始采访，整个会议室中人声鼎沸，很热闹。测试结束后，采访了至少8位的有4个人；采访了5位的有6人；有1个人采访了3位；还有1个人只采访了1位。介绍被采访对象环节时，面试官发现，4个人（采访了至少8位者）中，有1个人能够非常准确和模式化地将所有采访对象介绍出来，其他3人不能够很完整准确地介绍所采访的对象；6个人（采访了5位者）中，有2人能够很完整准确地介绍所采访的对象；其余的人员均不能完整准确地介绍被采访的对象。该测试后进入面试环节，最终通过面试的就是那3个能够完成任务的应聘者。

沟通过程是双向的，即自己所讲的内容对方要能听明白，对方讲的话自己也要听懂，这才能称为“有效沟通”。在被测试者中未能完整表述其他人员信息的应聘者，多数是在采访过程中未能清楚了解并记录下被采访者情况的人。成功完成测试的那3位应聘者，沟通能力是很强的，尤其是那位能够说出8人以上情况的应聘者，目前就职于某知名企业的客服部，做客服部经理。

（资料来源于网络，作者整理改编）

⑦动手操作能力

动手操作能力是指完成文体活动、学习活动、专业训练、科学实验和生产劳动的实际能力。动手操作能力的强弱直接反映了一个人的实践能力和创造能力的强弱。在一切社会活动中，尤其是临床、科研、生产第一线，没有熟练的操作能力是很难胜任工作的。动手能力是知识转化为物质力量的重要保证，是高级专门人才必备的一种实践技能。动手操作能力包括4个方面：一是迅速性，是提高效率的重要条件；二是准确性；三是协调性；四是灵活性。

随着现代科学技术的高度发展，社会对高校毕业生动手操作能力的要求也越来越高。动手操作能力不仅关系到几年大学的学业水平，而且关系到个人未来的发展。因此，深刻认识动手操作能力的作用和意义，不断提高自身的动手操作能力，已经成为在校大学生面临的一项突出课题。

⑧人际交往能力

交往是人类共同的心理追求。人际交往是指人们为了相互传递信息、交换意见、表达情感和需要等，运用语言、行为等方式而进行的人际联系和人际接触的过程，即通常所说的人际关系。人际交往能力指的是与他人传递思想感情与信息的能力。

对于正在学习、成长中的大学生来说，良好的人际交往能力不仅是大学生活的需要，更是适应社会的需要。一个人的交往能力越强，他的交往范围就越大，就越有可能从别人那里获得有价值的信息或良机，从而促进自身的发展，得到他人和社会的认可。因此，在其他条件相同的情况下，用人单位往往更愿意接收和使用人际交往能力强的人。

关于人际交往，戴尔·卡耐基曾提出过一个著名的人际理论：一个人的事业成就只有20%来源于他的个人知识能力和技术能力，另外80%要靠他的社会交往能力，包括人际亲和力，影响力，能够树立威信，善于团结群众，合作能力及让人信赖的能力等等。

此外，需要特别强调的是，大学生管理和充分利用好身边的人脉资源，不仅可以获得大量的信息，还可能获得实习甚至工作的机会。

案例5-3：

某知名公司对人才能力的评价：在我们公司，经常谈两种能力，一是硬能力（hard skills），另一个便是软能力（soft skills）。硬能力指与技术相关的能力，软能力则指除技术之外的与人打交道的能力，比如英文要好，讲话要有条理，能够像讲一个故事一样把自己的理念告诉别人。要在公司里立足、发展，不管做哪一行，首先你要成为某一方面的专家，也就是说要有自己的看家本领，要拥有自己的核心竞争力。其次，是讲话要有人听，要有影响力。不论是做经理，还是做技术开发，你提供一个想法，一定需要有人跟随。如果没人跟随，你的想法是不可能实现的。因为现在所有的高科技项目，都需要团队的力量，依靠自己个人的力量是不可能完成的。在招聘中，我们看到有的人技术很好，可是他却很不愿意与人沟通，这样的人在公司里的成长是有限度的，到时他就会产生挫折感，这对他对公司都不好。因此我们往往不愿意聘用这样的学生。再就是做人应该很正派，有些人很聪明，可他们不诚实，走错了路，比如乱用公司的钱，在同事间制造不和谐因素，等等。总之，有专长、有影响力、为人正派，就会有作为，有发展。

每个大学生，无论你身处何校、所学何专业，当你毕业时，能否真正能打动用人单位的，是你是否具备“核心竞争力”以及围绕这种核心竞争力而建立起来的各种团队合作、人际交往的能力。你要把自己的优势展示给对方，那么，就应该从现在起，用行动聚集这些优势。

（资料来源于网络，作者有改动）

2.培养通用技能的主要途径

通用技能的培养不是一朝一夕就能完成的，而是在平日的学习、生活中通过点点滴滴的反思和总结中积累起来的。具体来说，大学生培养和提高通用技能的途径有以下几种。

(1)重视公共基础课的学习

大学课程安排一般都强调知识的广博与精深，因此只有遵循教学规律，学好课程，才能保证大学生既有宽厚的基础知识，又学有专长。必修课是学习专业知识、接受专业训练、成为专业人才所必须学习的课程；选修课是学生根据个人的兴趣爱好选择学习的课程。有的大学生存在“必修课选逃，选修课必逃”的错误观念，认为不逃课就不是大学生。有的大学生忽视公共基础课的学习，认为只要把专业课学好就行了，导致未能具备当代大学生应有的文化涵养。非文科专业的大学生，平日里学习一些写作知识和技巧，扩大知识面，这样用文字表达思想时才能言之有物，信手拈来。普通专业大学生多掌握一门外语，精通电脑，无异于增添了腾飞的翅膀，使自己更受用人单位的欢迎。

(2)参加校园文化活动

校园文化活动是教学计划之外，引导和组织学生开展的各种有意义、健康的文化活动，包括学术性的、知识性的、文体性的、公益性的活动。通过积极参加校园文化活动，可以学到许多课堂上无法学到的知识，如校园内形式多样、内容各异的学术讲座、学术报告会、学术交流活动，既有助于大学生知识结构的优化，拓宽知识面，也有助于激发大学生的学习兴趣。参加校园各种文化艺术活动有助于提高大学生的艺术修养，培养和发展创造力与想象力，有助于优化大学生自身的知识技能结构，从而进一步充实和提升自身的通用技能。

(3)广泛参与社会实践

实践是检验真理的唯一标准。当代大学生应深入社会，积极参加社会实践，增加社会阅历，提高工作能力，吸取前人的经验，理论联系实际，在实践中不断增长才干，从而提高自己的通用技能。目前，许多用人单位都要求求职者具备相应的工作经验。要达到这一要求，大学生可以利用双休日、节假日和寒暑假，了解社会，增加阅历，积累经验，增长才干。单位的老员工大都在某些方面有很丰富的职业知识和经验，而有些经验正是我们求职者所需要的。向前辈和同事学习，可以最大限度地利用资源，在最短的时间内学到最有用的职业知识和通用技能。

职业生涯格言：
纸上得来终觉浅，绝知此事要躬行。

(4)充分利用图书馆和互联网

当代科学处于不断发展和变化之中，单纯的教材所能提供的知识技能容量和视野是有限的，大量购买书籍往往超出大多数学生的经济承受能力，因此充分利用大学图书馆借阅参考资料是一种有效方式。随着信息技术的发展，大学生还应学习利用互联网等多种媒体尤其是数字型媒体来获取资料信息，多渠道地掌握知识和技能。

温馨提示

阅读推荐：

1.《致加西亚的信》
2.《谁动了我的奶酪》
3.《卡耐基的成功之道全书》
4.《成功人士的7个习惯》
5.《无处不在的80/20》
6.《方与圆》
7.《细节决定成败》
8.《成为最好的自己》
9.《第五项修炼》

(5)参加业余培训

大学生可以利用业余时间去参加校园里或社会上一些培训机构举办的相关培训，从而获得自己迫切需要的通用技能。比如外语级别培训班、AUTO CAD培训班、驾校、人际沟通能力提高班、演讲与口才训练班等等。这在目前是一种很实用的获得通用技能的途径，而且在提高技能的同时，获得相关部门颁发的资格证书。

(6)开拓思维，发展兴趣

兴趣和爱好是发展能力的动力。一般来说，兴趣和爱好广泛的人眼界宽阔、思想丰富，容易从多方面学习知识、发展能力。当代大学生应广泛培养健康的兴趣和爱好，如摄影、美术、书法、表演等，从而在择业时和在职业发展中充分展示自我。

职业生涯格言：

博学之，审问之，慎思之，明辨之，笃行之。

阅读与知识拓展

如何成为企业的核心员工

每个公司都会有这样一批人：他们重要，不可缺少，他们是保证公司经营策略成功的人，他们被企业管理专家称为“核心员工”。

成为企业的核心员工不仅意味着更好的待遇、更多的关注、更快的发展，还意味着自身价值得以展现的优越感，在劳动者价值取向多元化的今天，这似乎变得比以往任何时候都更重要。争做企业的核心员工成为所有职场人士的奋斗目标，那么，怎样才能成为企业的核心员工呢？主要有以下4点：

1. 掌握紧缺技能。拥有一门市场上紧缺的专业技能就意味着你的简历将更吸引企业人事主管的眼球，也意味着你完成了“出类拔萃”的前期积累。

2. 选择核心岗位。企业在界定其核心员工时，并非所有企业的核心员工都是技术骨干，我们首先要弄清企业的性质和战略目标，尽量选择企业的核心岗位。

3. 多做实际贡献。紧缺技能需要长时间地去学习，而核心岗位数量又有限，对于刚踏上工作岗位的年轻人来说，多做实际贡献能帮助你尽快成为核心员工。

4. 展现个人才华。要使更多的人了解你和你的岗位，如给老板提个中肯的建议，或在公司内部刊登一篇佳作，或在外出旅游时尝试着组织管理等。核心员工往往是鹤立鸡群的，他们的绝对数量向来是有限的。

（资料来源：《成才与就业》杂志，作者整理改编）

课后思考

结合自己的专业，思考如何提高自己对于目标岗位的就业“硬基础”？

实践活动

登录学校就业信息网就业数字图书馆进行八大能力测验。

目标要求

了解职业对个人素质的要求，了解个人的素质特征，制定提高个人素质的实施计划。

第6课　拓展综合素质，提升就业“软实力”

当今职场，用人单位需要什么样的人才？用人单位依据什么标准选择人才？除了一定的职业技能，用人单位还极其重视求职者的综合素质。

一、综合素质

综合素质在本质上是一种表现力，是大学生把握并获得就业机会、赢得欣赏的实际能力和竞争优势，是实现劳动者和生产资料相结合，实现“人职匹配”的重要决定因素。

1. 大学生综合素质概述

拓展大学生综合素质，强调的是大学生的全面发展，德、智、体、美、劳各方面水平都得到提高。

(1)综合素质的内涵

综合素质是指人自身所具有的各种生理的、心理的和外部形态方面以及内部涵养方面比较稳定的特点的总称，它包括健康的身心、良好的应变能力、高情商、积极进取的品格等等。

①健康的身心

要想取得事业的成功，大学生必须具备健康的身体素质和心理素质，保持良好的心态，增强自己的抗挫折能力。身心素质是从事职业活动的重要条件，是成就事业的基础。

身体素质的好坏反映了一个人的健康状况，而且良好的体魄也是德和智的物质载体，现代社会生活节奏快，工作压力大，没有健康的体魄很难适应。用人单位都希望自己的员工能健康地为单位多做贡献，而不希望他们经常请病假。身体有疾病的员工不但会耽误自己的工作，还有可能对单位的其他同事造成影响。如果没有健康的身体，一个人的生活、事业和幸福也就都无从谈起。

健康的心理是一个人事业能否取得成功的关键。它是指自我意识的健全，人际关系的和谐和对挫折的承受能力。心理素质好的人能以旺盛的精力、积极乐观的心态处理好各种关系，主动适应环境的变化；心理素质差的人则经常处于忧愁困苦中，不能很好地适应环境，最终影响了工作甚至带来身体上的疾病。大学毕业生在走出校园以后，会遇到更加复杂的人际关系和更为沉重的工作压力，这都需要大学毕业生很好地进行自我调适以适应。

②良好的应变能力

应变能力是指处理突发的、影响原定计划的、对事情发展不利的问题的能力。在日常生活中，突发事件无处不在。有的突发事件影响不大，因此对当事人不会造成太大的压力；而有的突发事件则影响重大，会对当事人造成非常大的压力和恶劣的影响。应对突发事件是对一个人综合素质的检验，有的人在突发事件面前措手不及，而有的人则能够保持冷静，尽快想出解决问题的办法。

③高情商

情商是一种能力，也是一种技巧，是个体重要的生存能力，是一种发掘情感潜能、运用情感能力影响生活的关键品质因素。它包括认识自身情绪的能力、妥善管理情绪的能力、自我激励能力等，主要是指人在情绪、情感、意志、耐受挫折等方面的品质。对于大学生来说，在学习和就业过程中，要注意不断提升自己的情商，培养良好的性格，以促进自身的发展并最终取得就业的成功。

④积极进取的品格

吃苦耐劳精神。用人单位认为，近年来所招大学生 50%以上最缺乏的素质是实干精神。现在的大学生最大的弱点是怕吃苦，缺乏实干的奋斗精神。大凡有所成就的人，无一不是通过艰苦奋斗而成才的。

勤奋踏实精神是自觉自愿的，不是外部力量驱使的。其实，大学生都明白，做任何事情都不可能一蹴而就，学业也好，事业也好，要实现自己的奋斗目标，都必须付出艰苦的劳动，进行不懈的努力，克服各种困难。大学生要学会有效利用正常的学习和工作时间，扎实勤奋地学习和工作。

积极主动意识。由于受传统文化或者家庭环境影响，有部分学生和职员的性格比较内向，在学习和工作中还不够主动。在学习中，学生们往往需要老师安排学习任务；在公司里，职员常常要等老板吩咐做什么事、怎么做之后，才开始工作。这与现代社会里的职业生活氛围是格格不入的。从个人的发展来看，积极主动是一种良好的人生态度。积极的人总是勇于尝试，主动地寻找解决问题的办法；积极的人更懂得为自己的人生负责，自主掌握命运的方向；当“积极主动”成为一种习惯，机遇的大门将不断为你敞开。

案例 6-1：

在丽兹·卡尔顿酒店里发生过这样一个故事：一个行李员接到一个电话，原来有一位刚刚离开的客人将他的一份文件落在了酒店里。第二天9点，这位客人出庭的时候将需要用到这份材料。而无论他回来取或者令人送到机场去都已经不可能了，因为再有半个小时这位客人就要登上从华盛顿飞往纽约的飞机了。听着电话里客人焦急的声音，行李员下决心在开庭前一定要将材料送到客人手中，于是自费买了一张机票，搭乘当晚最后一班飞机飞往纽约！作这样的决定并不容易，因为他知道酒店是不可能给他出路费的，而且在工作时间自作主张跑到纽约去，他可能会因此被炒鱿鱼。但他认定了帮助这位客人也是他工作的一部分，虽然《员工守则》中并没有注明一个行李员要这样做。客人在法庭门口接过文件时，那份感动和感激无法用语言来表达。当服务生忐忑不安地回到酒店时，让他没想到的是，自己受到了最隆重的接待：总经理、部门经理都站在门口列队等候。原来那位客人打电话到了酒店里，表达了自己的感激之情，说像这位行李员一样具有主动服务意识的员工真的很难得，并且表示以后一定还要住在拥有这样优秀员工的丽兹·卡尔顿酒店里。这件事后来被《纽约时报》的一位记者知道了，于是写了一篇非常感人的报道，一时间大家都知道丽兹·卡尔顿酒店有这样一位主动帮助客人、积极服务的员工。声名为此大振的丽兹·卡尔顿酒店，特别开展了向这位普通员工学习的活动。这位行李员的身上体现出来的主动精神，值得每一个职场人士学习。只有真正将自己当成职位的主人，才能不斤斤计较，自动自发地做好每一件事情，甚至连自己分外的都主动去做。如果能够做到这一点，又何愁没有大的发展、没有新的机会？

执行力意识。很多大学生因为从小受到父母、老师的呵护，缺乏执行力意识，在处理工作问题和为人处世上往往显得不成熟。他们没有认识到：企业要求员工是成熟、能负责、能独立解决问题的成年人。执行力是所有用人单位都非常看重的能力，这也和每一位从业者的发展密切相关。从认识上要有认真投入、心无旁骛地把事情做成的思想；从信念上要有为了实现目标而百折不挠的精神；从方法上要有智慧、有技巧；从行动上要有具体的执行计划及方案。

团队合作精神。木桶效应(Buckets Effect)，是指一只木桶能盛多少水，并不取决于桶壁上最高的那块木板，而是取决于桶壁上最短的那块。就是说任何一个组织，可能存在一个普遍现象，即构成组织的各个部分往往是优劣不齐的，而劣势部分往往决定整个组织的水平。正因为集体中每个人的水平不同，企业如果想得到最大化的效益，必须考虑到最弱的个体的影响。合作能有效照顾到最弱的个体,使他在集体中成长进步,从而使集体得到良好发展。

(2)综合素质的特征

根据国内外相关文献资料的理论研究和工作实践分析,大学生综合素质具有综合性、目的性、动态性、终身性等显著特征。

①综合性

综合素质,顾名思义,是各种素质的集合,其综合性体现在它是整体性和个体性的统一。它既是对全体大学生的普遍性的素质能力要求,也是大学生个体在参与劳动力市场竞争中所需要具备的独特品质要求。

②目的性

目的性即就业相关性,大学生拓展综合素质是为了就业和个人的长远发展,对大学生综合素质的研究宗旨和指向都围绕着就业这个核心,是通过对大学生综合素质的研究,探索如何提升大学生就业能力的路径,促进人的全面发展和社会的不断进步。

③动态性

动态性即重在开放性而非封闭性,重在发展而非静止,要做到与时俱进。大学生拓展综合素质是一个发展的过程,而不仅仅停留在获取心仪的工作。综合素质有一个培养、实现和继续发展的过程,包含大学生接受教育培养综合素质的阶段、选择岗位工作实现职业能力的阶段以及综合素质不断提升的职业生涯阶段。

④终身性

综合素质与大学生的学习能力分不开,在当前"终身学习型"社会的要求下,综合素质也要跟着时代和环境的变化而不断完善,仅仅依靠教育阶段所获得知识和能力已经无法适应和满足一个人的职业生涯的需求,因此,终身拓展综合素质也应该是人的就业能力的内在因素之一。

2.提高大学生综合素质的主要途径

由于综合素质的广泛性和综合性,不同综合素质有不同的提高方法。

(1)身心素质的提高途径

①加强体育锻炼,提高身体抵抗力

大学生在校期间要积极参加各项有益于身心健康发展的体育锻炼和社会活动,不断提高自己的身心素质,特别要注意培养良好的心态和坚强的毅力。

②科学用脑,劳逸结合

大学生要注意用脑卫生,不搞疲劳战术。平日里及时复习知识点,利用点滴的时间和机会提高操作能力,就可以避免考前"临时抱佛脚"、挑灯夜战,也有利于做到学以致用。

③培养良好的生活习惯

大学生校园生活是以群居形式进行的,要改变在自己家里唯我独尊、众星捧月的思想。时时处处为他人着想,经常换位思考,不熬夜不偷懒,讲究个人卫生,维护公共生活秩序。

职业生涯格言：

读书不输，发财靠才；每天锻炼1小时，健康工作50年，快乐生活一辈子。

(2)情商的培养途径

①正确认识并悦纳自我

良好的自我意识要求做到自知、自爱，对自己的能力作出客观评估。

②自觉控制和调节情绪

经常保持乐观的情绪，在学习、生活和工作中有效地驾驭自己的情绪，“不以物喜，不以己悲”。

③摆平心态，端正自身位置

不要和别人攀比，每个人都有自己的优点和缺点，如果总是“以己之长比人之短”或者“妄自菲薄”，就会造成盲目自信或自卑的心态。

(3)优秀品格的养成方案

①虚心请教，乐于助人

有真才实学的人往往虚怀若谷，谦虚谨慎；而不学无术、一知半解的人，却常常骄傲自大，自以为是。“三人行必有我师，择其善者而从之，其不善者而改之”。

虚心请教和乐于助人既是一种美德，也是一种行为指南。团队中，虚心请教可以弥补自己不足，乐于助人则可以增强团队伙伴的信心，提升团队的工作效率。

世界计算机行业巨头比尔·盖茨就是一个非常谦虚的人，他每次演讲结束，都会请撰稿人分析一下他的演讲有哪些不足，以便下次改进，正是这种精神和行为进一步成就了他事业的辉煌。

②坚持正确方向

无论是个人，还是集体，只有坚持正确的方向，才能在经过努力付出后取得成功，在工作中轻言放弃或者朝三暮四的做法都不能取得真正的成功。

案例6-2：

鲁班造锯

相传鲁班接到建筑一座巨大宫殿的任务。建筑这个宫殿需要很多的木料，鲁班就让徒弟们上山砍伐树木。因徒弟们用斧头砍伐树木，效率低下，致使工程进度一拖再拖。眼看着工程期限越来越近，鲁班甚是着急。他决定亲自上山察看砍伐树木的情况。上山时，他无意中抓了一把山上长的野草，手竟然被划伤了。鲁班很是奇怪，一根柔软的小草为何能割破手？于是他摘下一片叶子仔细观察，发现叶子两侧长着许多小细齿，用手轻轻一摸，这些小细齿非常锋利。后来，鲁班又看到一只大蝗虫在一株草上啃食叶子，蝗虫的大板牙风场锋利，一开一合，很快就吃下一大片。这引起鲁班的好奇，他抓住一只蝗虫，仔细观察蝗虫的口部结构，发现蝗虫的大板牙上同样排列着许多小细齿。

这两件事使得鲁班深受启发。他想，若做一个锯齿状的砍伐工具，是否会同样锋利？于是，他用大毛竹做成一条带有许多小锯齿的竹片，然后试着锯树，成效不错，几下子就把树皮拉破了，再用力拉几下，小树干就被划出一道沟，鲁班非常高兴。但是由于竹片比较软，硬度比较差，不能长久使用，拉一会儿，小锯齿就有的折断，有的变钝，需要更换竹片。这样也影响砍伐树木的进度，且使用竹片也很浪费。看来竹片不宜作为制作锯齿的材料，应该寻找一种强度、硬度都比较高的材料来代替它，这时鲁班想到了铁片。于是，鲁班让铁匠们制作带有小锯齿的铁片，然后上山试验。鲁班和徒弟各执一端，在一棵树上拉了起来，只见他俩一来一往，不一会儿就把一棵树锯断了，又快又省力。锯子就这样被发明了出来。

（资料来源于网络，作者整理改编）

③不断学习，扩大阅读面

培根说："读史使人明智，读诗使人聪慧，数学使人缜密，博物使人深沉，伦理使人高尚，逻辑修辞使人善辩。"读书、学习既能开阔人的视野，增长人的知识，提高人的智商，也能塑造人的优秀品格。

④训练专注力

专注既是一种精神，也是一种态度，更是一种习惯。专注的人能专心致志、全神贯注，不受任何外界干扰，对既定的目标和方向执着如一，不懈努力。专注力帮助人们集中所有的资源和精力办事，从而把一件事情做到底，不达目的不罢休。大学生日常生活中应培养专注力，保持平衡心，把时间、精力和智慧聚集到所要完成的重大目标和任务上。

二、职业道德修养

根据相关调查显示，90％的用人单位对大学生的职业化能力不满，80％的用人单位持有大学生在2年之内难以胜任工作要求的观点，认为其不能胜任工作的原因不仅仅是能力的问题，关键是大学生缺乏真正的职业化素养，缺乏职业道德修养。良好的职业道德品质是职业化人才的必要条件，是大学生就业的核心竞争力之一，因此大学生一定要注重自身职业道德修养的提升。

1. 职业道德

大学生毕业后走上社会，要在我国社会主义现代化建设的生产、管理、服务第一线的不同岗位上从事职业活动。从事职业活动必须遵守职业道德，承担不同岗位对社会所应承担的道德义务和道德责任，这对大学生自身的发展具有重大意义。

(1)职业道德的含义

职业道德是指从事一定职业的人在职业生活中应当遵循的具有职业特征的道德要求和行为准则。职业道德在实际生活中为了满足表达和传播的需要，往往比较简明，通常采用工作守则等方式出现，简要概括，朗朗上口，好记好学，便于指导从业者的实践。

(2)职业道德的内容

21 世纪，社会经济飞速发展，物质文明和精神文明极大丰富，人们也越来越关注从业者的职业道德。社会主义职业道德观继承了传统职业道德的优秀成分，体现了社会主义职业的基本特征，爱岗敬业、诚实守信、办事公道、服务群众、奉献社会、遵纪守法、注重节约，这一直是我国各行业职业道德的共同规范。

①爱岗敬业

爱岗就是热爱自己的工作岗位，能够为做好本职工作尽心尽力；敬业，就是用一种恭敬严肃的态度来对待自己的职业。只有敬业才能爱岗，才能忠于职守，乐于奉献；一个人一旦爱上了自己的职业，他就会做到敬业，他的身心就会融合在工作中，焕发动力与热情。

敬业精神要求从业者不管做什么工作一定要做到最好。敬业不仅仅是吃苦耐劳，更重要的是"用心"去做好单位分配给的每一份工作。敬业不仅是一种美德，也是自己尊重自己的一种表现，只有忠诚敬业的人才有可能把工作做到最好。

用人单位往往非常希望录用那些具有爱岗敬业精神的大学生。因为只有那些"干一行，爱一行"的人，才能专心致志地做好工作。

案例 6-3：

方文墨身高 1.88 米，体重约 200 斤，这样的身材在钳工中属另类。他的身高比只有 1 米高的工作台高出了不少。一些老师傅曾认为，凭这样的身体条件，方文墨根本不可能成为出色的钳工。方文墨就不信这个邪，他把家里的阳台改造成了练功房。一下班回家，他就钻进阳台，苦练技术。长年累月的苦练，让年轻的方文墨早早就有些驼背了。正常情况下，钳工一年会换 10 多把锉刀，方文墨一年却换了 200 多把，有几次居然生生把锉刀给磨断了。经过不断努力，方文墨加工的精度达到了千分之三毫米，相当于头发丝的二十五分之一，这是数控机床都很难达到的精度。中国航空工业集团将这一精度命名为"文墨精度"。25 岁，方文墨成为高级技师，拿到了钳工的最高职业资格；26 岁，他参加了全国青年职业技能大赛，夺得了钳工冠军；29岁，他成为中国航空工业集团最年轻的首席技能专家。方文墨之所以能取得这样的成果，正在于他身上体现着爱岗敬业的职业道德，他干一行爱一行，爱一行钻一行，精益求精，尽职尽责。职业道德是我们立足职场的重要条件和在职业生涯中脱颖而出的制胜法宝。

②遵守诚信

诚实守信既是做人的准则，也是对从业者的道德要求，从业者在职业活动中应该诚实劳动、合法经营、信守承诺、讲求信誉。在现代社会，就个人而言，诚信是人格高尚、素养优良的具体体现。对于职业人士来讲，诚信更是一种资源。诚实守信不仅是从业者步入职业殿堂的"通行证"，也是具体行业立足的基础。因此，不论从事怎样的职业，都必须讲诚信，一诺千金。古人云："言而无信，不知其可也。大车无輗，小车无軏，其何以行之哉？"那些不讲诚信、目光短浅、只顾眼前利益的人最终将会受到惩罚而一事无成。聪明人往往懂得诚信是提高自身竞争力的基石。

很多世界知名企业在用人时非常强调诚信，公司倾向雇佣那些最值得信赖的人。

③办事公道

办事公道就是要求从业者在职业活动中做到公平、公正，不谋私利，不徇私情，不以权损公，不以私害民，不假公济私。

办事公道是对人们的权利与义务之间、报酬与贡献之间、奖惩与功过之间相称性、对等性关系的确认和肯定。人生活在社会上，每天都要与人和事打交道，以公道之心办事就必然成为职业活动中必须遵守的道德要求。

④服务群众

服务群众就是在职业活动中一切从群众的利益出发，为群众着想，为群众办事，为群众提供高质量的服务。职业活动的属性、目的不是任意确定的，而是要基于群众的需要。

如果每一个从业者在职业活动中，都自觉满足服务群众的要求，整个社会就会形成一种人人都是服务者，人人又都是服务对象的良好秩序与和谐状态。

⑤奉献社会

奉献社会就是要求从业者在自己的工作岗位上树立奉献社会的职业精神，并通过兢兢业业工作，自觉为社会和他人做贡献。一心索取的人，其贪欲永远得不到满足，只有奉献，才能获得心灵的满足。在工作中，"奉献精神"是一种爱，是对自己事业的不求回报的爱和全身心的付出。对个人而言，就是要努力做好每一件事，善待每一个人。

社会的发展离不开每个人的奉献，也正是有无数人的无私奉献，我们的生活才越来越美好，社会才一天天进步。

大学生还应培养廉政意识。作为社会栋梁和国家建设人才的当代大学生，在校时就应主动培养自觉的廉洁自律意识，力戒贪图享乐，为今后在职业活动中全心全意为人民服务、依法办事、廉洁奉公打下坚实的基础。

⑥遵纪守法

纪律是在一定社会条件下形成的、集体成员必须遵守的规章条例的总和，是要求人们在集体生活中遵守秩序、执行命令和履行职责的一种行为规则。

遵纪守法就是要求从业者要遵守法律和各项纪律，包括生活和职业中的法律、劳动纪律、公共秩序等。

⑦注重节约

节约是职业人应该具备的重要品质，也是职业道德建设的内容之一。职业活动中的节约，是指职业人爱惜和节制、节省使用物质资料及社会资源的行为。它不仅是个人生活方面的意识，而且反映了一种对他人、对公共财富如何使用的态度和行为。可以说，职业人是否具有节约的品质，是衡量其是否具有端正的职业态度的重要尺度。

节约体现在职业生活的方方面面，它强调对于公共资源的合理使用，以发挥其价值、不浪费为前提。很多用人单位都希望员工主动培养自己的归属感，爱单位如家，把单位的利益和个人的利益相结合，拥有节约品质如今也是企业选拔人才的一个重要尺度之一。

职业生涯格言：

一身正气做人，一尘不染做官，一丝不苟做事。

案例 6-4：

张桂梅，中共党员，丽江华坪女子高级中学党支部书记、校长，华坪县儿童福利院(华坪儿童之家)院长。作为一名基层教育工作者，张桂梅同志始终把教书育人、立德树人作为自己的人生理想和奋斗目标，矢志不渝，执着追求，为党和人民的教育事业奉献了自己的一切。她心系困难群众，投身于教育扶贫。她坚持树人先树魂，贯彻党的教育方针，把思想政治建设和理想信念教育作为立校之本，用红色教育为师生铸魂塑形。她长期坚守工作岗位，以实际行动兑现自己“只要还有一口气，就要站在讲台上”的诺言；她始终艰苦朴素、甘守清贫，把自己的工资、奖金和社会各界的捐助投入教育事业。张桂梅的事迹感动了大家，她顽强拼搏、不屈不挠、无私奉献、善良慈爱的精神让我们钦佩。“俯首甘为孺子牛”是鲁迅先生的写照，也是张桂梅的写照。

张桂梅同志参加工作以来，爱岗敬业，无私奉献，深深扎根于边疆贫困地区，全身心地投入教书育人的崇高事业中；凭着对教育事业的热爱，她不断学习先进的教学经验和教学方法，精心研究，积极探索教育规律和教育发展的新模式，因材施教，进行素质教育，总结出一套适合当地教育特点的教学方法，教学成绩突出。“一个有希望的民族不能没有英雄，一个有前途的国家不能没有先锋”。张桂梅巾帼不让须眉，在平凡的岗位上作出了不平凡的成绩，尽显巾帼英雄本色。她用自己的实际行动践行了共产党人的初心和使命。

2.职业道德修养

当今时代，随着市场竞争日趋激烈，整个社会对从业者的职业道德、职业责任感和职业作风的要求越来越高，因此大学毕业生还应具备良好的职业道德修养。

(1)职业道德修养的内涵

职业道德修养是指职业人在道德意识和道德行为方面通过自我学习、自我锻炼和自我改造所形成的职业道德品质及达到的职业道德境界。

正所谓“修己以安人”“修己以安百姓”。大学生应注重职业道德修养，陶冶情操。职业生活的多样性决定了职业道德修养包括多方面的内容。

①职业道德认识

职业道德认识是职业人对职业道德原则、规范的理解和把握。没有一定的职业道德认识，也就不会有符合职业道德的行为。因此，只有对职业道德有了全面而深刻的认识，才能正确对待和处理职业活动中的现象，并作出正确的是非判断。

②职业道德情感

职业道德情感是指职业人对职业道德要求、职业道德义务的心理体验、感受和态度。它表现为从业者对职业活动中发生的各种道德的或不道德的行为所产生的、发自内心的好恶、爱憎情绪。它包括职业活动的责任感、义务感、荣誉感、尊严感以及正义感等情绪和态度。

③职业道德意志

职业道德意志是指职业人在履行职业道德责任和义务的过程中所表现出来的克服困难、战胜挫折、排除各种阻力的能力和毅力，也是对行为作出抉择的力量和坚持精神。没有职业道德意志，人就不会具有敬业精神，就经不起困难挫折的考验，就容易受各种不良因素的引诱、干扰和影响。

④职业道德信念

职业道德信念是职业人对某种职业的责任感。一个职业人一旦在职业实践中确立了职业道德信念，其职业行为就有了高度的自我约束性。

⑤职业道德行为习惯

职业道德行为习惯是指职业人在其职业道德认识、情感、意志和信念支配下形成的相对稳定的道德行为特质。只有养成了职业道德行为习惯，优良的职业道德品质才得以形成，从业者的职业活动才具有积极的现实意义。

(2)提升职业道德修养的方法

职业道德修养的提升贯穿于整个职业活动和职业发展中。当代大学生掌握提升职业道德修养的方法，养成良好的职业道德行为习惯，不仅有利于增强就业竞争力，也是个人成长成才的必然要求。提升职业道德修养的方法主要有以下几个方面：

①树立正确的职业价值观

职业价值观是个体世界观、人生观、价值观在职业选择和职业活动上的反映。正确的职业价值观指引大学生走职业选择和发展的正道，用自己的诚实劳动、合法经营去创造人生业绩，通过社会活动将自己的能力充分发挥出来，不断为社会提供物质财富和精神财富，以满足社会和他人的需要，进而得到社会和他人的尊重和承认，成为一个有益于社会、有益于人民的高尚的人。

②在日常生活中培养

有意识地坚持良好的行为，就会成为一种自觉的习惯。大学生在日常生活中培养自己的职业道德修养，要从小事做起，严格遵守行为规范。例如，在校期间，遵守校纪校规，毕业后在职场中，遵守企业的规章制度。“勿以善小而不为，勿以恶小而为之”。从自身做起，自觉养成良好习惯。比如，在团队中，要有助人为乐的精神；面对问题时，不推卸责任，要齐心协力。

③在专业学习中积累

大学生从入校开始，充分了解自己的专业特征、专业前景，培养专业兴趣，学好专业知识，才可能形成强烈的职业意识，培养自己的职业道德情感。同时结合自己的专业实际，树立学一行、爱一行、干一行的专业思想。

④在社会实践中锻炼

实践是认识的基础，也是提升职业道德修养的基础。积极投身职业实践，在实践中学习提高，是提升职业道德修养的重要方法和途径。近年来，许多高职高专院校的大学生积极参加社会实践活动，利用到企业实习、调研的机会，明确用人单位的需求，从而确立自己的奋斗目标。

⑤在自我修养中提高

“博学之，审问之，慎思之，明辨之，笃行之”。这句格言给大学生自我修养指明了方向。此外，“吾日三省吾身”，“见贤思齐焉，见不贤而内自省也”。通过自我意识来省察自己的言行，经过不断学习和反思，加以虚心接受批评，客观地认识自己的行为与规范之间的差距，从而产生对职业道德规范的体悟，由衷地认可和接受，使自我修养不断提高。大学生在提升职业道德修养的过程中，要结合多种方法来进行，在分析的基础上进行借鉴和尝试，以丰富和充实自己的修养内涵，加快自己的修养进程，提升自己的修养品位。

⑥在职业活动中强化

强化职业道德修养，关键在于实际行动。没有人能一开始就知道正确的做法，也没有人能永远正确，大学生要在别人的指点和帮助下，在职业活动中通过亲自实践体会，从而不断地发展自己、完善自己，提升自己的职业道德水平，获得良好的职业道德修养。

职业生涯格言：

眼光决定财富，选择决定前途；

知识改变命运，学习成就未来。

阅读与知识拓展

成功经理人12项自我管理能力

经理人要想成功就必须注重以下12项自我管理能力的提升。

1. 自我心态管理能力

在我们不断塑造自我的过程中，影响最大的莫过于选择积极的态度还是消极的态度。自我心态管理是个人为实现人生目标进行心态调整以优化自我的一种行为。成功经理人善于进行自我心态管理，随时调整自我心态，持续地保持积极的心态。

2. 自我心智管理能力

主观偏见是禁锢心灵的罪魁祸首，经理人的见识、行为总是受制于它。心智模式是人们在成长的过程中受环境、教育、经历的影响，而逐渐形成的一套思维、行为的模式。每个经理人都有自己的心智模式，但每个经理人的心智都会存在一定的障碍。经理人要善于突破自我，要善于审视自我心智，要善于塑造正确的心智模式。

3. 自我形象管理能力

作为经理人，你的身上吸引了许多人的目光，所以形象很重要。懂得如何更加得体着装，如何适应社会对商务礼仪的要求，这可以让经理人更有魅力。加强自身形象、自身修养、谈吐举止等方面的管理，是每一个经理人都应该重视的。

4. 自我激励管理能力

在我们每个人的生命里，潜藏着一种神秘而有趣的力量，那就是自我激励。人的一切行为都是受到激励而产生的，善于自我激励的经理人，通过不断地自我激励使自己永远具有前进的动力。自我激励是一个人事业成功的推动力，其实质则是一个人把握自己命运的能力，经理人要有健康的心理，善于运用一定方法自我激励。

5. 自我角色认知能力

经理人往往扮演周旋于上级、同级及部属、客户之间的角色。若在定位上没有一套正确的认知能力，往往会落到上下难做人、里外难做人的地步。如何正确认知自己的角色，是经理人走向成功的重要环节。

6. 自我时间管理能力

每个经理人都同样地享有每年365天、每天24小时。可是，为什么有的经理人在有限的时间里既完成了辉煌事业又能充分享受到亲情和友情，还能使自己的业余生活多姿多彩呢？他有三头六臂吗？他们会分身术吗？时间老人过多地偏爱他们吗？关键的秘诀就在于成功经理人善于进行自我时间管理。

7. 自我人际管理能力

有人说“成功＝30％知识＋70％人脉”，更有人说“人际关系与人力技能才是真正的第一生产力”。因为人的生命永远不孤立，我们和所有的东西都会发生关系，而生命中最主要的，也就是这种人际关系。由此看来，经理人要想成功，就应该加强自我人际管理能力。

8. 自我目标管理能力

生命的悲剧不在于目标没有达成，而在于没有目标。目标有多远，我们就能走多远。目标指引经理人工作的总方向。经理人每天的生活与工作，其实都可以理解为：一个不断地提出目标，不断追求目标并实现目标的过程。

9. 自我情绪管理能力

情绪能改变人的生活，有助于改善人际关系和说服他人，情商高的人可以控制、化解不良情绪。在成功的路上，最大的敌人其实并不是缺少机会，或是资历浅薄；成功的最大敌人是缺乏对自己情绪的控制。愤怒时，不能遏制怒火，使周围的合作者望而却步；消沉时，放纵自己的萎靡，把许多稍纵即逝的机会白白浪费。成功经理人必须善于管理自我情绪。

10. 自我行为管理能力

根据社会伦理和组织所要求的行为规范，每个人的行为都可以分为正确的行为和错误的行为。经理人职业行为就是成为经理人要坚守的正确行事规范。经理人如何具有职业化的行为，如何管理以达到职业化行为规范的要求，这是每个经理人都应该重视的事情。进行自我行为管理，坚守职业行为，是经理人职业化素质的成熟表现。

11. 自我学习管理能力

学习是人类生存与发展的推动力。人不是生而知之，而是学而知之，知识和能力不是天上掉下来的，而是从学习和实践中来的。经理人最重要的能力是什么？是学习能力，经理人的竞争力就表现在学习能力上。我们处在一个激烈竞争的时代，具备“比他人学得快的能力”是经理人唯一能保持的竞争优势。

12. 自我反省管理能力

反省是成功的加速器。经理人经常反省自己，可以去除心中的杂念，可以理性地认识自己，对事物有清晰的判断；也可以提醒自己改正过失。经理人只有全面地反省，才能真正认识自己，只有真正认识了自己并付出了相应的行动，才能不断完善自己。因此，每日反省自己是不可或缺的。“反省自己”就应该成为经理人工作的一个重要组成部分。不断地检查自己行为中的不足，及时地反思自己失误的原因，就一定能够不断地完善自我。

一项调查显示，企业最为重视的技能和个人品质按顺序排列如下：沟通能力、积极主动性、团队合作精神、领导能力、学习成绩、人际交往能力、灵活性及适应能力、专业技术、诚实正直、工作道德、分析和解决问题的能力。

职业核心能力是指个人职业生涯中除岗位专业能力之外，适用于各种职业，适应岗位不断变换的基本能力，是伴随个人职业生涯的可持续发展能力。德国、澳大利亚、新加坡称之为“关键能力”，美国称之为“基本能力”，在全美测评协会的技能测评体系中称之为“软技能”，我国称之为“关键能力”。

《国家技能振兴战略》把职业核心能力分为8项，即“8项核心能力”，包括：与人交流、数字应用、信息处理、与人合作、解决问题、自我学习、创新革新、外语应用等。随着时代的发展，对大学生职业能力的要求也在不断增加，结合“8项核心能力”的要求，当代大学生除了应具备扎实的专业职业能力，还应具备的核心职业能力主要包括：学习能力、表达能力（包括文字表达能力、语言表达能力和形象表达能力等几个方面）、思维能力、观察分析与解决问题的能力、实际操作能力、组织管理能力、创新能力、适应能力、决策能力、人际交往能力等。

课后思考

大学生拓展综合素质有哪些渠道？

实践活动

设计一份调查问卷，并到相关企业进行调查，统计该职业对大学毕业生的素质要求，并作出相关分析。

第三编　调适就业心理　把握求职过程

求职择业是人生必经的一道门槛，毕业前后的择业过程也是大学生活的转折点。渴望选择一个好的单位、一个理想的职业，能够充分发挥自己的知识和技能，成就一番事业，这是每一个有进取心的高校毕业生梦寐以求的事情。因此，既要掌握和了解就业政策、就业信息，转变就业观念，培养良好的心态，同时，又要合理编制就业资料，提高求职面试技巧，这些都是求职就业取得成功的重要因素。

目标要求

了解当前大学生就业的相关政策与规定，让毕业生能够及时、有效地获取就业信息，了解就业信息的搜集渠道，帮助毕业生提高信息收集与处理的效率与质量。

第7课　了解就业政策，分析就业信息

随着高等教育改革、社会产业结构调整，我国就业形势较为严峻。及时学习、了解并掌握就业政策，显得十分重要。在择业过程中，无论是职业目标的确定、求职计划的设计，还是决策方案的选择，就业信息的收集和处理都是基础。就业不仅是实力的竞争，也是信息的竞争。多一条信息，就会多一个机遇。择业黄金时期只有短短的几个月，应好好把握。

一、就业政策概述

1. 党的二十大报告中有关高校毕业生就业内容

党的二十大报告提出，就业是最基本的民生。大学生就业问题，是我国就业问题中带有战略性的核心问题。因此要实施就业优先战略和更加积极的就业政策，鼓励多渠道多形式就业，并以促进创业带动就业，具体分析如下。

首先，深化高校教育改革。要紧密联系经济社会发展的实际情况，以宏观经济走势、中观经济的变化、微观经济的需求为着眼点和落脚点，合理配置教育资源，整合教师资源，提升高校专业设置的科学预测和规划能力，调整教材，创新教学方法，用就业率、学生综合适应能力衡量高校的运行质量，从而培养“适销对路”的人才。

其次，努力提升自身的综合素质。当代大学生要树立正确就业理念，积极面对现实，根据自身的实际状况找到最适合自己的工作岗位。要注重自身能力的培养，包括处理人际关系的能力、处理信息的能力、处理好人与资源的能力、系统看待事物的能力、运用技术的能力等。要不断加强社会实践积累工作经验，大学在校期间应主动参加校内外的实践活动，不断地提升自己实际处理事务性工作的能力以及学会并掌握与人沟通的技巧。

再次，完善大学生就业服务体系。要尽快建立和完善集教育、管理、指导和服务等功能于一体的毕业生就业指导和服务体系。为毕业生和用人单位提供信息咨询、指导培训服务等全方位、多层次的服务，为大学生确立正确的职业理想和择业观、掌握竞争技巧、积极参与人才市场的竞争创造有利条件。同时，要完善有关人才及劳动法规，使用人单位、高校、大学毕业生都能得到有效的法律保障。

最后，支持和鼓励大学生以创业带动就业。要鼓励大学生积极转变观念，发挥自身才能，并以创业带动就业。政府相关部门要安排专项经费重点扶持一批高校毕业生创业项目，根据项目规模、效益、科技含量和市场前景，在工商注册、税收、资金扶持、解决创业场所、完善服务等方面进一步完善扶持政策。

2. 高校毕业生就业政策（国家促进普通高校毕业生就业政策公告）

(1)鼓励高校毕业生到基层、到中西部地区就业

对到农村基层和城市社区公益性岗位就业的，给予社会保险补贴和公益性岗位补贴；对到农村基层和城市社区其他社会管理和公共服务岗位就业的，给予薪酬或生活补贴；

对到中西部地区和艰苦边远地区县以下农村基层单位就业并履行一定服务期限的，由政府补偿学费，代偿助学贷款；

对有基层工作经历的，在研究生招录和事业单位选聘时优先录取；

对参加“选聘高校毕业生到村任职”“三支一扶”（支教、支农、支医和扶贫）“大学生志愿服务西部计划”“农村义务教育阶段学校教师特设岗位计划”等项目的，给予生活补贴，按规定参加社会保险；项目服务期满并考核合格的，报考硕士研究生初试总分加10分，高职（高专）学生可免试入读成人本科；今后相应的自然减员空岗全部聘用参加项目服务期满的高校毕业生。

(2)鼓励高校毕业生应征入伍服义务兵役

由政府补偿学费，代偿助学贷款；

在选取士官、考军校、安排到技术岗位等方面优先；

退役后参加政法院校为基层公检法定向岗位招生考试时，优先录取；

具有高职（高专）学历的，退役后免试入读成人本科；或经过一定考核，入读普通本科；

退役后报考硕士研究生初试总分加10分；荣立二等功及以上的，退役后免试推荐入读硕士研究生。

(3)积极聘用优秀高校毕业生参与国家和地方重大科研项目

高校毕业生在参与项目研究期间，享受劳务性费用和有关社会保险补助，户口、档案可存放在项目单位所在地或入学前家庭所在地人才交流中心。聘用期满，根据需要可以续聘或到其他岗位就业，就业后工龄与参与项目研究期间的工作时间合并计算，社会保险缴费年限连续计算。

(4)鼓励和支持高校毕业生到中小企业就业和自主创业

对企业招用非本地户籍的普通高校专科以上毕业生，各地城市应取消落户限制（直

辖市按有关规定执行)；

为到中小企业就业的高校毕业生提供档案管理、人事代理、社会保险办理和接续等方面的服务；

从事个体经营符合条件的，免收行政事业性收费并享受国家相关扶持政策；

登记失业并自主创业的，如自筹资金不足，可申请5万元小额担保贷款；对合伙经营和组织起来就业的，可按规定适当提高贷款额度；

参加创业培训的，按规定给予职业培训补贴；

灵活就业并符合规定的，可享受社会保险补贴政策。

(5)强化对困难家庭高校毕业生的就业援助

就业困难和零就业家庭的高校毕业生，享受公益性岗位安置、社会保险补贴、公益性岗位补贴等就业援助政策；

机关、事业单位免收招聘报名费和体检费；

高校可根据实际情况给予适当的求职补贴；

对离校后未就业回到原籍的高校毕业生，由各地公共就业服务机构免费提供就业服务并组织就业见习和职业技能培训。

3. 自主创业政策

(1)放宽市场准入条件

初创企业时，允许按行业特点放宽资金、人员准入条件，注册资金可分期到位；

按照相关规定可将家庭住所、租借房、临时商业用房等作为注册地点及创业经营场所。

(2)享受资金扶持政策

在当地人力资源社会保障机构登记求职后从事个体经营，自筹资金不足的，可按规定申请小额担保贷款，从事微利项目的，可按规定享受贴息扶持：合伙经营和组织起来就业的，贷款规模可适当扩大；

视当地情况，可申请“大学生创业资金”。

(3)实行税费减免优惠

毕业2年以内从事个体经营时，自在工商部门首次注册登记之日起3年内，可免交管理类、登记类和证照类等有关行政事业性收费；

从事农、林、牧、渔、环境保护、节能节水等行业，开办高新技术企业、软件企业、动漫企业或小型微利企业等，均可依法享受国家现行规定的税费减免政策。

(4)提供培训指导服务

登记求职后，可参加当地人力资源社会保障部门举办的不少于10天的创业培训，符合条件的可领取创业培训补贴；

进入“高校学生科技创业实习基地”创办企业，可以享受减免12个月的房租、专业技术服务与咨询、相应的公共设施以及公共信息平台服务等；

在办理自主创业行政审批事项时，可以通过“绿色通道”享受联合审批、一站式服务、限时办结和承诺服务等；

自主创业的高校毕业生申报灵活就业时，可以免费享受劳动保障和人事代理服务。

4. 就业准入政策

所谓“就业准入”，是指根据《中华人民共和国劳动法》（以下简称《劳动法》）和《中华人民共和国职业教育法》（以下简称《职业教育法》）的有关规定，对从事技术复杂、通用性广、涉及国家财产、人民生命安全和消费者利益的职业（工种）的劳动者，必须经过培训，并取得职业资格证书后，方可就业上岗。实行就业准入的职业范围由人力资源社会保障部确定并向社会发布。

就业准入政策是指大学生就业获准进入某些地区、职业等的相关政策，它包含以下两个方面。

(1)地区准入政策

一些地区会根据本地区的情况出台一些具体的准入政策，特别是大城市，如北京、上海、深圳等，每年都会出台接收非本地生源的大学毕业生有关问题的通知和政策。

(2)职业方面的就业准入

职业方面的就业准入是指根据《劳动法》和《职业教育法》的有关规定，对从事技术复杂、通用性广、涉及国家财产、人民生命安全和消费者利益的职业（工种）的劳动者，必须经过培训，并取得职业资格证书后，方可就业上岗。实行就业准入的职业范围由人力资源社会保障部确定并向社会发布。

5. 高校毕业生现行应聘、就业报到的有关政策

求职应聘相关规定：

国家计划招收的普通高等学校毕业生和结业生以及国家计划招收的为地方培养的军队院校毕业生，通过供需“见面”和双向选择落实就业单位。

毕业生就业工作一般从毕业生在校的最后1学年开始。毕业生就业程序：

由学院（校）提供就业信息、推荐，或毕业生自行获取就业信息、自荐；

毕业生与用人单位供需“见面”，双向选择；

用人单位向学院（校）反馈接收意见（推荐表）；

毕业生与用人单位网签或者签订“毕业生就业协议书”、劳动合同等；

由学院（校）将毕业生落实工作单位的就业计划经上级主管部门上报教育厅；

毕业生在全国就业平台上进行毕业去向登记确认。

温馨提示

温馨提示：安徽24365大学生就业服务平台 http://www.ahbys.com/index.htm

课堂讨论

当前高校毕业生就业压力加大，有专家提出“先就业、后择业”的求职理念或叫“骑驴找马”的观点。谈谈你对这个观点的看法。

二、就业信息的类别

就业信息的类别、内容较多，面临初次就业的应届毕业生要重点了解以下 3 类就业信息。

1. 就业政策和相关规定

第一，国家就业方针、原则、政策和相关的就业法律法规。就业政策是根据国家经济社会发展战略和人才培养、使用的客观要求而提出的，是根据各个不同时期的发展规划、发展目标而制定的，随着国家整体政治、经济任务的变化而变更，它是毕业生择业、就业和创业的主要依据。毕业生应该在国家就业方针、原则和政策所规定的范围内，根据个人情况选择职业，并学会用法律法规来保护自己。

第二，地方的用人政策。各地区、各单位根据国家的有关规定，结合本地区情况，对毕业生的引进、安排、使用、晋升、工资待遇等制定了一系列更为具体的规定，如《芜湖市高校毕业生就业创业政策》《芜湖市扶持大学生创新创业实施细则》等。不少地区为了吸引人才，还制定了许多优惠政策，这是毕业生应该了解的。

第三，学校的有关规定。为了调动学生学习的积极性，保证毕业生就业的顺利进行，学校一般会根据国家的政策要求制定若干补充规定，这也是毕业生应该了解和遵守的。

2. 就业流程

第一，就业体制。毕业生应该清楚就业工作是由国家、地方各省、市、区和学校的哪个部门或哪个机构来负责管理指导的。学校学生处、招生就业处(就业指导中心)负责就业指导、就业推荐、就业帮扶等工作，创新创业学院负责创业指导等工作，学生处负责学生档案工作，教务处负责学生学籍和毕业证管理发放等工作，保卫处负责户口迁移办理工作。当毕业生在求职过程中遇到困难和问题时，可以随时向有关的机构咨询。

第二，就业程序。填写就业推荐表，制作求职材料，参加学校和二级学院校园双选会(10—11月大型双选会),11月中下旬上岗实习,签订就业协议,在平台中填报就业信息,交就业证明材料,来年4—5月提交毕业生设计,7月初办理离校手续。

3. 就业行情

第一,了解国家经济社会发展的方针、任务和发展战略;了解产业的分类与结构,以及产业结构的调整和变化趋势;了解职业的分类与结构,以及该职业发展的趋势,使自己总揽全局,更好地把握自己,在经济社会发展的大背景下找到自己的正确位置。

第二,了解当年毕业生总的供求形势,掌握最新的全国、全省、全校毕业生供需情况,并进行纵横比较。表9-1为近5年毕业生规模。

表9-1 近5年全国高校毕业生、安徽省高校毕业生及安徽省高职毕业生规模

（单位:万人）

年度	2019年	2020年	2021年	2022年	2023年
全国高校毕业生	834	874	909	1076	1158
安徽省高校毕业生	33.92	34.78	35.03	44.69	48.46
安徽省高职毕业生	16.27	16.19	16.03	23.21	25.88

第三,明确本专业的培养目标、发展方向、适用范围。

第四,了解同自己专业直接对口或相关的行业、部门和单位的现状和发展趋势。

第五,掌握用人单位的信息。许多毕业生在就业时,往往会产生这样一些错误认识:对用人单位情况不甚了解,又没有作一定的比较,于是在择业时带有很大的随意性和盲目性,如只挑选大城市而不问用人单位的性质、业务范围;盯着有“关系”的单位,企图靠“关系”得到提拔和重用;还有的只图单位名称好听就盲目拍板等等,这些都是片面的。要识别一些假象,做到对用人单位有比较客观的评价。

了解和掌握用人单位的信息量越大,判断准确率越高;反之,则越低。因此,很好地搜集、分析用人单位的信息,是对毕业生所学知识和能力的一次检验。

三、就业信息的来源

就业信息不能只靠自己到处跑着找单位或发求职信来搜索,一般说来这种办法的成功率并不高。要善于利用各种渠道、通过各种途径收集信息。获取的信息越多,择业的视野就越宽阔。根据目前人才市场及地方的特点,大学生获得就业信息的途径主要有以下4条。

1. 学校就业指导中心

学校的毕业生就业指导中心,是毕业生就业工作管理的职能部门,与省市的毕业生就业主管部门及用人单位有着密切的联系,社会需求信息往往汇集到这里。而且,中心会及时向毕业生发布有关就业信息,对毕业生进行就业指导,让毕业生大致了解当年社会对大学生需求的状况及有关就业的政策规定，学生本人也可以就有关问题进行咨询。学校就业指导中心的就业信息准确、可靠、多样、具体，是毕业生获取就业信息的最直接、最有效、最主要的途径之一。

按毕业生就业指导中心规定，用人单位进校招聘流程如图 9-1 所示。

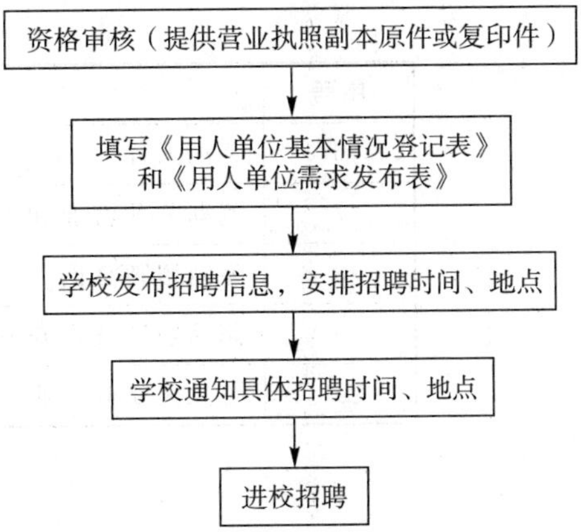

图 9-1　招聘流程

2. 通过各级毕业生就业主管部门、人才服务机构及其组织的有关活动获取就业信息

各级毕业生就业主管部门和人才服务机构，是沟通用人单位和大中专毕业生的桥梁和纽带，是为毕业生提供就业服务的专业机构。毕业生可通过他们组织的定期或不定期的人才交流洽谈会、大中专毕业生供需见面会等活动获取需求信息，这也是获取信息的重要渠道。

3. 通过各级政府主管部门和就业指导机构搜集

这些主管部门主要是教育部、人力资源社会保障部和省教育厅、人社厅及各市的教育局、人社局。这些部门和就业机构的主要职责，就是制定辖区的毕业生就业政策，提供高校毕业生和用人单位的信息，为毕业生就业提供咨询与服务。来自这方面的信息也是真实可信的。

4. 通过微信公众号、网络、报刊、广播、电视等媒体

需要特别注意的是，这种信息传播面广，竞争性强，时效快，成功率较低，而且其内容往往比较笼统，如果选用还应作进一步的了解。一些用人单位常常通过网络、报纸、杂志、广播、电视等大众传媒介绍本单位的现状、发展前景和人才需求信息。每年的网上招聘周可为大学生提供很多的就业岗位。表 9-2 为合肥市、芜湖市发布招聘信息的部分微信公众号。

表 9-2　合肥市、芜湖市发布招聘信息部分微信公众号一览表

序号	微信公众号名称	地区
1	合肥经开人才	合肥
2	合肥高新人才	
3	新站高新区人才	
4	合肥市人力资源服务协会	
5	合肥包河区人力资源市场	

续表

序号	微信公众号名称	地区
6	芜湖人社	芜湖
7	芜湖公共就业和人才服务中心	
8	芜湖招聘官网	
9	芜湖经济技术开发区人力资源市场	
10	弋江区就业创业一站式服务中心	

温馨提示

获取最新的就业信息，请在附录中扫描相关网站的二维码。

5. 实习、社会实践、社交等活动

毕业生在实习、社会实践中可以直接与用人单位接触，可以更清楚地了解有关需求情况，让用人单位更多地了解自己。还有各地纷纷建立的见习机制，都是大学生实践锻炼重要、可靠的途径。

6. 亲朋好友

通过家长、亲戚、朋友、老师、同学等渠道来获取就业信息，有针对性地扩大搜集信息覆盖面，有时会收到事半功倍的效果。这种信息针对性更强，对用人单位可以进行更具体的了解，易于双向沟通，因而就业成功率较高。

7. 查阅有关单位的地址、电话，通过打电话、写求职信或登门拜访获取用人信息

这种渠道主动性强、盲目性大、准确性低。但是，偶然的机遇，也有成功的可能，在缺乏就业信息的情况下，这也不失为一种获取信息的渠道。

当然，收集信息的途径还很多。总体来说，关键在于掌握主动权。

案例 9-1：

在某高校毕业生宿舍，小赵在电脑前不停查找着各种 HR 网站的信息，智联招聘、前程无忧……他根据自己的专业和兴趣选择着就业岗位。虽然现在是冬末春初，仍有大滴大滴的汗从他额头滚落。而他邻床的杨阳早已胸有成竹，手中早就握着几个单位的就业意向书，从国企到民企，杨阳在犹疑不决，但脸上有种喜悦的表情。

是什么让同一个专业、同一个宿舍的他们在就业的重要关头面临

不同的情况呢？经过采访记者发现，原因在于他们对于就业信息掌握的情况不同。

小赵只是单一地将搜集就业信息定位在传统的网站搜索，杨阳则有更多的想法，他说："我觉得自己能在就业上脱颖而出，主要是因为手头有很多就业信息可以选择。从综合学校就业指导中心提供的就业信息，到我自己去心仪企业网站链接上搜集招聘信息，我在尽可能多地搜集和利用就业信息，我是赢在起跑线上。"

四、就业信息的分析与利用

1. 选择适合自己的就业信息

毕业生在就业之前，必须对自己有全面的认识和正确的评价，不但要清楚自己想干什么，更要弄明白自己能干什么，要清楚自己的兴趣爱好、气质特点、性格特征、基本素质、专业知识、技术能力等。在此基础上，可以从以下几个方面来判断就业信息是否对自己有用。

(1)专业性

专业知识是毕业生在就业中比其他非专业人员更具竞争力的一个主要因素。大部分毕业生在通过 3～4 年的专业学习后希望能从事专业对口的工作，另外，由于毕业生没有任何工作经验，对专业以外的领域往往没有十分的把握去涉足，所以，专业是否对口，往往是用人单位和毕业生双向选择中的一个共同标准。

(2)兴趣爱好

近年来，在毕业生就业中专业不对口现象越来越多。放弃专业固然可惜，但兴趣爱好是一个人事业取得成功的重要条件。研究表明，对自己所从事的工作有兴趣，就能发挥全部才能的 80%～90%，并能长时间保持高效率而不感到疲劳。不过记住，你在选择你爱好的职业前，应该了解自己的能力，这里讲的是专业知识以外的能力，如计算机应用能力、外语能力、学习能力、实践动手能力、组织协调能力等等。放弃了专业知识后，你面临的将是能力的竞争。

(3)性格特征

性格特征也与职业信息的选择有关。如果你是一个性格内向、好静不好动的人，面对两条就业信息，一个是需要办公室文员，一个是需要营销代表，那么前者是你的选择。不同性格的人适合从事不同类型的职业，毕业生应该根据自己的性格特征来选择适合自己的就业信息。

另外，你还可以根据个人的要求，如对用人单位性质的要求、对用人单位规模的要求、对地理位置的要求等等，在各种就业信息中选择出有利用价值的、适合你自己的信息。

2. 分析、处理就业信息

对于收集到的就业信息，应结合自己的实际情况，加以筛选处理，去粗取精，去伪存真，有目的、有针对性地进行整理和分析，使信息具有准确性、全面性和有效性，更好地为自己就业服务。由于就业信息时效性强、数量大、品种多、范围广，所以在对其进行处理时必须做到。

(1)正确选择

就业的成败很大程度上取决于对就业信息的选择。要选择得好，首先，必须能在较短的时间内查阅大量信息，以便从中迅速发现最有用、最重要的信息；其次，要鉴别、判断，善于识别信息的准确性、有效性和可行性。在信息传递过程中由于来源和人为的一些因素，造成有些信息失真。这就要求我们通过查询、核实来对信息加以修正、充实，使信息具有有效性，同时必须依据各自的实际情况和有关方针政策找到最适合自己的信息，使信息具有可行性。

(2)善于开拓

许多信息的价值往往不是直观的，必须经过使用者深入思考、加以验证才能发现。正如人们常说的那样：信息的价值会用则有，不会用则无。所以当你获得一定量的就业信息时就必须善于利用，否则你仍将一无所获。

(3)迅速反馈

信息有很强的时效性，及时用之是财富，过期不用是垃圾，当你收集到广泛的信息并加以分析处理后，应尽早决断并向用人单位反馈，一是因为招工、应聘都是有一定时限的；二是因为条件较好的职业会吸引很多人，而录用指标是有限的，所以犹豫不决会使你痛失良机。

3. 识别真假“招聘信息”

案例 9-2：

在招聘会上投完简历并且过五关斩六将之后，韩丽终于顺利通过了一家公司的面试，并参观了公司，觉得很正规。很快公司通知韩丽去参加培训，并要缴纳 500 元的培训费。韩丽觉得机会难得，交了钱并参加了培训。培训后公司又组织了体检，体检费 300 元，但最后这家公司以韩丽视力太差为由拒绝录用。

后来，一个有着类似经历的同学告诉韩丽，每次招聘会这家公司都会招人，但从没听说有人和这家公司签约，根本是在骗我们这些求职者的培训费和体检费！

提醒：需要缴纳费用才可以入职的招聘，属虚假招聘的概率大！

案例 9-3：

小周是某高校的英语专业的学生，他在招聘会上看到一家外贸企业提供的职位挺符合自己的要求，就向该企业投递了简历。但该公司声称要“考验”求职者的水平，要求每位求职者为他们翻译一些文件。小周按该公司的要求把自己辛辛苦苦翻译出来的文件寄到了该公司后就再也没有消息了。给该公司打电话咨询，他们却说已经招到合适的人。小周无奈地说，他成了该公司免费的劳动力了。

提醒：为考验求职者的水平，招聘企业要求求职者展示一些作品或在规定时间里完成一些作品是合理的。但是如果量特别大的话，求职者就需要擦亮眼睛了。必要的时候通过各类渠道了解一下该公司情况。

案例 9-4：

小马从外地到东莞找工作，由于条件不合适，在东莞的劳务市场里并没有找到合适的工作。正以为找工无望时，突然一个人在劳务市场的门口前拽住他，称自己是劳务市场的工作人员，并拿出自己的工作证表明身份，之后告诉小马，能够帮他找到一份月薪 5000 元以上的工作，同时将自己的电话号码以及雇主的号码留给了他。小马信以为真，拿出 300 元酬谢。结果雇主电话打不通，介绍人的手机也打不通，一直处于关机状态，小马这才意识到自己上当受骗了。

提醒：找工作千万不要相信陌生人！

案例 9-5：

随着技术的进步，网络成了大学生求职的新平台，但是记者发现网站的安全性同样令人担忧。“差点就被骗了！”说起通过网上求职遭遇的骗局，某大学女生高某至今还心有余悸。“不久前，我在一家知名招聘网站上发布了自己的个人信息。没过几天，我接到了一个自称重庆某用人单位的电话，对方希望了解我的基本情况，随后询问了家庭电话。虽然我感到有些奇怪，但出于对网站的信任，还是告诉了对方”，高某说。不料，高某很快收到了家里的电话。电话里，母亲语气焦急地问她：“孩子，你在哪儿？怎么你老师说你出车祸了，要我寄几千块钱过去啊？”高某大为吃惊，再一查电话号码，发现是自称重庆某用人单位的那个号码打到家里去了。

提醒：求职者与招聘单位的沟通还是以面谈的方式为妥。在没有面谈之前，不要透露与求职无关的信息给招聘单位。

以上案例对广大毕业生有很好的警示作用。毕业生在面对纷至沓来的信息时，千万不要盲目乐观，一定要保持清醒的头脑，认真地分析信息，将虚假信息尽早排除。毕业生在收集信息时应注意以下 3 点：第一，重视学校信息栏和校园招聘会上提供的信息；第二，优先选择到政府人社部门所属人才交流机构举办的人才市场或人才中介去求职；第三，对网上的信息要通过网下的其他途径，比如向用人单位打电话、向有关主管部门和学校就业指导中心咨询等等，先多方求证、确认，再去应聘。切不可轻易相信一些媒体，特别是网上的信息或同学、朋友间传递的小道消息。广大毕业生在求职时务必注意以下 10 种陷阱。

一是境外高薪诱骗陷阱。现在很多骗子把违法犯罪活动包装成境外“高薪”工作，成功引诱求职者上钩后，可能会被拐骗到境外从事电信诈骗、网络赌博等违法犯罪活动，拒绝工作或“业绩”不达标者，可能遭遇非法拘禁、虐待等人身伤害。

防范提示：看到这种境外高薪诱惑一定要查一下经营公司是否具备对外劳务合作经营资格，这个行业的平均薪资水平，如果高出很多就要考虑是否有陷阱。毕业生应选择公共就业人才服务机构和正规市场中介机构，对市场中介机构应了解其经营范围是否包含境外职业介绍服务。

二是传销陷阱。传销是指组织者或经营者通过发展人员，要求其缴纳费用或者以购买商品等方式，取得加入或发展他人的资格，牟取非法利益的行为。一般以亲友极力推荐的途径传播，基本以轻松赚大钱、无需面试直接上岗为噱头。传销面试或工作地点都比较偏僻且转换频繁，公司业务不能清晰说明。

防范提示：高校毕业生务必清楚传销属于违法行为，在求职中要了解传销的基本特征，对发展下线的宣传，要保持头脑高度清醒，防止陷入传销设计的圈套中。如果不慎进入传销，在确保人身安全的前提下，第一时间脱身报警。

三是黑中介陷阱。一些非法职业介绍机构以介绍工作为名，向求职者变相收取各种名目费用。他们的典型特征是没有人力资源服务许可等相关资质，以冒充或伪造相关资质骗取求职毕业生信息。往往收取高校毕业生报名费、服装费、体检费、培训费、押金、岗位稳定金、资料审核费等费用。毕业生入职时，不法用人单位编造各种理由拒绝毕业生上岗或中途辞退。这些非法职介机构即便提供了岗位信息，往往也是与高校毕业生需求不匹配甚至虚假的就业岗位。

防范提示：高校毕业生求职时，应当优先选择公共就业人才服务机构和正规市场中介机构，对市场中介机构应了解其经营范围是否包含职业介绍业务，是否具备《人力资源服务许可证》。与市场中介机构签订协议时，不要轻信其口头承诺，一定要看清签约的内容，不要盲目签字。要谨记，应聘工作本身并不需要任何费用，对于将交费作为先决条件的招聘面试实习等都需要谨慎对待，应核实有无收费的法律依据。如交费一定要求出具正规发票并加盖单位公章，为可能发生的纠纷维权保留证据。

四是“刷单诈骗”陷阱。一些诈骗分子打着高薪兼职、点击鼠标就赚钱、刷单返现、抖音快手点赞员等幌子进行诈骗。其特点是门槛较低，谎称轻松兼职、薪酬丰厚。

防范提示：毕业生不要轻信既轻松又赚钱的好差事，应了解当前岗位的市场薪资水平，明白天上不会掉馅饼，掉下的往往是陷阱。同时注意个人信息安全，不要轻易泄露银行卡、网银、支付宝等密码信息，不要随意打开陌生网址链接。

五是“内推”陷阱。个别中介机构或个人以帮助求职者推荐进知名企业、优先录取等名义收取高额费用。有的求职者因本身符合相关岗位要求而被录用，这类机构就归功于己；如果求职者没被录用，这类机构就会以种种理由搪塞，拒绝退还求职者预交的相关费用。

防范提示：收费“内推”“保 offer”等多属虚假宣传，涉嫌违法违规，求职者千万不可抱着“走捷径”“靠关系”等心态轻信骗子的话术，应通过正规网络招聘服务平台等人力资源服务机构或用人企业官网求职。

六是“培训贷”陷阱。个别中介机构或用人单位以高薪就业作为诱饵，向高校毕业生承诺培训后包就业，但须向指定借贷机构贷款支付培训费用或直接收取培训费用。培训结束后，相关机构或用人单位往往难以兑现承诺，或推荐的工作与原先承诺相差甚远，毕业生可能会面临身负高额借贷或投入高价培训费用又没有实现就业的不利局面。

七是“猫腻合同”陷阱。在合同签订过程中，个别用人单位为降低用人成本、规避用工责任而侵犯高校毕业生合法权益。有的仅签订《就业协议书》，或以谈话、电话等口头形式约定工作相关事项，没有签订书面劳动合同。有的合同内容简单，缺少工作岗位、工作地点、工资、劳动条件、合同期限等具体内容。有的合同以少缴税款为由，同时准备两份不同薪资的“阴阳合同”。有的合同包含“霸王条款”，要求几年内不得结婚、无条件服从加班、试用期离职不结算工资等。

防范提示：法律规定，建立劳动关系双方应当订立书面劳动合同。毕业生在签订劳动合同前，应与用人单位认真协商、慎重对待，不可草率签订。要注意劳动合同是否具备《中华人民共和国劳动合同法》(以下简称《劳动合同法》)规定的必备条款(用人单位基本情况、合同期限、工作内容和地点、工作时间和休息休假、劳动报酬、社会保险、劳动条件等)，特别要高度警惕其中于法无据、明显不合理的条款，防止掉入陷阱而导致维权困难。

八是“假试用”陷阱。有的用人单位超过法定上限约定长时间试用期，或者重复约定试用期。有的用人单位以试用期为由，支付工资低于当地政府规定的最低工资标准，或者不缴纳社会保险。还有的用人单位为了降低用人成本，大量招聘应届高校毕业生，试用期约定较低的工资，等试用期结束后，便以各种理由解聘，“假试用，真使用”。

防范提示：任何违反法律规定的试用期约定无效，根据劳动合同期限的不同，试用期有不同的时间限制，最长不超过 6 个月，同一用人单位与同一劳动者只能约定一次试用期；以完成一定工作任务为期限的劳动合同或者劳动合同期限不满 3 个月的，不得约定试用期；劳动合同仅约定试用期的，试用期不成立，该期限为劳动合同期限。试用期内，应正常缴纳社保，工资水平不低于单位相同岗位最低档工资的 80％或者不低于劳动合同约定工资的 80％，并不得低于当地最低工资标准。用人单位在试用期提出解除劳动合同的，可以要求用人单位说明理由。

九是“扣证件”陷阱。有些用人单位或中介机构借保管或经办社会保险、申办工资卡等业务名义，扣押求职者身份证、毕业证、学位证等个人证件原件。这种情况非常危险，它们可能会用你的居民身份证做不法行为或者开银行卡等。

防范提示：任何组织和个人都不得扣留他人居民身份证，求职者不要将证件原件交付他人，如有需要，仅向有关人员出示即可。需要提供证件复印或者影印件的，要在合适位置注明具体用途。

十是虚假信息陷阱。有的用人单位为了增加对高校毕业生的吸引力，往往故意夸大单位规模、业绩、发展前景、工资和福利等。有的用人单位玩弄文字游戏，对招聘职位的工作内容作模糊化处理，将销售员、业务员等职位美化成“市场部经理”“事业部总监”等有诱惑力的名称。

防范提示：高校毕业生可通过企业官网、媒体报道、工商登记注册信息等查询用人单位基本情况，仔细甄别各类招聘信息，不要盲目轻信。求职时要详细询问岗位信息、工作内容，不能只看表面，避免入职后发现实际工作与预期有出入，浪费求职时间和精力。同时，可以通过多种途径了解公司背景，对长时间大量招聘、离职率高的公司，高校毕业生要提高警惕。

案例 9-6：

毕业感言，信息处理

小董是某高校计算机专业的毕业生，现在上海某外资公司工作，当年她在求职过程中，非常重视就业信息的收集和整理，并因此受益匪浅。下面是她写下的感想和体会：

母校是一所办学多年的高校，每年毕业的学子分布在各行各业。于是，师兄师姐的经历就成了宝贵的信息参考：面试的技巧、工作后的感受与心得等等。这些“过来人”的经验之谈，比大公司招聘过程中的介绍更富于细节性、实在性，往往会同时呈现一项工作的优劣两面。我有一位学长，在某会计师事务所工作了4年多，赴英国培训之前，很中肯地对我说：“做这一行，有很多机会接触不同的行业、不同的人，你可以不断地学习，不断地进步。然而，与机遇同时而来的，是疲劳、辛苦和超时的工作。”这段话给我的教益是，任何一项工作都有它的所长所短。在关注它耀眼之处的同时，也要兼顾它不如意的地方。从大学一年级开始，系里就经常举行与学长们的座谈会，一年级讲如何适应大学与中学的角色转换，三年级的话题就是怎样面对就业、面对社会。我从中受益匪浅。

学校开设了“就业指导”课。老师们用心良苦，请了相关领导讲当年的就业政策，请了就业指导的专家谈如何有效利用就业信息，还请了咨询公司的资深顾问评论什么是世界级的人才。这一系列的讲座以其极大的信息量，吸引了许多学生。随后，我们又参观了一些公司，于是，对他们的工作环境有了直观的认识。

参加校园招聘会是全面了解一家企业的好机会。在这里，有关企业的历史、经营状况、招聘计划、选择标准等等均一目了然。其实，在我看来，对就业信息的收集，可以是时时刻刻做的。即便当我已经坐在面试官的面前时，我仍然觉得有了一个很好的机会去了解某方面的信息。在每次面试结束之前，基本上都有一个提问的机会，我经常问的问题是："您能否告诉我一些关于贵企业对于新员工的培训计划方面的信息？"因为我在选择就业单位的时候，比较注重的一条就是企业是否具有完善的培养计划。相对于薪资等条件，我更看重自身未来的发展与提高。

解析：本案例中的小董，以校友的身份向我们介绍了她自己收集和处理信息的经验，对广大毕业生来说，应该是很有实用价值和借鉴意义的。最重要的是，她使我们看到，收集就业信息的方法是丰富多样的，不仅有众人通常可以想到的途径，还可以另辟蹊径。社会活动、暑期实践、毕业实习、师兄师姐们的经验、就业指导课程、校园招聘会，甚至在紧张的面试时刻，都是收集信息的好机会。

收集信息是为了分析利用，小董在这方面有独到之处，那就是不随波逐流，而是有自己的主见，有的放矢。而有些毕业生收集信息仅局限于几种简单的方法，在收集到信息后，也不结合自己的实际情况，不管自己适合不适合，只是一味地拼命往热门单位挤。没挤上则失望沮丧；侥幸挤上了，却往往发现原来并不是自己真正喜欢的工作。

在信息时代，"谁掌握了就业信息，谁就把握了就业的先机"。大学毕业生求职就业的成功与否，不仅取决于整个社会的政治、经济状况以及自身的能力素养，也取决于是否占有大量的就业信息。应该说，就业信息是毕业生求职就业的基础和必备条件，就业竞争在一定程度上就是信息的竞争，谁掌握的信息多，谁的就业视野就开阔，谁就能在竞争中争得主动权，不失时机地选择自己的位置；谁掌握用工单位的信息多，谁就能在就业竞争中占据有利位置。因此，毕业生应当及时、全面地掌握有关就业方面的种种信息，并认真地对这些信息进行分析，筛选整理，最终作出正确抉择。

阅读与知识拓展

《人力资源社会保障部办公厅 财政部办公厅关于做好2024年高校毕业生“三支一扶”计划实施工作的通知》

人社厅发〔2024〕26号

各省、自治区、直辖市及新疆生产建设兵团人力资源社会保障厅（局）、财政厅（局）：

为贯彻落实党中央、国务院关于进一步引导和鼓励高校毕业生到基层工作的决策部署，按照《中共中央组织部 人力资源社会保障部等十部门关于实施第四轮高校毕业生“三支一扶”计划的通知》（人社部发〔2021〕32号）有关要求，2024年继续围绕推进乡村全面振兴对人才的需求，招募选拔高校毕业生到基层从事“三支一扶”（支教、支农、支医和帮扶乡村振兴）服务工作。现就做好有关工作通知如下。

一、统筹开发服务岗位。贯彻落实乡村振兴战略和重大区域发展战略部署，招募计划向脱贫地区、东北地区、边疆地区、民族地区、革命老区等倾斜，对国家乡村振兴重点帮扶县实行计划单列。紧贴基层需要，着重开发基层事业发展急需紧缺岗位，拓展乡村建设助理、农技推广、水利基础设施建设与运行管理、林草生态保护修复、医疗卫生等服务岗位。岗位设置突出基层导向，“三支一扶”人员一般安排在乡镇基层单位服务。2024年中央财政支持招募“三支一扶”人员34430名，有条件的地方可结合基层实际需求和服务期满人员就业情况适当扩大招募规模，2023年服务期满人员当年底就业率低于90%的省份原则上不得扩招。

二、严格规范招募选拔。省级人力资源社会保障部门要统一组织招募选拔工作，多渠道公开发布招募公告。合理设置招募条件，招人难、留人难的艰苦边远地区可适当放宽专业要求，降低开考比例，提高本地户籍毕业生比例。优先招募脱贫家庭、低保家庭、零就业家庭毕业生，支医岗位向已参加规范化培训医学专业毕业生倾斜。坚持公开平等、竞争择优原则，完善招募选拔制度，保障考试安全，坚决杜绝不正之风。精心组织，周密安排，确保8月底前完成招募选拔工作，9月初新招募人员上岗服务。

三、大力加强教育培训。深入实施“三支一扶”人员能力提升专项计划，健全贯穿全服务周期的教育培训制度，加强岗前、在岗和离岗前培训，大力提升“三支一扶”人员能力素质。2024年中央财政支持开展专项培训8000人次，省级人力资源社会保障部门负责专项培训的组织实施工作，及时将“千万工程”经验、枫桥经验等工作方法纳入培训，提高培训针对性、实用性。积极协调教育、水利、农业农村、卫生健康、林业草原等部门，将“三支一扶”人员纳入相应行业人才培训范围，提升其专业知识和技术技能水平。严肃培训纪律，严格培训过程管理，严禁借培训名义组织公款旅游，确保培训实效。

四、强化岗位实践锻炼。建立健全导师制、传帮带等培养制度，落实基层服务单位主体责任，促进“三支一扶”人员立足岗位历练成长。择优推荐担任基层单位团委副书记、河（湖、林）长助理、农业技术服务站（所）长助理、林场（站）长助理、基层供销社主任助理等，鼓励参与基层重大项目建设和重点任务，在推动基层研究解决发展实际问题中锻炼成长。支持选派到对应上级单位进行累计不超过1个月的跟班学习或研修培训。鼓励“三支一扶”人员服务期间参加相关职业资格考试，服务满1年且考核合格后可按规定参加职称评定。

五、认真落实服务保障和日常管理举措。做好经费保障工作，确保“三支一扶”人员工作生活补贴达到政策标准并按月足额发放，落实一次性安家费，按规定缴纳社会保险费，发放艰苦边远地区津贴。有条件的地方可在政策框架内结合实际缴纳住房公积金，按规定办理补充医疗和商业保险等。指导基层服务单位优化工作生活保障，提供食宿、交通等便利。健全考核奖励机制，组织做好年度考核和期满考核，参照当地相关规定给予一定奖励。加强“三支一扶”人员日常管理，加强安全教育，经常性开展在岗情况抽查和履职情况检查，不得借调“三支一扶”人员到上级单位或其他部门帮助工作。“三支一扶”人员服务期满后原则上不再续聘，对因岗位招募困难且基层确有需要而续聘服务期满人员的基层服务单位不再派遣新的人员。多渠道搭建“三支一扶”人员交流平台，定期开展走访座谈、节日慰问等活动，加强关心关爱，激励其更好服务基层。

六、全力做好服务期满人员就业服务工作。进一步完善服务期满流动政策，畅通基层服务单位留用渠道，多措并举促进“三支一扶”人员扎根基层成长成才。协调有关部门落实公务员定向考录、省市事业单位同等条件下优先聘用、住院医师规范化培训、升学深造等支持政策。县乡基层事业单位公开招聘中拿出一定数量或比例的岗位对服务期满考核合格的人员进行专项招聘，并增加工作实绩在考察中的权重，聘用后不再约定试用期。在“组团式”支援的西藏县级人民医院和干部人才“组团式”帮扶的国家乡村振兴重点帮扶县人民医院，可探索同等条件下优先聘用在本地及周边区域服务、期满考核合格并取得医师资格的支医人员。组织开展专场招聘活动，鼓励国有企业基层单位优先招聘服务期满人员。将有创业意愿的服务期满人员纳入创业引领行动等项目，并按规定落实信息服务、创业培训、技术指导、项目配套、金融保险等支持政策。对长期未就业的服务期满人员，提供针对性的就业帮扶。健全服务期满人员跟踪培养机制，推动将留乡创业就业且带动能力强、作用发挥大的服务期满人员按规定纳入当地引进人才目录，落实人才有关扶持政策。

七、规范中央财政补助资金管理使用。严格财经纪律，从严管理使用中央财政补助资金，加强绩效管理和运行监控，提高资金使用效益。严格落实《高校毕业生“三支一扶”计划中央财政补助资金管理办法》（财社〔2021〕96号）及补充通知相关规定，据实申请结算2023年度中央财政补助资金，提出2024年度预算申请，并于6月15日前联合上报人力资源社会保障部、财政部。自2024年起，实际招募到岗人数大于中央财政下达计划数的省份，对新招募人员按中央财政计划内人员和中央财政计划外人员区分管理，中央财政计划内人员要在全国高校毕业生“三支一扶”工作管理信息系统中落实到具体招募人员。

各地要充分认识实施“三支一扶”计划的重要意义，健全工作机制，强化部门协作，完善政策举措，扎实做好组织实施工作。原则上地市级以下人力资源社会保障部门不得实施地方性“三支一扶”计划，确保项目统一性、协调性和权威性。加大对西藏、新疆、四省涉藏州县“三支一扶”工作支持力度，对口支援省市要积极配合受援地开展项目宣传、人员招募等工作，主动为受援地在岗“三支一扶”人员提供培养培训资源。加强全国高校毕业生“三支一扶”工作管理信息系统应用，及时采集信息、上报数据和更新服务状态。加强宣传引导，积极营造实施“三支一扶”计划的良好社会氛围。

人力资源社会保障部办公厅　财政部办公厅

2024年5月11日

课后思考

一、就业信息包括哪几个方面？

二、收集就业信息的渠道有哪些？

三、如何分析和利用网上信息？

实践活动

请按照自身情况对下列各项信息进行综合分析

一、自我分析

对自己进行了全方位、多角度的分析

1. 职业兴趣——喜欢干什么

2. 职业能力——能够干什么

3. 个人特质——适合干什么

4. 职业价值观——最看重什么

5. 胜任能力——优劣势是什么

二、职业分析

对影响职业选择的相关外部环境进行了较为系统的分析

1.家庭环境分析——如经济状况、家人期望、家族文化等以及对本人的影响

2.学校环境分析——如学校特色、专业学习、实践经验等

3.社会环境分析——如就业形势、就业政策、竞争对手等

4.职业环境分析

(1)行业分析(如行业现状及发展趋势,人业匹配分析)

(2)职业分析(如职业的工作内容、工作要求、发展前景,人岗匹配分析)

(3)企业分析(如单位类型、企业文化、发展前景、发展阶段、产品服务、员工素质、工作氛围等,人企匹配分析)

(4)地域分析(如工作城市的发展前景、文化特点、气候水土、人际关系等,人城匹配分析)

三、职业定位

综合第一部分(自我分析)及第二部分(职业分析)的主要内容,得出本人职业定位的 SWOT 分析

内部环境因素	优势因素(S)	弱势因素(W)
外部环境因素	机会因素(O)	威胁因素(T)

四、根据上述自我分析结果,请你得出综合结论

职业目标:将来从事(××行业的)××职业

职业发展策略:进入××类型的组织(到××地区发展)

职业发展路径:走专家路线(管理路线等)

具体路径:××员——初级××——中级××——高级××

目标要求

掌握求职过程中简历的制作技巧，了解面试礼仪和面试基本类型，提高面试技巧。

第8课　简历制作与面试技巧

简历制作与招聘面试都是求职过程中非常重要的环节，一份成功的个人简历是开启事业之门的钥匙，把握好面试技巧定能事半功倍。

一、简历制作

对于每一个准备加入就业行列的毕业生而言，能够制作一份好的求职简历是很重要的。一般而言，招聘单位在审阅每一份简历上花的时间不会太多，这就要求你的简历要有吸引力，否则即使不是因为实力不济也有可能在筛选时被淘汰，失去面试机会，从而导致求职失败。

那么，毕业生如何让招聘单位通过书面的、有限的文字，在最短的时间内把握关于自己的重要信息（重要信息就是求职者的教育、技能和资质与招聘单位的需求相匹配的信息），以选择自己呢？下面，我们就简历的制作提出几点建议。

1. 制作简历原则

简历是求职者生活、学习、工作、经历、成绩的概括。写好个人简历非常重要。一份适合职位要求、内容翔实和打印整齐的简历可以有效地获得聘用单位的面试机会。

（1）“1页纸”原则

就业专家认为，一般情况下，简历的篇幅以1页A4纸为限，简历越长，被认真阅读的可能性越小。高端人才有时可准备2页以上的简历，但也需要在简历的开头部分进行资历概述。

（2）清晰原则

清晰的目的就是要便于阅读。就像是制作一份平面广告作品一样，简历排版时需要综合考虑字体、字号、行距等。

(3)真实性原则

不要试图编造工作经历或者业绩,谎言不会让你走得太远。简历上应提供客观的证明材料,千万不可给简历“注水”。

(4)针对性原则

假如你所求职的公司要求具备相关行业经验和良好的销售业绩,应在简历中清楚地陈述有关经历和事实,并把它们放在突出位置,这就是针对性。

(5)价值性原则

简历语言力求平实、客观、精练,篇幅视工作年限而定,一般1～2页,工作年限在5年以内,通常以1页为宜;工作年限在5年以上,通常为2页。注意提供能够证明工作业绩的量化数据,同时提供能够提高职业含金量的成功经历。独有经历一定要保留,如从业于知名企业、参加会议论坛、与名人接触的经历等,将其中最闪光的部分拎出来即可。

(6)条理性原则

要将公司可能雇佣自己的理由有条理地表达出来,应突出个人基本资料、工作经历(包括职责和业绩)、教育与培训经历这三大块重点内容,此外,职业目标、核心技能、语言与计算机能力、奖励和荣誉也很重要。

2. 简历内容

(1)个人基本信息

个人基本信息包括:姓名、性别、出生年月、年龄、籍贯、政治面貌、婚姻状况、联系地址(包括邮编)、联系电话(最好是手机号码)、E－mail(不要用滑稽称号)等;其中有些信息可以根据招聘单位的情况及招聘需求进行删略,如政治面貌、籍贯等。那么,哪些情况下必须加上政治面貌和籍贯呢?假如是应聘国企、事业单位等一些传统的单位,就一定要加上政治面貌和籍贯两部分,因为这也是它们所需要的信息之一;而对于外企,政治面貌、籍贯之类,则显得不那么重要。

(2)教育背景

教育背景的表达一般采用倒序,先写现在,再写以前的。列出毕业学校、所学专业、毕业时间、所学过的主要课程及外语及计算机掌握程度等等。

课程的列举也是有一定规律的。第一,把与招聘岗位最接近的课程放在最显眼的位置;第二,对所学的课程有所删略,将重点放在与招聘岗位所要求的素质、能力相关联的课程方面(如招聘的岗位对英语水平有一定要求,则可列出英语语言类课程);第三,相似课程,可以有所删略,为的是在最有限的空间内,尽可能让别人了解你的课程结构体系。

(3)实践活动

实践活动包括实习、社会实践、志愿者工作、学生会工作、团委工作、社团活动等,这也是招聘单位比较看重的内容,因为从中可以判断你的实际工作能力、社会阅历、社会经验。在具体表述时建议注意以下几点。

一要轻重分明。

先写重要的,即与招聘单位的岗位设置、要求相吻合的;比如说,你要应聘某公司行政助理之类的岗位,那么你就可以将办公室助理这一经历放在第一个位置,然后是辅导员助理……再写次要的,即与招聘单位的岗位设置、要求相关的。这类情况比较多,在写作时也要坚持少而精、同取优的原则。

二要素质展现尽量全面。

一般来说,一个岗位对应聘者的基本素质要求是:沟通协调能力、交际能力、语言能力、计算机能力、团队协作意识、服务意识、奉献精神。所以应有的放矢地描述自己具有的素质。

三要注意关键字眼。

对于一些关键字眼(即与目标岗位需求相近的实习经历或素质),可以采用凸显的办法(如黑体、加粗等等)展现出来。这样,有利于招聘单位在很短的时间内获取所需要的信息,从而提高简历的印象分。

四要实事求是。

一般来说,自己有怎样的实践经历,就怎样记录。一切以事实说话,不捏造,不夸大,也不缩小。建议采用直叙的方法,陈述、总结一些与目标岗位所要求素质相近的内容。如"策划并组织了××活动""整理了××文档"等。

五要有的放矢。

前面说到在描述实践经历时,一般要以目标岗位要求为参数,做到有的放矢,以便招聘单位从简历中简单、快速地提取重要信息,从而提高简历投放的命中率。

简历上应提供客观的证明或者佐证资历、能力的事实和数据。如"2012年因销售业绩排名第一获得公司嘉奖"和"在某参展活动中表现出良好的组织能力获得赞扬",后者的客观性明显比前者弱。另外,简历要避免使用第一人称"我"。

温馨提示

工作成就要具体化、数字化、精确化,避免使用"许多""大量""一些""几个"这样的模糊词汇,应尽量使用具体的数字。比如,"参与撰写商业计划书的大部分工作",就不如"在商业计划书撰写工作中完成了调查分析竞争对手部分40%的工作"更让人信服。

"别拿豆包不当干粮",校内实践工作细节即使小也要放入"社会经验"中,会填补工作经验少的缺陷。例如,你在做学生会干事等社会工作时组织过什么活动、联系过什么事、参与过什么,都可以一一罗列。如果只做过一件事,那就应该尽量把它掰开揉碎了写,如完成了什么事,领导过多少人,起到了什么作用。这样一来,简历起码就有了3行文字内容。

(4)奖励和荣誉

陈述时可以按照时间顺序排列。在这一部分中,获奖情况可以重复说,如大学期间多次获得奖学金。这正是自己实力的最好证明。

(5)技能

技能证书包括外语、计算机、专业技能证书或其他资格证书,如驾驶证等。在表述时要注意写法规范。一些大公司常利用电脑对简历进行关键词筛选,而后才由职员审阅。为了避免因简历没有采用规范的表述方法而被电脑无情地剔除的现象出现,在外语能力、计算机技能及其他能力素质方面,毕业生应尽可能地采用一些规范的写法,如“大学英语四级(CET-4)”“全国计算机二级(NCRE)”“熟练操作 word /excel /access 等办公软件”等。

(6)自我评价

要注意实事求是,扬长避短,语言简洁。

(7)兴趣爱好

兴趣爱好可以展示你的品德、修养、社交能力、与人合作能力。但也要注意两个方面。首先要宁缺毋滥。有些人会因为有这个栏目而写这个栏目,从而使写出的内容是“看书、交朋友、看电影”之类。这样一来,大有滥竽充数之嫌,这种做法不值得提倡。应尽量展现与应聘职位所需技能有关的,否则会弄巧成拙。其次要突出特色。一般来说,每个人都有自己的兴趣爱好,如酷爱某支足球队或篮球队、热衷观看某类电影、喜爱某个演员或特擅长某项运动……你可以突出地加以表现,直接写“是××球队/球星的忠实球迷”“特擅长××运动”等。

温馨提示

兴趣爱好应当可以展示你的品德、修养、社交能力、合作能力。尽量与应聘职位所需的技能有关,否则反而会弄巧成拙。

8. 求职意向

求职简历上列上求职目标,能直接表达出求职的目的和动机,从而使对方一目了然,不必花费时间去猜测你寄发简历的意图。结合自己的爱好和专长等选择求职目标。

温馨提示

要注意如果应聘两个职位,二者不要相差太大。比如将研发和市场放一起是不合适的。同时要体现出自信!

总之,个人简历应该浓缩大学生活的精华部分,要写得简洁精练,令人一目了然,这样的简历在哪里都是最受欢迎的,也是对求职者的工作能力最直接的反映。

温馨提示

100 份简历中有多少份是合格的？不到 10 份。简历太长、注水太多、过分谦虚、太过花哨已成为毕业生简历中的硬伤，他们往往因此出师不利，失去面试的机会。

在浏览简历时，如果前 10 秒未能发现任何成果表述，那么这份简历就将成为历史了。

温馨提示

用人单位挑选简历的主要标准

- 过长的简历毫无作用。
- 传统信件的投递效果会更佳。
- 硬性指标要过硬。
- 重视英语和学校。
- 总体印象重要，所学课程次要。

课堂讨论

谈谈求职应聘时简历的作用。怎样才能制作出充分显示自己特点与优势的简历，使用人单位产生"非你莫属"的感觉？

二、面试技巧

面试是就业的必经之路，是求职过程中的关键环节。有些大学生在这个过程中感到不知所措，或者做得不好，使自己在求职过程中因小失大，与成功失之交臂。

面试实际上是一种人与人之间交流的过程。这种交流的首要目的是准确交换信息，招聘单位的面试考官与求职者在相互交流信息后，才能确定对方是否符合自己的要求。这个过程是其他求职形式永远无法代替的。在面试中，面试考官对求职者的了解，语言交流只占30%的比例，眼神交流和求职者的气质、形象、身体语言占了很大比重，所以求职者在面试时不仅要注意基本礼仪，而且要掌握一定技巧，才能事半功倍，增强面试的有效性。

面试的过程可分为 6 个部分：

面试前的准备

↓

面试过程中的前 10 分钟(产生第一印象)

↓

面试交谈

↓

面试主考官给求职者提问机会(最后 10 分钟)

↓

结束面谈

↓

主动了解面试结果

下面我们围绕面试的过程分析其要注意的问题。

1. 面试前的准备

(1)熟悉企业基本概况

包括企业背景、经营状况、产品、服务，目前存在的问题，前景及公司在其领域所处的地位以及应聘职位的要求等。

案例 10-1：

有一位应届毕业生，他希望快一点解决工作问题，于是，他开始海量地往多家公司投递简历，以至于他自己都不记得投递过多少家公司的简历。有一天，他接到了某个招聘单位的电话通知，希望他能去公司面试。他信心满满地穿了一身职业装前往面试。开始，面试考官很礼貌地和他沟通，请他讲述一下他的学习工作经历，并询问其对所应聘职位的职责和要求是否清楚。这个毕业生竟然不记得自己应聘的到底是什么职位，更说不清该岗位的职责和要求。其结果可想而知了。

(2)准备好相关材料

包括公文包、求职记录本、多份打印好的简历、面试准备的材料、个人身份证、钢笔等，所有准备好的文件都应该平整地放在一个牛皮纸的信封里，以备考官索要核查。

案例 10-2：

某高校会计系的几位同学到某会计师事务所面试。等了一会儿，面试主考官告诉他们，找不到他们的简历了，问是否可以另外提供 1 份简历。当时只有 1 位同学多带了 1 份简历。后来那位同学被录取了。从这件真实的事例中，你是否得到了一些启示呢？

求职时带上公文包会给人以专业人员的印象。公文包看上去应大方典雅，大小应以可平整地放下 A4 纸为度。

(3)注重仪容仪表

在衣着方面虽不要特别讲究、过分花哨华丽，但也要注意整洁大方，自然得体，给人以清新、整洁的第一印象；男士衬衫要换洗干净，皮鞋要擦亮；女士不能穿过分前卫新潮的服装。

此外，头发要梳理整齐，男士要把胡须刮干净。女士若感觉脸色不佳则可化淡妆，不可修饰过分。

(4)保持良好的精神状态

首先要休息好，如果觉得紧张可以先洗个澡、做个深呼吸，也可以自己面对镜子开怀大笑缓解压力；其次要保持平常心，不要把面试的结果看得太重，给自己增加过大的压力。

2. 面试中的基本礼仪

良好的第一印象往往来自得体大方的礼仪。礼仪是个人形象、气质、谈吐和行为的综合体现，往往体现了一个人的综合素养和品位。礼仪是面试考官考量求职者的重要依据。很多求职者在面试过程中因为礼仪方面的失误，导致自己的面试得分减少，最终错失了工作机会。那么，在面试过程中，你需要注意哪些呢？

(1)注意守时

一旦和招聘单位约好面试时间后，一定要提前 5～10 分钟到达面试地点，以表示求职者的诚意，给对方以信任感；同时也可调整自己的心态，做一些简单的仪表准备，以免仓促上阵，手忙脚乱。为了做到这一点，一定要牢记面试的时间地点，有条件的同学最好能提前去一趟，以免因一时找不到地方或途中延误而迟到。

守时是职业道德的一个基本要求，如果你面试迟到，那么不管你有什么理由，也会被视为缺乏自我管理和约束能力，即缺乏职业能力，给面试考官留下非常不好的印象，甚至会丧失面试的机会。这是一个对别人也是对自己尊重的问题。

案例 10-3：

有位卡耐基总部的副总裁来香港给培训老师讲课。培训中心地处铜锣湾，这位副总裁下榻的饭店也在铜锣湾，不过 5 分钟的路程，可他却整整提前了半个小时。我们的老师就问他，为什么提前这么早到？这位副总裁说：“我早到，心里就踏实，就能镇定一下，就更有自信了。我们搞心理培训的人都明白，一旦迟到，就很容易心怀愧疚，在课堂上的发挥以及在逻辑思维、语言表达方面都会大打折扣了。”听了这一席话以后，每次培训他也都提前到达。这样即使遇上交通堵塞，也有一定的富余量。

（资料来源于网络，作者有改动）

(2)保持微笑

进入面试场合时要面带微笑,充满自信。如门关着,应先敲门,得到允许后再进去。开关门动作要轻,以从容、自然为好。见面时要向面试考官主动打招呼问好致意,称呼应当得体。在面试考官没有请你坐下时,切勿急于落座。面试考官请你坐下时,应道声"谢谢"。坐下后保持良好体态,切忌大大咧咧,左顾右盼,满不在乎,以免引起反感。离去时应询问"还有什么要问的吗",得到允许后应微笑起立,道谢并说"再见"。

职业生涯格言:

你的脸是为了呈现上帝赐给人类最贵重的礼物——微笑,一定要让微笑成为你工作最大的资产。

(3)准确回答

对面试考官的问题要逐一回答。对方给你介绍情况时,要认真倾听。为了表示你已听懂并感兴趣,可以在适当的时候点头或适当提问、答话。若问题较长,可以拿笔记下来,正确理解题目意义,略作准备。回答面试考官的问题,口齿要清晰,声音要适度,答话要简练、完整。一般情况下不要打断面试考官的问话或抢问抢答,否则会给人急躁、鲁莽、不礼貌的印象。问话完毕,听不懂时可要求重复。当不能回答某一问题时,应如实告诉面试考官,含糊其词和胡吹乱侃会导致面试失败。对重复的问题也要有耐心,不要表现出不耐烦。

案例 10-4:

有一位毕业生第一次面试是一家服装公司,没有经验的她被考官问得措手不及。其中一道题是:唐僧师徒四人谁最适合做销售。她一下子蒙住了,马上开动脑筋:唐僧太"正",悟空又太好动不好管,八戒嘴倒是甜可关键时候靠不住,至于沙僧过于老实容易被人"忽悠"……如果我这么说不合考官的意怎么办?带着这样的顾虑,她回答得支支吾吾。结果,第一面成了"终面",再也没有下文。回学校后,她急忙上网,发现这是一道经典的面试题,答案有好几种,只要能自圆其说就可以。

(4)有效运用肢体语言

加利福尼亚大学的一项研究表明,第一印象的建立,45%取决于语言交流,55%取决于非语言交流,即肢体语言。肢体语言包括仪表、姿态、神情、动作等内容。肢体语言影响着面试的成败,有时一个眼神或者手势都会影响到整体评分。图 10-1 为标准的站姿与坐姿。

①坐姿

俗语说:“站如松,坐如钟。”坐椅子时最好坐满2/3,上身挺直,但不要僵硬,身体略向前倾,双腿并拢,手自然地放在上面,保持轻松自如的姿势,这样既显得精神抖擞,又不给人死板、紧张的印象。

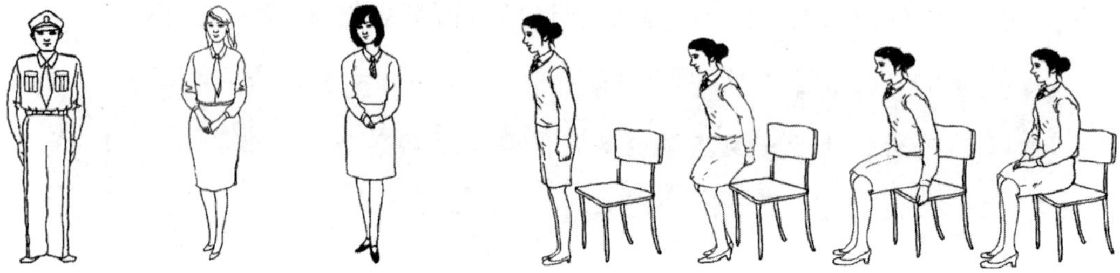

图10-1 标准的站姿与坐姿

坐姿禁忌如下。

双腿叉开过大。不论大腿叉开还是小腿叉开,都非常不雅。特别是身穿裙装的女士,更不要忽略了这一点。

双腿直伸出去。那样既不雅也妨碍别人。身前如果有桌子,双腿尽量不要伸到桌子外面来。

抖腿或跷二郎腿。抖动或摇晃自己的腿部,不仅会让人心烦意乱,而且给人以极不稳重的印象。

手触摸脚部。在就座以后用手抚摸小腿或脚部,都是既不卫生又不雅观的。

紧贴椅背坐,显得松懈、漫不经心。

两臂交叉在胸前或把手放在邻座椅背上,这样会给面试官留下轻浮、傲慢、不庄重的印象。

②眼神

你与面试考官交流时,礼貌地正视对方,注视的部位最好是考官的两眼和额头中间形成的三角区;目光平和而有神,专注而不呆板。如果同时有多个面试考官在场,说话的时候要适当用目光扫视一下其他人,表示对他们的关注和尊重。回答问题前,可以把视线投在墙面上两三秒,让面试考官觉得你在思考;回答问题时,应该把视线收回来。

运用眼神应注意:

初次见面时,可凝视对方稍久一些,这既表示自信,也表示对对方的尊重;

双方交谈时,应注视对方的额眼,表示重视对方并对其发言感兴趣;不要东张西望,显得漫不经心,也不要向下看,显得缺乏自信。

当双方缄默不语时,就不要再看着对方,以免加剧冷漠、不安的尴尬局面;

当别人说了错话或显拘谨时,务请马上转移视线,以免对方把自己的眼光误认为是对他(她)的嘲笑和讽刺。

③手势

说话时配上恰当的手势，有利于对内容的表达，加深听众的印象。然而，手势太多也会分散听众的注意力，让面试考官觉得你不够稳重，因此，手势的使用不宜太过频繁。由于紧张不知道双手该放哪里或过于兴奋在侃侃而谈时手舞足蹈，这些行为都不可取。

表示关注的手势。在与他人交谈中，一定要对对方的谈话表示关注，要表示出你在聚精会神地听。对方在感到自己的谈话被人关注和理解后，才能愉快专心地听取你的谈话，并对你产生好感。面试时尤其如此。一般表示关注的手势是：把手指搁在耳下；或把双手交叉，身体前倾。

表示开放的手势。这种手势表示你愿意与听者接近并建立联系。它使人感到你的热情与自信，并让人觉得你对所谈问题已是胸有成竹。这种手势的做法是手心向上，两手向前伸出，手要与腹部等高。

表示有把握的手势。如果你想表现出对所述主题的把握，可先将一只手伸向前，掌心向下，然后从左向右做一个大的环绕动作，就好像用手"覆盖"着所要表达的主题。

表示强调的手势。如果想吸引听者的注意力或强调很重要的一点，可把食指和大拇指捏在一起，以示强调。

温馨提示

加州大学洛杉矶分校的一项研究表明，个人给他人留下的印象，7%取决于用词，38%取决于音质，55%取决于非语言交流。非语言交流的重要性可想而知。在面试中，恰当使用非语言交流的技巧，将事半功倍。

3.掌握良好的交谈技巧

面试场上你的语言表达艺术标志着你的成熟程度和综合素养。对求职者来说，掌握语言表达的技巧无疑是重要的。那么，面试中怎样恰当地运用谈话的技巧呢？

(1)口齿清晰，语言流利，文雅大方

交谈时要注意发音准确，吐字清晰。还要注意控制说话的速度，以免磕磕巴巴，影响语言的流畅。为了增添语言的魅力，应注意修辞美妙，忌用口头禅，更不能使用不文明的语言。

(2)语气平和，语调恰当，音量适中

面试时要注意语言、语调、语气的正确运用。打招呼时宜用上语调，加重语气并带拖音，以引起对方的注意。自我介绍时，最好多用平缓的陈述语气，不宜使用感叹语气或祈使句。声音过大令人厌烦，声音过小则难以让人听清。音量的大小要根据面试现场情况而定。两人面谈且距离较近时声音不宜过大，群体面试而且场地开阔时声音不宜过小，以每位主考官都能听清你的讲话为原则。

(3)语言要含蓄、机智、幽默

说话时除了要表达清晰，适当的时候可以插进幽默的语言，使谈话增加轻松愉快的气氛，也会展示自己的优越气质和从容风度。尤其是当遇到难以回答的问题时，机智幽默的语言会显示自己的聪明智慧，有助于化险为夷，并给人以良好的印象。例如：

如果我们公司这次没有录取你，但过一段，被录取的人中有没能通过试用期的，腾出位置来，再通知你，你还会再来吗？

分析：这是一个很尖锐的问题，一箭双雕，既可看一看你对公司的认可程度，又在考察你的性格。

错误回答示例如下。

为什么我还要再来？我又不是找不到工作。

我不想等待，再说那时我可能早就被另一个公司录取了。

现在没有录取我，说明公司没有看好我，我来了也没有意思。

正确回答示例如下。(别忘了换位思考原则)

呵呵，老师，那就说明我是一个“替补队员”了，能给一个强队当“替补队员”，也是很光荣的事，我肯定会高高兴兴来的。再说，“主力队员”都是从“替补队员”干起来的。只要我今后工作努力，肯定会从“替补队员”升为“主力队员”的，现在，我既然是“替补队员”，就说明我还应该付出比“主力队员”更大的努力，才能满足公司的要求。我相信我肯定能努力成为公司的“主力队员”，为公司作出我最大的贡献。谢谢老师给我的一个机会。

不同的回答，其结果必然不同。

(4)注意听者的反应

面试不同于演讲，而是更接近于一般的交谈。交谈中，应随时注意听者的反应。比如，听者心不在焉，频繁地改变坐姿、游目四顾、心神不宁，可能表示他对自己这段话没有兴趣，你得设法转移话题，或结束谈话。侧耳聆听，可能说明由于自己音量过小使对方难以听清；皱眉、摆头，可能表示自己言语有不当之处。根据对方的这些反应，就要适时地调整自己的语言、语调、语气、音量、修辞，包括陈述内容。这样才能取得良好的面试效果。

4. 面试结束后应注意的事项

无论面试的结果如何，在面试结束后，你都应保持微笑并对考官的辛苦工作表示谢意。在离开办公室时，应该把刚才坐的椅子扶正到刚进门时的位置，再次致谢后出门。经过前台时，要主动与前台工作人员点头致意或说“谢谢你，再见”之类的话。

询问什么时候可以得出面试结果，要如何查询等。

面试回到家里，应该仔细记录整个面试经过，每个面试提问、每个细节都要记载到面试记录手册里。面试成功与否并不是最重要的，最重要的是认真分析每次面试，吸取经验，总结教训，以利于下次面试。

三、面试的基本类型

面试，相当于你从简历里走出来，站在面试主考官面前，施展你的才华与特长，让他们认识你、了解你、评估你，让他们相信你是最理想的人选。与此同时，你也在尽力认识、了解与揣测你面前的每一位主考官。

而了解、明确面试的类型和方式，是保证面试成功的重要一步。从不同的角度，面试可以分为以下几种基本类型。

1. 单独面试与集体面试

单独面试，指面试考官个别地与求职者面谈。这是最普遍、最基本的一种面试方式。单独面试的优点是能提供一个面对面的机会，让面试双方较深入地交流。单独面试又有两种类型：一是只有一个面试考官负责整个面试过程，这种面试大多在较小规模的单位录用较低职位人员时采用。二是由多位面试考官参加整个面试过程，但每次均只与一位应试者交谈。公务员面试大多属于这种形式，如图10-2所示。

图 10-2 多位主考官参加面试

集体面试又叫“小组面试”，指多位求职者同时面对面试考官的情况。在集体面试中，通常要求求职者作小组讨论，相互协作解决某一问题，或者让求职者轮流担任领导主持会议、发表演说等。这种面试方法主要用于考察求职者的人际沟通能力、洞察与把握环境的能力、领导能力等。

无领导小组讨论是最常见的一种集体面试法。在不指定召集人、面试考官也不直接参与的情况下，求职者自由讨论面试考官给定的讨论题目，这一题目一般取自招聘工作岗位的专业需要，或是现实生活中的热点问题，总是具有很强的岗位特殊性、情境逼真性和典型性。在讨论中，众面试官坐在与应试者有一定距离的地方，不参加提问或讨论，通过观察、倾听，对求职者进行评分。

2.一次性面试与分阶段面试

所谓“一次性面试”，即指用人单位对求职者的面试集中于一次进行。在一次性面试中，面试考官的阵容一般都比较“庞大”，通常由用人单位人事部门负责人、业务部门负责人及人事测评专家组成。在一次性面试情况下，求职者是否能面试过关，甚至是否被最终录用，就取决于这一次面试表现。面对这类面试，求职者必须集中所长，认真准备，全力以赴。

分阶段面试又可分为两种类型：一种叫“依序面试”，一种叫“逐步面试”。

依序面试，一般分为初试、复试与综合评定三步。初试的目的在于从众多应试者中筛选出较好的人选。初试一般由用人单位的人事部门主持，主要考察应试者的仪表风度、工作态度、进取精神等，将明显不合格者予以淘汰。初试合格者进入复试，复试一般由用人部门主管主持，以考察求职者的专业知识和业务技能为主，衡量应试者是否适合拟任工作岗位。复试结束后再由人事部门会同用人部门综合评定每位求职者的成绩，确定最终合格人选。

逐步面试，一般是由用人单位的主管领导、处(科)长以及一般工作人员组成面试小组，按照小组成员的层次由低到高的顺序，依次对求职者进行面试。面试的内容依层次各有侧重，低层一般以考察专业及业务知识为主，中层以考察能力为主，高层则实施全面考察与最终把关。实行逐层淘汰筛选，越来越严。求职者要对各层次面试的要求做到心中有数，力争每个层次均留下好印象。在低层次面试时，不可轻视大意，不可骄傲马虎；在面对高层次面试时，也不必胆怯拘谨。

3.非结构化面试与结构化面试

在非结构化面试条件下，面试的组织非常“随意”。关于面试过程的把握、面试中要提出的问题、面试的评分角度与面试结果的处理办法等，面试主考官事前都没有精心准备与系统设计。非结构化面试颇类似于人们日常非正式的交谈。除非面试主考官的个人素质极高，否则很难保证非结构化面试的效果。目前，真正的非结构化面试愈来愈少。

正规的面试一般都为结构化面试。所谓“结构化面试”，包括三个方面的含义：一是面试过程把握(面试程序)的结构化。在面试的起始阶段、核心阶段、收尾阶段，面试主考官要做些什么、注意些什么，要达到什么目的，事前都会有相应策划。二是面试试题的结构化。在面试过程中，面试主考官要考察求职者哪方面的素质，围绕这些考察角度主要提哪些问题，在什么时候提出，怎样提，在面试前都要做好准备。三是面试结果评判的结构化。从哪些角度来评判应试者的面试表现，等级如何区分，甚至如何打分，等等，在面试前都会有相应规定，并在众考官间统一尺度。

4.常规面试与情景面试

所谓“常规面试”，就是我们日常见到的、面试主考官和求职者面对面以问答形式为主的面试。在这种面试情况下，主考官处于积极主动的位置，求职者一般是被动应答。

主考官提出问题，求职者根据主考官的提问作出回答，展示自己的知识、能力和经验。主考官根据求职者对问题的回答以及应试者的仪表仪态、身体语言、在面试过程中的情绪反应等，对应试者的综合素质作出评价。

图 10-3 情境面试

情境面试突破了常规面试主考官和求职者一问一答的模式，引入了无领导小组讨论、公文处理、角色扮演、演讲、答辩、案例分析等人员甄选中的情景模拟方法。情境面试是面试形式发展的新趋势。在这种形势下，面试的具体方法灵活多样，面试的模拟性、逼真性强，应试者的才华能得到更充分、更全面展示，主考官对求职者的素质也能作出更全面、更深入、更准确的评价。情境面试如图 10-3 所示。

案例 10-5：

某高校一位成功应聘某外资企业的学生回忆：

面试那天，我穿了一套深蓝色的西装，干净的衬衣，与之相配套的领带，黑色的皮鞋和深色的袜子。在镜前端详了一阵，我确信自己拥有良好的仪表和精神状态。

没想到，面试前又是一轮笔试——“职业性格测试”。

之后，每个人领到一些资料，包括传真、报告等，有 15 分钟的准备时间，过后参加面试——“模拟一个部门中的小组讨论”。

在面试开始前，我悄悄去了趟洗手间，整理了一下被风吹乱的头发。

小组讨论开始了，从香港赶来的考官们静静地坐在一旁，观察着 6 位“小组成员”的表现。实际上，这是考察应聘者在协作、计划、组织、影响力等方面的能力。看着一个个抢着发言的“同事”们，我沉默着，因为我在等待最佳的“出手”机会。当我说出第一句话时，眼角的余光告诉我，所有的考官不约而同地抬头注视着我。从那时起直到讨论结束，我一直操纵着讨论的议题和方向，作出最终的决定，安排每一位“同事”的工作，并得到了大家的响应和认同。我知道，这一轮，我赢定了。

短暂的午间休息后，新的一轮面试开始了。我有 40 分钟的时间来分析发给我的资料，作出判断和决定，并准备向“总裁”——考官们作 15 分钟的讲演。

上台前，就如同在学校考试前一样，我深深地吸了一口气，稳定一下有些紧张的情绪。我的讲演条理清晰，论据充分。我多次以了解到的BAT的一些市场运作，如555港京汽车拉力赛、健牌环中自行车赛等为例旁征博引，并对“总裁”的提问一一作了回答。

讲演结束时，一位考官尾随我出来：“请你留下来等一会儿，我们将安排与你面谈。”我又闯过了一关。

半个小时后，面对着4位考官，面谈开始了。先是自我介绍，而后是大约20分钟的英语交谈，大约是考官们觉得我的英语水平可以过关，便改为用中文提问与交谈。由于事先有了充分的准备，考官提出的许多问题我已自问自答过，自然可以轻松应对。同时我也问了一些自己所关心的问题，如请考官对公司进行简单介绍，我所应聘职位的大致工作范围，有哪些具体的培训计划、未来的发展等。考官也十分乐意作出解答。交谈始终在轻松愉快的氛围中进行着。“回去静候通知吧，我们将尽快安排最后一轮面试”，考官微笑着伸出手来。

走出市中心那幢高耸的写字楼时，已是华灯初上，繁星点点了。

很快，我见到了最后的考官——公司事务副总裁。此时的我胜券在握，十分放松。我想，我温文尔雅、落落大方、轻松自信的表现一定给未来的老板留下了良好的印象。

当拿到公司的录取通知书后，我才知道，在数百名应聘者中，我是唯一的幸运者。

（资料来源于网络，作者有改动）

四、面试问题回答的技巧

面试过程中，面试考官会向求职者发问，而求职者的回答将成为面试考官考虑是否接受他的重要依据。对求职者而言，了解怎样回答面试考官的提问就显得至关重要了。

1.把握重点，简洁明了，条理清楚，有理有据

一般情况下回答问题要结论在先，议论在后，先将自己的中心意思表达清晰，然后再作叙述和论证。否则，长篇大论，会让人不得要领。面试时间有限，求职者往往神经有些紧张，话太多容易走题，反倒会将主题冲淡或漏掉。比如：面试考官问你“找工作最重要的考虑因素是什么”，你可以结合你正在应聘的工作，侧重谈你的兴趣、你对于事业上取得的成就的渴望、施展你的才能的可能性、未来的发展前景等方面。千万不要没有取舍，面面俱到。

2. 讲清原委,避免抽象

用人单位提问总是想了解一些求职者的具体情况,切不可简单地仅以“是”和“否”作答。应针对所提问题的不同,有的需要解释原因,有的需要说明程度。不讲原委、过于抽象的回答,往往不会给主试者留下具体的印象。比如:面试考官问你“你为什么适合这份的工作”,你可以结合你的长处或者专业背景回答。

3. 确认提问内容,切忌答非所问

在面试中,如果对用人单位提出的问题,一时摸不到边际,以致不知从何答起或难以理解对方问题的含义时,可将问题复述一遍,并先谈自己对这一问题的理解,请教对方以确认内容。对不太明确的问题,一定要搞清楚,这样才会有的放矢,不致答非所问。

4. 有个人见解,有个人特色

面试考官有时接待求职者若干名,相同的问题问若干遍,类似的回答也要听若干遍。因此,面试考官会有乏味、枯燥之感。只有具有独到的个人见解和个人特色的回答,才会引起对方的兴趣和注意。

5. 知之为知之,不知为不知

面试遇到自己不知、不懂、不会的问题时,回避闪烁、默不作声、牵强附会、不懂装懂的做法均不足取,诚恳坦率地承认自己的不足之处,反倒会赢得面试考官的信任和好感。

切记:在与面试考官的意见不一致时,不要据理力争,那会导致一时“嘴巴上的快活”而满盘皆输,要知道“生杀大权”皆掌握在面试考官手上,即使你不同意他的看法,也不能直接给予反驳,可以用诸如:“是的,您说的也有道理,在这一点上您是经验丰富的,不过我也遇到过一件事……”的方式开始交流。但在下结论时不要主动说与面试考官完全相反的观点,要引导面试考官自己下结论,这样既避免了与面试考官发生直接冲突,又巧妙地表明了自己的观点,特别是在回答情境面试问题时,稍不注意,容易处理失当,过度自信而忽略了场面控制。

案例 10-6:

如何把握时间?

毕业生小刘很健谈,口才甚佳,对自我介绍,他自认为不在话下,所以他从来不准备,看什么人说什么话。他的求职目标是地产策划,有一次,应聘本地一家大型房地产公司,在自我介绍时,他大谈房地产行业的走向,由于跑题太远,面试官不得不把话题收回来。自我介绍也只能“半途而止”。

建议:1 分钟谈 1 项内容。

自我介绍的时间一般为 3 分钟,在时间的分配上,第 1 分钟可谈谈学历等个人基本情况,第 2 分钟可谈谈工作经历,对于应届毕业生而言可谈相关的社会实践,第 3 分钟可谈对本职位的理想和对于本行业的看法。如果自我介绍要求在1分钟内完成，自我介绍就要有所侧重，突出一点，不及其余。

案例 10-7：

语气别太做作

小芳去应聘南方某媒体，面试在一间大的办公室内进行，5人一小组，围绕话题自由讨论。面试官要求每位应聘者先作自我介绍，小芳是第2位，与前面应聘者一句一顿地介绍不同，她早做好了准备，将大学4年里所做的事，写了一段话，还进行了一些修饰，注重韵脚，听起来有些押韵。小芳的介绍极流利，但美中不足的是给人背诵的感觉。

建议：切勿采用“背诵”口吻。

人力资源专家指出，自我介绍可以事前准备，也可以事前找些朋友做练习，但自我介绍应避免书面语言的严整与拘束，而应使用灵活的口头语进行组织。切忌以背诵朗读的口吻介绍自己，如果那样的话，对面试官来说，将是无法忍受的。自我介绍还要注意声调，尽量让声调听来流畅自然，充满自信。

案例 10-8：

如何谈成绩？

小王去应聘某电视节目制作机构的文案写作。面试时，对方首先让他谈谈相关的实践经历。小王所学的专业虽说是新闻传播类，但偏向于纸质媒体，对电视节目制作这一块实践不多。怎么办？小王只好将自己平时参加的一些校园活动说了一大通，听起来挺丰富，但几乎与电视沾不上边。

建议：只说与职位相关的优点。

自我介绍时要投其所好摆成绩，这些成绩必须与现在应聘公司的业务性质有关。

在面试中，你不仅要告诉考官你是多么优秀的人，更要告诉考官，你如何适合这个工作岗位。那些与面试无关的内容，即使是你引以为荣的优点和长处，你也要忍痛舍弃。

案例 10-9：

适当用点“小聪明”

阿枫参加了去年某大型国企的校园招聘会。那天是在一个大体育场里进行，队伍排到了出口处，每一位应聘者与面试官只有几分钟的交谈时间。如何在这么短的时间里，取得面试官的好感，进入下一轮呢？

阿枫放弃了常规的介绍，而是着重给面试官介绍自己完成的一个项目，他还引用了老师的评价作为佐证。由于运用了一点小技巧，阿枫顺利闯过这种“海选”般的面试。

建议：以说真话为前提

自我介绍时，要突出个人的优点和特长，你可以使用一些小技巧，比如可以介绍自己做过什么项目来验证具有某种能力，也可以适当引用别人的言论，如老师、朋友等的评论来支持自己的描述。但无论使用哪种小技巧，都要坚持以事实说话，少用虚词、感叹词之类。自吹自擂一般是很难逃过面试官的眼睛的。至于谈弱点时则要表现得坦然、乐观、自信。

五、面试试题的构成

1. 一般性的问题

大部分用人单位初次面试毕业生提出的问题如下。

(1)封闭型问题

只需作“是”或“否”一个词或一个简单句的问答。(答案唯一性)

如：你是否获得过校级奖励、发表过文章等等。

(2)背景型问题

初步了解求职者的志向、学习、工作等基本背景。考查被试者的语言表达能力。

如：你能介绍一下你自己吗？简明扼要、突出重点。你大学4年的最大收获是什么？你已具备什么基本素质？

(3)知识型问题

了解求职者的专业水平、知识面、个性倾向等。

如：谈谈你对本专业目前发展的情况了解，你认为业界今后的发展如何？

(4)开放型问题

要求求职者不能只用简单的一词或一句话来回答，而必须另加解释、论述。

如：你在学校，是否经常与高年级的人打交道？有什么体会？

你喜欢你所读的专业吗？

(5)综合型问题

通过对比较复杂的社会热点问题的讨论，考查求职者的综合分析能力。

如：目前社会上“献爱心，捐助危重病人”的活动很多，你是如何看待的？

你是如何理解“中国梦”的？

(6)复述型问题

面试考官叙述一段话，要求求职者复述，主要考查求职者是否能抓住重点，是否有逻辑能力、条理性；口头表达能力如何。

2.专家型面试的问题

一般是大型的有较强综合实力的公司或经初次面试后，对入围者进行第二次面试所提出的问题。

(1)假设型问题

虚拟式的提问(考查求职试者的反应能力、应变能力、解决问题能力和逻辑思维能力)。

如：假如我现在告诉你因为某种原因，可能难以被录用，你将如何看待？

如：最近功课比较紧，系里老师又安排你一项任务，你将如何对待这个问题。(考查人际交往的能力，组织中处理权属的能力)。

(2)连串型问题

问题3个以上，并且之间有关联性。(考查求职者的反应能力，思维的逻辑性、条理性；并且考查求职者的注意力、瞬时记忆力、情绪稳定性、综合概括能力等)。

如：你为什么想到我们单位来工作？

到我们单位后有什么打算？

你报到工作几天后，发现实际情况与你原来想象的不一致，你会怎么办？

(3)压迫型问题

提问具有某种挑战性，其目的在于创造情景压力，考查求职者的应变力和忍耐性。面试者回答问题时一定要诚实并保持镇静。

如：为什么你从来没有担任过班干部或参加一些社会活动？

为什么你是院系学生会的干部，成绩却不是很优秀？

(4)引导型问题

主要用于征询被试者的意向、需求或获得较为肯定的回答，一般涉及薪资、福利、待遇、工作安排等。

如：你到公司后要2年以后才能转正定职，你觉得怎么样？

(5)反衬型问题

以声东击西的策略了解求职者对某个问题的看法。

如：考查求职者对“政治问题”看法。对“政治问题”许多人不愿意真正表白自己的观点，此时可以迂回地提问：“你的伙伴对这个问题或这件事是怎么看的？”考生因此会认为说的不是自己的意见，说出来不会暴露自己的观点，因此心情放松地说了一大通，其实其中许多都是他自己的观点。

如：你在选择工作中更看重的是什么？(可能是成长空间、培训机会、发挥空间、薪酬等答案)

有人说未来的发展比挣钱更为重要，你怎样理解？

阅读与知识拓展

大学生面试20个问题及回答思路

面试是大学生就业的关键一关，要知己知彼，百战不殆。下面向大家介绍20个经典面试问题及回答思路：

一、“请你自我介绍一下”

思路：1. 这是面试的必考题目。2. 介绍内容要与个人简历相一致。3. 表述方式上尽量口语化。4. 要切中要害，不谈无关、无用的内容。5. 条理要清晰，层次要分明。6. 事先最好以文字的形式写好背熟。

二、“谈谈你的家庭情况”

思路：1. 家庭情况对于了解应聘者的性格、观念、心态等有一定的作用，这是招聘单位问该问题的主要原因。2. 简单地罗列家庭人员。3. 宜强调温馨和睦的家庭氛围。4. 宜强调父母对自己教育的重视。5. 宜强调各位家庭成员的良好状况。6. 宜强调家庭成员对自己工作的支持。7. 宜强调自己对家庭的责任感。

三、“最能概括你自己的三个词是什么？”

思路：我经常用的三个词是：适应能力强、有责任心和做事有始有终。结合具体例子向主考官解释，使他们觉得你具有发展潜力。

四、“你有什么业余爱好？”

思路：1. 业余爱好能在一定程度上反映应聘者的性格、观念、心态，这是招聘单位问该问题的主要原因。2. 最好不要说自己没有业余爱好。3. 不要说自己有那些庸俗的、令人感觉不好的爱好。4. 最好不要说自己的爱好仅限于读书、听音乐、上网，否则可能令面试官怀疑应聘者性格孤僻。5. 最好能有一些户外的业余爱好来“点缀”你的形象。6. 找一些富于团体合作精神的爱好。这里有一个真实的故事：有人被否决掉，因为他的爱好是深海潜水。主考官说：因为这是一项单人活动，我不敢肯定他能否适应团体工作。

五、“你最崇拜谁？”

思路：1. 最崇拜的人能在一定程度上反映应聘者的性格、观念、心态，这是面试官问该问题的主要原因。2. 不宜说自己谁都不崇拜。3. 不宜说崇拜自己。4. 不宜说崇拜一个虚幻的或是不知名的人。5. 不宜说崇拜一个明显具有负面形象的人。6. 所崇拜的人最好能与自己所应聘的工作“搭”上关系。7. 最好说出自己所崇拜的人的哪些品质、哪些思想感染着自己、鼓舞着自己。

六、“你的座右铭是什么？”

思路：1. 座右铭能在一定程度上反映应聘者的性格、观念、心态，这是面试官问这个问题的主要原因。2. 不宜说那些易引起不好联想的座右铭。3. 不宜说那些太抽象的座右铭。4.不宜说太长的座右铭。5.座右铭最好能反映出自己的某种优秀品质。参考答案——“只为成功找方法,不为失败找借口”。

七、“谈谈你的缺点”

思路:1.不宜说自己没缺点。2.不宜把那些明显的优点说成缺点。3.不宜说出严重影响所应聘工作的缺点。4.不宜说出令人不放心、不舒服的缺点。5.可以说出一些对于所应聘工作“无关紧要”的缺点,甚至是一些表面上看是缺点,从工作的角度看却是优点的缺点。绝对不要自作聪明地回答“我最大的缺点是过于追求完美”,有的人以为这样回答会显得自己比较出色,但事实上,他是弄巧成拙。

八、“谈一谈你的一次失败经历”

思路:1.不宜说自己没有失败的经历。2.不宜把那些明显的成功说成是失败。3.不宜说出严重影响所应聘工作的失败经历。4.所谈经历的结果应是失败的。5.宜说明失败之前自己曾信心百倍、尽心尽力。6.说明仅仅是由于外在客观原因导致失败。7.失败后自己很快振作起来,以更加饱满的热情面对以后的工作。

九、“想过创业吗?”

思路:这个问题可以显示你的冲劲,但如果你的回答是“有”的话,千万小心,下一个问题可能就是“那么为什么你不这样做呢?”

十、“你参加过义务活动吗?”

思路:现在就着手做一些义务活动,不仅仅是那些对社会有贡献的,还是你的雇主会在意的,如果他们还没有一个这样的员工,那么你会成为很好的公关资源。

十一、“你为什么选择我们公司?”

思路:1.面试官试图从中了解你求职的动机、愿望以及对此项工作的态度。2.建议从行业、企业和岗位这三个角度来回答。

十二、“对这项工作,你有哪些可以预见的困难?”

思路:1.不宜直接说出具体的困难,否则可能令对方怀疑应聘者不行。2.可以尝试迂回战术,说出应聘者对困难所持有的态度——“工作中出现一些困难是正常的,也是难免的,但是只要有坚忍不拔的意志、良好的合作精神以及事前周密而充分的准备,任何困难都是可以克服的”。

十三、“如果我录用你,你将怎样开展工作?”

思路:1.如果应聘者对于应聘的岗位缺乏足够的了解,最好不要直接说出自己开展工作的具体办法。2.可以尝试采用迂回战术来回答,如“首先听取领导的指示和要求,然后就有关情况进行了解和熟悉,接下来制定一份近期的工作计划并报领导批准,最后根据计划开展工作”。

十四、“与上级意见不一致,你将怎么办?”

思路:1.一般可以这样回答:您的意见我会认真思考的。2.如果面试你的是总经理,而你所应聘的职位另有一位经理,且这位经理当时不在场,可以这样回答:

“对于非原则性问题，我会服从上级的意见；对于涉及公司利益的重大问题，我希望能向更高层领导反映。”

十五、“我们为什么要录用你？”

思路：1.应聘者最好站在招聘单位的角度来回答。2.招聘单位一般会录用这样的应聘者：基本符合条件、对这份工作感兴趣、有足够的信心。3.如：“我符合贵公司的招聘条件，凭我目前掌握的技能、高度的责任感和良好的适应能力及学习能力，完全能胜任这份工作。我十分希望能为贵公司服务，如果贵公司给我这个机会，我一定能成为贵公司的栋梁！”

十六、“你能为我们做什么？”

思路：1.基本原则上“投其所好”。2.回答这个问题前应聘者最好能“先发制人”，了解招聘单位期待这个职位所能发挥的作用。3.应聘者可以根据自己的了解，结合自己在专业领域的优势来回答这个问题。

十七、“你是应届毕业生，缺乏经验，如何能胜任这项工作？”

思路：1.如果招聘单位对应届毕业的应聘者提出这个问题，说明招聘单位并不真正在乎“经验”，关键看应聘者怎样回答。2.对这个问题的回答最好要体现出应聘者的诚恳、机智、果敢及敬业。3.如“作为应届毕业生，在工作经验方面的确会有所欠缺，因此我在读书期间一直利用各种机会在这个行业里做兼职。我也发现，实际工作远比书本知识丰富、复杂。但我有较强的责任心、适应能力和学习能力，而且比较勤奋，所以在兼职中均能圆满完成各项工作，从中获取的经验也令我受益匪浅。请贵公司放心，学校所学及兼职的工作经验使我一定能胜任这个职位”。

十八、“你希望与什么样的上级共事？”

思路：1.通过应聘者对上级的“希望”可以判断出应聘者对自我要求的意识，这既是一个陷阱，又是一次机会。2.最好回避对上级具体的希望，多谈对自己的要求。3.如“作为刚步入社会的新人，我应该要求自己尽快熟悉环境、适应环境，而不应该对环境提出什么要求，只求能发挥我的专长”。

十九、“告诉我3件关于这公司的事情。”

思路：你应该知道10件和公司有关的事情，他问你3件你回答4件，他问你4件你回答5件。说几件你知道的事，其中至少有一样是“销售额为多少多少”之类。

二十、“你为什么还没找到合适的职位呢？”

思路：别怕告诉他们你可能会有的机会，千万不要说“我上一次面试一塌糊涂……”

（资料来源于网络，作者有改动）

课后思考

一、制作一份求职简历。（参考模板见附录）

二、怎样掌握求职面试时的礼仪分寸？

三、求职面试有哪些基本类型？

四、面试试题构成的基本形式有哪些？

实践活动

将全班同学分成若干组进行模拟招聘面试。

要求：准备好个人就业资料；邀请职业指导老师设计某公司招聘场景；在面试过程中注意基本礼仪。

目标要求

了解求职过程中常见的心理问题，理解心理调适的重要作用；掌握适合自己的心理调适方法，更好地应对求职挫折，疏解负面情绪。

第9课　就业求职心理及调适

高校毕业生在校期间虽然学习并掌握了一定的专业知识，有一定的动手能力，在求职前也精心准备了相关材料，掌握了一些求职技巧，但在心理上还会出现这样或那样的问题。这些心理问题是影响毕业生身心健康和顺利就业的重要因素，如不及时调适，极有可能诱发其他后果。

一、求职过程中常见的心理问题

1. 自卑焦虑心理

自卑焦虑是指毕业生在落实工作单位之前表现出来的焦虑不安。个体对多种生活环境的担忧或对现实危险性的错误认识，直接导致了自卑焦虑。毕业生若自我定位不当，面对就业时就会有挫折感，就会处于一种焦虑的状态；有的毕业生认为社会是复杂多变的，进入社会后无论从事何种职业都必须面对复杂的人际关系，而这些人际关系是他们在大学生活中少有接触的，他们认为大学校园是一方净土，迈出这方净土，失去它的庇护，他们没有勇气去面对所谓深不可测、复杂多变的社会。高校毕业生这种过度或持久的焦虑体验，形成就业焦虑心理，严重影响其正常的生活和就业。

在竞争激烈的职场上，一方面社会和用人单位对学历的要求越来越高，部分高职高专毕业生可以胜任的工作也要求本科生才可以应聘。另一方面部分毕业生或因所学专业对应的行业不景气，或因自己专业知识、专业技能及综合素质不如其他同学，或因求职屡次受挫，往往产生强烈的自卑感，并进而转化为自卑心理。这些是正常的，也是普遍存在的，表现为毕业生在求职过程中往往自己拿不定主意，过分退缩，对自己能胜任的工作也不敢说“行”。

2. 自负心理

有些高校毕业生或因所学专业紧俏，或因就读学校为示范性高校，或因自己无论专业学习还是综合素质都高人一筹，或因自身较优秀的条件为不少用人单位所垂青，而产生一种睥睨一切、高人一等的自负心理。在这种心理支配下，往往表现为“这山看着那山高”，这个单位不顺眼，那个单位也不如意，导致与不少适合自己发展的用人单位失之交臂，结果是错过机遇，难以及时就业。

三菱商事（上海）有限公司：有些人可能在1家公司工作刚1年就到三菱来应聘。对于这种情况的应聘者，我们一般要问，你为什么离开原来的单位？如果他说，我干了1年，发觉自己与上司相处不和，工作内容不合适，没得到重用，没什么前途，想换一个环境，他将得不到我们的欢迎。如果他说，我干得很出色，得到老板的赏识，但我希望有更好的发展，到三菱工作是对自己更大的挑战，那么我们将进一步谈下去。至于他是否真正具备入职三菱的能力及素质，我们将设置一系列问题去考核他。

（资料来源于网络，作者有改动）

3. 盲目攀比与攀高心理

很多高校毕业生在选择单位时，不考虑自己的主客观条件，不深入了解单位发展情况，而是盲目与身边同学攀比，表现为攀比工作地域或地点，攀比收入和待遇，攀比工作单位和行业，攀比工作和生活环境等等。由于此心理的作用，高校毕业生要么暂不就业等待好单位来临，要么朝三暮四频频更换工作岗位，导致违约现象增加，大大影响了用人单位正常工作的开展。

4. 盲目从众心理

高校毕业生对用人单位没有理性分析，而是盲目认为只要单位给予的报酬多、所处的地理环境优越、条件较好就行。特别是在招聘会上，看到应聘的人多，就跟着去应聘，表现得非常盲目。在此心理影响下，高校毕业生求职时没有理性地对自己的兴趣、爱好、特长作很好的分析，不管自己是否适合这样的工作岗位，不管所谋职位是否有利于自己的发展，随大流找一个单位，到最后要么毁约，要么出现把就业的压力转变为从业的压力。

5. 不平衡心理与嫉妒心理

高校毕业生或因自身综合素质和能力不足，或因时机把握不准而找不到理想工作，见其他同学找的工作比自己找的好，心理不平衡，怨天尤人，抱怨自己没有关系、没有背景，抱怨自己所学专业不好等。特别是看到同班同学或老乡(特别是在校期间不如自己优秀的同学)找到比较理想的工作时，就会产生羡慕转而痛苦又不甘心的心态；甚至有些同学为不让别人超过自己，而采取背后拆台等不良手段。当身边的同学求职成功了就说风凉话，讽刺挖苦，造谣中伤。求职嫉妒心会使人把朋友当对头，导致朋友关系恶化，甚至会使班级人心涣散，人际关系紧张，本人也会增加内心痛苦和烦恼，影响求职的顺利进行。

6. 消极依赖的心理

尽管高校毕业生接受了几年的大学教育，他们的一些行为、言谈都表现出要求个性独立，不愿为父母所左右，诸如谈恋爱、交友等。但许多高校毕业生在求职时仍十分依赖自己的亲人、朋友，尤其是父母亲。这些人不是积极主动、千方百计地“推销”自己，而是一味地等着家里亲戚、朋友给自己找路子，或者认为自己有某些优越的条件，坐等学校帮忙落实单位，这样便与当前激烈竞争的社会不合拍，其最终结果往往不理想。

职业生涯格言：
对他人看高一点，对自己看低一点；
对事业看大一点，对名利看小一点；
对一世看多一点，对一时看少一点；
对过程看重一点，对结果看轻一点。

二、心理调适的方法

就业本身就是毕业生认识和适应社会的一个过程，在求职过程中遇到困难，甚至经过几次挫折才最后成功是正常的。在就业中遇到许多心理冲突、困惑，产生一些不良情绪，也是正常的。高校毕业生在遇到就业困难时应及时调整心态，从容、冷静地面对这一重大人生课题，作出正确、理智的选择。

1. 适当调整就业期望值

就业市场化、自主择业给大学生带来了机遇与实惠，但一部分高校毕业生对就业市场残酷的一面认识不足，对就业市场的客观实际了解不够。经过对就业市场、就业形势的客观了解与深刻体验后，高校毕业生必须面对现实、接受现实，不能怨天尤人。同时，高校毕业生要适当调整就业期望值，要树立长远的职业发展观念，放弃过去那种择业就是“一次到位”，要求绝对安稳的观念。在当前高校毕业生学历、素质还有待提高的前提下，获得一个十分理想的职业的时机还不成熟，应采取“先就业，后择业，再创业”的办法。先选择一个职业，在工作中不断提高自己的社会生存能力，增加实际经验，然后再凭借自己的努力，逐步实现自我价值。许多高校毕业生不愿意去经济落后的地区工作，可是，随着国家政策的倾斜和贫困地区的发展以及西部大开发的进行，这些地区将成为经济发展的热点，也将给毕业生们提供更多的发展机会，因此抢先到这样的地区去工作可能会更有利于自己的职业发展，取得事业的成功。

案例 11-1：

毕业生小陈学习成绩和其他方面条件都不错，在就业的初期满怀信心。但由于专业冷门，找过几家单位都碰了壁，结果产生自卑感，在后来的择业过程中表现越来越差，陷入恶性循环而不能自拔，以至于到了新的用人单位那里，只是被动地问人家“学某某专业的要不要”，其他什么话都不敢讲，最终未能落实就业单位。

王某，北京某知名企业中层管理人员。刚毕业时曾到不少知名企业应聘，但都未能如愿，最后他进了一家仅有 20 名员工的小公司。通过几年的努力，他积累了不少管理、销售经验，当其再次出击应聘知名企业时，终于成功！

点评：刚毕业的大学生在求职过程中，除了需要一定的抱负、一定的激情，一颗不服输的心同样重要。一次失败并不可怕，重要的是在失败中找到自己的不足和缺陷，同时不断增强自己的实力。

（资料来源于网络，作者有改动）

2. 树立合理的职业价值观

对于当代大学生来说，职业对个体的意义已经远不是仅仅满足生存的需要，职业的价值是丰富的，我们要充分认识到职业对个体发展、社会进步所起到的重要作用。因此，高校毕业生在择业时也不能只考虑工作的经济收入、工作条件、地点等因素，更要考虑职业对自己一生发展的影响与作用，应看重职业能否帮助实现自我价值。所以要在考察社会需要的基础上，树立重视自我职业发展、才能发挥空间的职业价值观。对于那些虽然现在工作条件较差，但发展空间大，能充分实现自我价值的单位要优先考虑；对于那些现在经济发展水平不太高，但发展潜力大的工作地点也要重视。高校毕业生要建立适合自己发展需要的、合理的职业价值观，实现正确择业。

3. 正确认识社会，正确认识自我，主动寻找机遇

高校毕业生择业要知己知彼。了解择业的社会环境和工作单位，正确认识面临的就业形势，了解用人单位的需要。同时，应实事求是地评价自己，正确认识自己的优点和长处、缺点和短处，自己的性格、兴趣、特长，要明确自己想做什么，用发展的观点来看待自己，要知道自身存在某些缺点并不可怕，可以先就业，然后在工作岗位上不断克服缺点，发展和完善自己。多参加招聘会，主动寻找机遇，并根据已定的择业标准进行选择。一个工作的好与不好，是相对的，对别人合适的，对自己不一定合适；对本科生合适的，对高职生不一定合适。因此，一定不能盲从，要时时记住，只有适合自己的才是最好的。还要注意机遇的时效性，在发现就业机会时要主动出击，及时把握，不能犹豫，也不要害怕失败，应有敢试敢闯的精神。

毕业生就业、择业应做到：

理想期待，多做准备。积极主动，敢于竞争。

课堂讨论

高校毕业生在求职中常见心理问题有哪些？出现心理问题应怎样调适？

三、健康心理的培养

1. 坦然面对就业挫折，提高心理承受能力

在求职中遇到挫折时，应该用冷静和坦然的态度待之，客观地分析自己失败的原因，进行正确的归因。首先，在就业市场化、需求形势不佳、就业竞争激烈的条件下，出现求职失败是在所难免的，不能期望自己每次求职都能成功，要对可能出现的求职挫折有充分的心理准备。同时，应把就业过程看作一个很好地认识社会、认识职业生活、适应社会的机会，通过求职活动来了解自己、认识自己、发展自己，促进自我成熟。其次，求职失败并不一定就是因为自己的能力不行，高校毕业生有自身的优势，求职失败可能有许多原因，既可能是因为选择求职单位的方向不对，也可能是因为自身的价值观与单位的企业文化不符合，还有可能是其他一些偶然的因素。

温馨提示

要正确分析自己失败的原因，调整自己的求职策略，学会安慰自己，以便在下次的求职中取得成功。

2. 积极调整心态，促进人格完善

在求职择业过程中，高校毕业生应当自觉提高自我心理调适的主动性，当自身心理平衡难以维持，即将产生或已经产生心理障碍时，应当根据自己心态的实际情况，选择诸如自我静思法、自我转化法、自我适度宣泄法及理性情绪法等自我心理调适方法来调节自身心态，重新建立心理平衡。首先，可以进行积极的自我心理暗示，鼓励自己，相信自己，帮助自己渡过难关。其次，可以向朋友、老师倾诉，寻求他们的安慰与支持。最后，还可以通过体育锻炼、听音乐、郊游等方式转移自己的注意力，排解心中的烦闷，放松自己的心情。通过对自己在就业时出现的种种不良心态的分析，可以发现自己平时不容易察觉的一些人格缺陷。应该说这些人格缺陷是产生这种就业心理问题的根本原因，如果现在没有很好地完善自己的人格，那么这些问题还会给今后的工作、生活带来困扰。因此，要正确面对就业过程中自身暴露出来的问题，不必为自己所存在的人格缺陷而懊恼，因为绝对的人格健全者几乎是不存在的，关键是要在发现自身问题的基础上，积极改变自己、发展自己，使自己的人格更加成熟，顺利就业。

高校毕业生是国家的财富，是社会和国家的有用之才。目前，我国仍然是人才资源缺乏的国家，积极教育高校毕业生合理定位、顺利就业，纠正当前高校毕业生就业教育中的一些模糊认识，不以成败论英雄，不以学历用人才，使三百六十行的各个层次都有大学生的身影，只有这样才能使整个社会和谐、健康、持续地发展。

职业生涯格言：
博学之，审问之，慎思之，明辨之，笃行之。

案例 11-2：

幸运女神

瑞典的化学家塞夫特穆，在 1830 年发现了一种新的化学元素——钒。

其实，当初和他一起研究的，还有他的好朋友维勒，可是维勒受不了一再失败的打击，在中途退出了研究。塞夫特穆仍然继续坚持，最后终于获得成功。

在发表这个重大发现的时候，塞夫特穆以轻松风趣的笔调，像童话一般地写道：

“在宇宙的极光里面，住着一位漂亮又可爱的女神。有一天，有人来敲女神的门，因为女神正在忙，所以没有开门。女神正等着那个人再来敲门，可是这个人只敲了一次，就离开了女神的家。女神心想：这个匆匆忙忙的冒失鬼，一定是维勒！其实，如果维勒再敲一下，不就可以见到女神了吗？

过了几天，又有人来敲女神的门。这个人很固执，一次敲不开，就一直继续地敲下去，最后女神终于开了门，发现是塞夫特穆。塞夫特穆见到了女神，钒就因此被发现了。”

点评：其实，人生之路，一帆风顺者少，曲折坎坷者多。世界充满了成功的机遇，也充满了失败的可能。而成功正是由无数次失败构成的，正如故事中不断敲着女神之门的塞夫特穆。所以我们应随时做好迎接失败的心理准备，不断提高自我应对挫折与干扰的能力，调整自己，增强社会适应力，坚信失败乃成功之母。

（资料来源于网络，作者有改动）

阅读与知识拓展

顶岗实习中心理问题预防

顶岗实习是高校教育推进工学结合人才培养模式，培养良好职业素养和专业技能人才的有效途径，也是高校学生就业的前沿。

顶岗实习学生的心理问题主要来源是：由于角色模糊带来的心理冲突；由于理想与现实差距带来的失落感；由于适应能力不强带来的挫败感。这些心理问题如不能及时解决或预防，将会影响顶岗实习的正常完成，甚至会影响到就业的顺利进行。

高校学生顶岗实习中常见心理问题的调整和预防。

一、角色模糊带来的心理冲突

高校学生顶岗实习不是参观式的见习，其角色是学生身份兼员工身份，有明确的工作责任和要求，要接受企业的监督管理。但走上实习岗位后，企业的严格管理和操作规程使很多高校学生在长时间里不能适应由学生向员工的角色转化，对在学校形成的生活习惯与思维方式带来较大的冲击与挑战，使得较长时间难以适应“学生”和“员工”的双重身份，从而产生心理冲突。有的同学抱怨工作枯燥乏味、工作辛苦、工作时间长，看不到顶岗实习的锻炼价值和自身的发展前景。甚至有少部分同学因不适应员工身份和企业的管理方式而当了“逃兵”。其行为直接影响着他们实践任务的完成。

针对以上心理问题，希望同学们一定要调整角色定位，适应岗位要求。“每个人必须以一定的社会身份在社会上存在，必须根据社会的期望和要求，依据自己的理解，确定一个适合自己现实表现的角色”。在顶岗实习中要不断调整自己的心态，了解实习岗位的要求，认同实习单位的管理模式，严格遵守实习单位的规章制度，具有负责的工作态度和踏实肯干的工作作风，积极努力地完成各项工作任务，要学会与人相处交往，尽快适应工作环境和工作角色。同时，保持谦虚谨慎的态度，不以大学生自居，虚心向领导、同事学习，勤于思考，踏实钻研专业技能，不断总结和吸收经验，提升个人职业素养，增强自信心。顶岗实习学生只有明确了自己的角色定位才会摆正心态，把顶岗实习当作理论与实践有机结合，全面提高自身能力，增强就业竞争力的有效途径。

二、理想与现实差距带来的失落感

在顶岗实习期间，很多同学过高估计自己的实际能力，不能正确认识自己，常常认为给自己安排的实习岗位层次过低，做具体、简单、枯燥乏味的工作不符合大学生的形象，有“大材小用”之感；认为自己在大学里学了很多专业知识，技能已经相当熟练，和没有学过专业的普通工人干一样的活，觉得没有体现个人价值。还有的学生觉得企业为自己提供的实习岗位专业不对口，实习毫无意义。这些同学都是对自己期望值比较高。对顶岗实习工作的艰苦性缺乏充分的心理准备，当发现理想与现实差距较大时，就会产生失落感。

顶岗实习期间出现以上心理问题，希望同学们正确认识自我，积极面对现实；要认识到顶岗实习实际上就是对我们的心态、适应能力和人际关系的一种考验，现在不是社会适应我们而是我们去适应社会，目前我们能更好地适应实习岗位的需要，将来就能适应就业岗位的更高要求。如果我们能正视现实，对顶岗实习工作的枯燥和辛苦就不会产生畏惧感和失落感，就会觉得现在的一切都是为了将来职业发展而积累经验和锻炼能力。

三、适应能力不强带来的挫败感

高校学生绝大多数没有吃过多少苦，没有经受各种各样的磨炼，在顶岗实习期间往往不能正确面对失败和挫折。他们离开学校和老师，开始上岗实习，一方面，担心自己的工作做不好；另一方面，又迫切渴望自己的工作得到肯定，取得成功。这个阶段，正是学生顶岗实习最容易出差错的一个时期。工作中一旦出现失误，被自己的上司教训，就会产生心理恐慌，自尊心受挫，怀疑自己的能力，进而不可避免地会产生挫败感。

顶岗实习期间面临的是真实的生产实践和经营管理，面对的是复杂的人际关系，同学们在心理上会受到前所未有的冲击，会出现各种各样的心理不适和挫折感。因此，参加顶岗实习的同学在实习前就要做好充分的心理准备，用积极乐观的心态来看待将要面临的问题和所处的环境。在实习时要努力学习人际交往能力和技巧，与领导同事和谐相处，培养吃苦耐劳和团队合作精神；在面对困难时，要及时调节心态，学会自我宽慰，以积极的信念暗示自己，努力挖掘自己的优点和长处，恢复乐观和自信；在遭遇挫折时，要有意识地把消极情绪转化为积极情绪，保持良好心态，要虚心向同事请教，树立信心，增强抵抗力，积极应对职业生涯中遇到的变化和复杂问题。

校企合作培养人才是当今世界高等教育发展的总趋势，是被世界职业教育实践证明的根本道路。同学们应在顶岗实习中培养职业心态，使自己成为合格的职业人。

课后思考

一、毕业前夕面临就业，自己有没有不良心理？你准备如何排除？

二、根据你的就业期望，对单位性质、工作地点、工资待遇等进行排序。

	重要	一般	不重要
专业对口			
职业发展			
工作地点			
工作环境			
单位性质			
工资待遇			

当你排好序后，分别请老师或同学帮助分析，听听他们的建议。

实践活动

请同学们自己组织或由学校统一组织，拜访几位近年毕业的校友，了解他们在求职时遇到的心理问题及化解方法。

目标要求

了解就业过程中常见的侵权行为，掌握劳动者的基本权益及权益保护的方法与途径，在求职应聘中能够拒绝传销、远离传销，维护个人合法权益。

第10课　劳动法规与合法权益

外面的世界很精彩，可是外面的世界也很无奈。近年来社会上非法职介、非法用工、传销诈骗等劳动侵权事件不断发生。因此，如何依法保护自己的合法权益是毕业生在劳动就业过程中面临的实际问题。

一、求职中常见的侵权违法行为

CCTV与智联招聘网对大学生就业权益保护问题进行了一项网上调查，结果显示，有不少求职者遭遇过正当权益被侵害事件。大学生就业权益保护问题已经不是个别群体的小概率事件，也不是单纯依靠道德或舆论就可化解的问题，而是一个正在引发社会广泛关注的严重社会问题。因此，如何依法保护自己的合法权益，是大学毕业生在劳动就业过程中面临的实际问题。

1. 就业歧视现象

中国青年政治学院大学生组成课题小组，就"青年就业歧视问题"进行调研，结果显示，不少人在求职过程中，遭遇过性别、户籍、学历、专业、经验、外貌、健康等就业歧视，《劳动法》规定，劳动者就业，不因民族、种族、性别、宗教信仰不同而受歧视，妇女享有与男子平等的就业权利。

2. 用人单位设置就业陷阱现象

大学生就业陷阱是指用人单位利用大学生的弱势地位，如社会经验不足、自我保护意识差、就业竞争激烈等，以提供就业机会为诱因，采用违法悖德等手段，以期与大学生达成权利与义务不对等的各类就业意向（协议），侵害大学生合法权益的现象。

案例 12-1：

季萍同学刚刚收到一家保险公司的复试通知，这让她十分欣喜。但是该公司接下来提出的要求又让她十分犹豫：该公司要求她在面试时交 100 元培训费、180 元考试费，如果她愿意的话，还可以再交 20 元就可以将考卷买回家提前做好上交。应聘怎么还要交这么多钱？到底该不该去？想到这家公司的待遇还可以，如果放弃就太可惜了，季萍进退两难。

这个案例很典型，用人单位以培训费、考试费、服装费、资料费等名目向求职者收取各种费用；还有些单位违反《劳动法》的相关规定，无条件地延长试用期；更有甚者强迫大学生搞传销或者限制大学生人身自由。缺乏社会经验的大学生很容易就陷入了企业设置的圈套。

3. 用人单位随意违约

由于用人单位处于强势地位，导致随意更改就业协议内容、不实际履行就业协议条款，甚至随意解除就业协议的情形时有发生。

案例 12-2：

大学生小王，参加人才招聘会后幸运地得到了一次面试机会，虽然公司不大，但是小王来自农村，毕业就要偿还助学贷款，能找到一份工作还贷是当务之急，所以他如约而去。经过面试他被录取了，但是公司要试用 3 个月，交押金 500 元，小王尽管很不情愿，但是考虑到工作不易找，他还是交了押金。他认认真真地工作，希望通过试用能留下来。由于工作努力高效，部门主管表扬了他。他很高兴，这样留下的可能性大了。然而 2 个月后，小王突然被告知：他被解雇了，试用期工资按正式的一半发，一共 800 元。他想不通，部门主管告诉他，由于失误，他使得公司损失了一笔大订单，可是小王压根就不知道所谓的“大订单”从何而来。经理说，这是商业秘密。小王于是想要回押金，经理说押金作为对公司的赔偿。小王越想越气，却不知道怎么办？明明是被公司当作廉价劳动力使用，却背了个"工作失误"的罪名。可是，他也没有办法。

这个案例是大学生在就业时时常会碰到的。当前为缓解竞争压力，节约成本，不少不正规的企业瞄上了初入社会的大学生，把大学生当作廉价劳动力。因此，大学生在签订劳动合同时，一定要事先熟悉《劳动合同法》的相关内容。譬如本案中有关交押金、试用期限及试用期待遇等在《劳动合同法》中都有明确规定。

职业生涯格言：
以柏拉图为友，以亚里士多德为友，更重要的是以真理为友。

二、学习劳动法规　加强权益保护

1.《劳动法》

《劳动法》于1994年通过，1995年实施，2018年进行修正。《劳动法》第二条规定，在中华人民共和国境内的企业、个体经济组织（以下统称"用人单位"）和与之形成劳动关系的劳动者，适用本法。国家机关、事业组织、社会团体和与之建立劳动合同关系的劳动者，依照本法执行。因此，对于一些特殊群体如公务员以及比照公务员制度的事业单位、社会团体的工作人员、农村劳动者（乡镇企业职工和进城务工、经商的农民除外）、现役军人、家庭保姆等不适用《劳动法》。

为保证劳动者休息权的实现，《劳动法》规定任何单位和个人不得擅自延长职工工作时间。但《劳动法》第四十一条规定，用人单位由于生产经营需要，经与工会和劳动者协商后可以延长工作时间，一般每日不得超过1小时；因特殊原因需要延长工作时间的，在保障劳动者身体健康的条件下延长工作时间每日不得超过3小时，但是每月不得超过36小时。

同时，有下列情形之一的，用人单位应当按照下列标准支付高于劳动者正常工作时间工资的工资报酬：安排劳动者延长工作时间的，支付不低于工资的150%的工资报酬；休息日安排劳动者工作又不能安排补休的，支付不低于工资的200%的工资报酬；法定休假日安排劳动者工作的，支付不低于工资的300%的工资报酬。

2.《劳动合同法》相关知识

《劳动合同法》于2007年通过，2008年1月1日实施，2012年《劳动合同法》进行修正。这部法律是中国劳动力市场发展的一个里程碑，它标志着中国在充分利用市场机制配置劳动力资源的同时，开始注重对劳动力市场进行规制。大学毕业生就业求职过程中需要认真学习这部法律知识,维护自己的合法权益。

(1)用人单位和劳动者在订立合同中的义务和责任

用人单位和劳动者在订立合同中都应履行如实告知的义务。如用人单位应向劳动者说明工作内容、工作条件以及劳动者要求了解的其他情况;同时劳动者也应如实说明本人与劳动合同直接相关的基本情况。

《劳动合同法》规定,用人单位招用劳动者,不得扣押劳动者的居民身份证和其他证件,不得要求劳动者提供担保或者以其他名义向劳动者收取财物。因而案例 12-1、12-2 中的用人单位均违反了《劳动合同法》的规定。

(2)劳动合同的形式及订立时限要求

劳动合同是要式合同,应采用书面劳动合同。用人单位应自用工之日起 1 个月内与劳动者订立书面合同。若在用工前订立劳动合同的,劳动关系自用工之日起建立。

自用工之日起 1 个月内,经用人单位书面通知后,劳动者不与用人单位订立书面劳动合同的,用人单位应当以书面通知的形式告知劳动者终止劳动关系,无需向劳动者支付经济补偿,但是应当依法向劳动者支付其实际工作时间的劳动报酬。

用人单位自用工之日起超过 1 个月不满 1 年未与劳动者订立书面劳动合同的,应当向劳动者每月支付 2 倍的工资,并与劳动者补订书面劳动合同;劳动者不与用人单位订立书面劳动合同的,用人单位应当以书面通知的形式告知劳动者终止劳动关系,并支付经济补偿。

用人单位自用工之日起满 1 年未与劳动者订立书面劳动合同的,自用工之日起满 1 个月的次日至满 1 年的前 1 日应当向劳动者每月支付 2 倍的工资,并视为自用工之日起满 1 年的当日已经与劳动者订立无固定期限劳动合同,应当立即与劳动者补订书面劳动合同。

(3)劳动合同的内容

根据《劳动合同法》的规定,劳动合同必须具备以下条款:用人单位的名称、住所和法定代表人或者主要负责人;劳动者的姓名、住址和居民身份证或者其他有效身份证件号码;劳动合同期限;工作内容和工作地点;工作时间和休息休假;劳动报酬;社会保险;劳动保护、劳动条件和职业危害防护;法律、法规规定应当纳入劳动合同的其他事项。劳动合同除必备条款外,用人单位与劳动者可以约定试用期、培训、保守秘密、补充保险和福利待遇等其他事项。

①试用期

试用期是指用人单位和劳动者双方相互了解,确定对方是否符合自己的招聘条件或求职条件而约定的考察期。

对试用期期限,《劳动合同法》规定,以完成一定工作任务为期限的劳动合同或者劳动合同期限不满 3 个月的,不得约定试用期;劳动合同期限 3 个月以上不满 1 年的,试用期不得超过 1 个月;劳动合同期限 1 年以上不满 3 年的,试用期不得超过 2 个月;3 年以上固定期限和无固定期限的劳动合同,试用期不得超过 6 个月。试用期包含在劳动合同期限内。劳动合同仅约定试用期的，试用期不成立，该期限为劳动合同期限。同一用人单位与同一劳动者只能约定1次试用期。

对试用期工资，《劳动合同法》规定，劳动者在试用期的工资不得低于本单位相同岗位最低档工资或者劳动合同约定工资的80%，并不得低于用人单位所在地的最低工资标准。

②服务期和竞业限制

用人单位为劳动者提供专项培训费用，对其进行专业技术培训的，可以与该劳动者订立协议，约定服务期。劳动者违反服务期约定的，应当按照约定向用人单位支付违约金。违约金的数额不得超过用人单位提供的培训费用。用人单位要求劳动者支付的违约金不得超过服务期尚未履行部分所应分摊的培训费用。

用人单位与劳动者可以在劳动合同中约定保守用人单位的商业秘密和与知识产权相关的保密事项。对负有保密义务的劳动者，用人单位可以在劳动合同或者保密协议中与劳动者约定竞业限制条款，并约定在解除或者终止劳动合同后，在竞业限制期限内按月给予劳动者经济补偿。劳动者违反竞业限制约定的，应当按照约定向用人单位支付违约金。

针对现实中用人单位随意约定违约金的情形，《劳动合同法》规定，除服务期条款和竞业限制条款外，用人单位不得与劳动者约定由劳动者承担违约金。

(4)劳动合同的效力

劳动合同由用人单位与劳动者协商一致，并经用人单位与劳动者在劳动合同文本上签字或者盖章生效。

下列劳动合同无效或者部分无效：以欺诈、胁迫的手段或者乘人之危，使对方在违背真实意思的情况下订立或者变更劳动合同的；用人单位免除自己的法定责任、排除劳动者权利的；违反法律、行政法规强制性规定的。

无效劳动合同，订立时起就没有法律约束力。劳动合同部分无效，不影响其他部分效力的，其他部分仍然有效。劳动合同被确认无效，劳动者已付出劳动的，用人单位应当向劳动者支付劳动报酬。劳动报酬的数额，参照本单位相同或者相近岗位劳动者的劳动报酬确定。

案例12-3：

小王毕业后到某公司应聘，笔试面试都通过后，公司要求体检。小王视力不好，得知该公司因岗位特殊性对视力要求较高后，怕自己无法通过体检，便让与自己长得很像的姐姐代为体检，并顺利通过。签订了劳动合同，约定试用期1个月。试用期内小王工作经常出错，但用人单位以为其是业务不熟练。试用期后，小王仍然经常出错，用人单位于是带其重新体检，因检出视力不符合岗位要求，用人单位通知小王解除劳动合同。小王认为自己已通过试用期，用人单位不能解除合同。

本案中小王采用欺诈的手段使用人单位在违背真实意思的情况下与之签订了劳动合同，属于无效的劳动合同，自订立时起即没有法律约束力。本例提醒大学生，《劳动合同法》在保护劳动者权益的同时，也在约束劳动者在职场上的不诚信行为。

(5)劳动合同的解除

劳动合同的解除是指劳动合同当事人在劳动合同期限届满之前，依法提前终止劳动合同关系的法律行为。劳动合同的解除可分为协商解除和法定解除，法定解除又分为用人单位单方解除和劳动者单方解除。

①用人单位与劳动者协商一致，可以解除劳动合同

②劳动者单方解除合同

劳动者在试用期内提前3日通知用人单位，可以解除劳动合同；劳动者提前30日以书面形式通知用人单位，可以解除劳动合同。在劳动合同期限内，按这两种方式解除劳动合同，原则上禁止违约金。

用人单位有下列情形之一的，劳动者可以随时解除劳动合同：未按照劳动合同约定提供劳动保护或者劳动条件的；未及时足额支付劳动报酬的；未依法为劳动者缴纳社会保险费的；用人单位的规章制度违反法律法规的规定，损害劳动者权益的；以欺诈、胁迫的手段或者乘人之危致使劳动合同无效的；法律、行政法规规定劳动者可以解除劳动合同的其他情形。

用人单位以暴力、威胁或者非法限制人身自由的手段强迫劳动者劳动的，或者用人单位违章指挥、强令冒险作业危及劳动者人身安全的，劳动者可以立即解除劳动合同，不需事先告知用人单位。

③用人单位单方解除劳动合同

有下列情形之一的，用人单位提前30日以书面形式通知劳动者本人或者额外支付劳动者1个月工资后，可以解除劳动合同：劳动者患病或者非因工负伤，在规定的医疗期满后不能从事原工作，也不能从事由用人单位另行安排的工作的；劳动者不能胜任工作，经过培训或者调整工作岗位，仍不能胜任工作的；劳动合同订立时所依据的客观情况发生重大变化，致使劳动合同无法履行，经用人单位与劳动者协商，未能就变更劳动合同内容达成协议的。

劳动者有下列情形之一的，用人单位可以随时解除劳动合同：在试用期间被证明不符合录用条件的；严重违反用人单位的规章制度的；严重失职，营私舞弊，给用人单位造成重大损害的；劳动者同时与其他用人单位建立劳动关系，对完成本单位的工作任务造成严重影响，或者经用人单位提出，拒不改正的；以欺诈、胁迫的手段或者乘人之危致使劳动合同无效的；被依法追究刑事责任的。

注意，用人单位在试用期解除劳动关系的，应当向劳动者说明理由，解除劳动关系

的理由必须是正当的，必须是能说明劳动者不符合用人单位录用条件的事实。

3. 劳动争议的处理

劳动争议是指劳动关系双方当事人因实现劳动权利和履行劳动义务而发生的纠纷。其解决方法主要有以下几种：

(1)协商和解

用人单位与劳动者发生劳动争议，劳动者可以与用人单位协商，也可以请工会或者第三方共同与用人单位协商，达成和解协议。协商不是劳动争议解决的必经程序。

(2)申请调解

当事人不愿协商、协商不成或者达成和解协议后不履行的，可以向调解组织申请调解。调解组织包括企业自设的劳动争议调解委员会、依法设立的基层人民调解组织等。

(3)申请劳动仲裁

不愿调解、调解不成或者达成调解协议后不履行的，可以向劳动争议仲裁委员会申请仲裁。在我国，劳动仲裁是劳动争议当事人向人民法院提起诉讼的必经程序。劳动争议仲裁不收费，其经费由财政予以保障。

(4)提起诉讼

劳动争议当事人对仲裁裁决不服的，可以自收到仲裁裁决书之日起 15 日内向人民法院提起诉讼。一方当事人在法定期限内不起诉又不履行仲裁裁决的，另一方当事人可以申请人民法院强制执行。

三、就业协议与劳动合同

1. 就业协议

经供需见面和双向选择后，学生若被企业录用，愿意到该企业顶岗实习(就业)，毕业生和用人单位应当签订毕业生就业协议书，作为制定就业计划和派遣的依据。《就业协议书》是毕业生和用人单位关于将来就业意向的初步约定，具有一定的法律效力，是将来可能发生违约情况时的判断依据。

就业协议适用于应届毕业生与用人单位双方之间，就业协议对用人单位的性质没有规定，适用于任何单位。

2. 就业协议书与劳动合同的区别

(1)主体不同

前者专指毕业生与用人单位签订的工作协议；后者指劳动者与用人单位确立劳动关系、明确双方权利与义务的协议，这些劳动者既可以是高校毕业生，也可以是其他人。

(2)内容不同

前者是双方相互选择的关系的确定;后者是在明确工作关系后签订的关于双方权利与义务的协议。

(3)适用法规不同

就业协议书和劳动合同产生纠纷所适用的法律是不同的。一般而言,就业协议书产生纠纷主要适用《中华人民共和国民法典》(以下简称《民法典》)以及参照有关的就业政策,而劳动合同产生纠纷主要适用《劳动合同法》。

案例 12-4:

2024 年,作为一名应届大学毕业生,小高从激烈的竞争中脱颖而出,被某知名公司录取。此时,小高发现还有一家发展前景更好的单位也在招聘,于是他匆匆和这家公司签订了就业协议书后又应聘了那家更有前景的单位。他认为反正就业协议不是劳动合同,对自己没有约束力。

当小高兴冲冲地跑到原来签订就业协议的公司,请求解除就业协议时,该公司告知小高,解除就业协议可以,但小高必须按照就业协议的约定向公司交付违约金。面对不菲的违约金,初出校门的小高真为自己法律意识的缺乏懊悔不已。

评析:

毕业生就业协议与劳动合同确实不一样。学生签订毕业生就业协议的时候,仍属于在校学生的身份,学生和招聘单位之间的关系还不是《劳动法》意义上的劳动关系,但这并不意味着就业协议就没有约束力。事实上,作为一般民事协议,毕业生就业协议虽然不受《劳动法》调整,但属于《民法典》的调整范围,在平等、自愿等基础上建立起来的毕业生就业协议受法律保护,任何一方无正当理由任意违反都要承担相应的违约责任。因此,大学生在决定签署就业协议前,要认真对待就业协议的约定,特别是其中的违约条款,以免给自己造成损失。

(资料来源于网络,作者有改动)

课堂讨论

谈谈你所知道的就业过程中的侵权现象,就业协议书与劳动合同有什么不同?

温馨提示

中国社会保险
CHINA SOCIAL INSURANCE

很多毕业生对“社会保险”了解甚微。“社会保险”是国家通过立法，多渠道筹集资金，对劳动者在因年老、患病、工伤、失业、生育而减少劳动收入时给予经济补偿的一项社会保障制度，主要包括基本养老保险、基本医疗保险、工伤保险、失业保险和生育保险等项目。《劳动法》规定，用人单位和劳动者必须依法参加社会保险，缴纳社会保险费；因而社会保险具有保障性和强制性的双重特征。

四、求职应聘要防陷阱

近年来，一些地区传销活动猖獗，传销组织的吸收对象也锁定了大学生群体，使一些大学生在实习或求职时误陷传销陷阱。应该说，受当前就业形势的影响，一些学生求职心切而又缺乏社会经验，经传销组织的洗脑，一些学生丧失了抵制诱惑的能力，迷失于传销漩涡中难以自拔。

1. 传销的界定

国务院于 2005 发布了《禁止传销条例》。在该条例第二条对“传销”作了具体的定义：“本条例所称传销，是指组织者或者经营者发展人员，通过对被发展人员以其直接或者间接发展的人员数量或者销售业绩为依据计算和给付报酬，或者要求被发展人员以交纳一定费用为条件取得加入资格等方式牟取非法利益，扰乱经济秩序，影响社会稳定的行为。”

辨别传销行为，主要掌握两个基本条件：第一，介绍加入隐性网络，只要传销者交了钱以后就要发展下线，下线还可以发展下线，以此组成上下线人员的网络，这是传销的人员链。第二，复式计酬。复式计酬包括两种形式：一种是以本人直接和间接发展的下线人员的数量为依据，计算和给付报酬；另一种是根据本人直接和间接发展的下线人员的销售业绩为依据计算和给付报酬，这是传销发展的金钱链。

温馨提示

如何辨别传销？

• 传销无商品，或者商品的价格严重背离了商品的实际价值；

• 参加人员所获得的收益并非来自合理利润，而是他人加入时所交纳的费用；

• 传销的组织者和策划者以高额利润为诱饵，对参加者承诺的利润回报远远高于正常的经营活动，违背了经济规律；

• 这种组织的有效奖励方式来自增加新会员及其投资，而非来自销售真实的商品给实际使用或消费这些商品的人，它并没有实际买卖真实产品或服务的行为发生，其本质就是一种财富从下线流向该组织创办者的内部重分配。

2.传销的危害

第一，传销严重扰乱市场经济秩序，侵害多个法律客体。传销往往伴随着非法拘禁、偷税漏税、制假贩假、走私贩私、强买强卖等大量违法行为，不仅违反国家禁止传销的规定，还违反税收、消费者权益保护、市场秩序管理等多个法律规定。

第二，给参与传销的人及其家庭造成巨大伤害。从社会学意义上看，传销瓦解了作为社会基本单元的家庭及家庭和谐的条件——亲情，直接威胁着社会稳定的基础。

第三，引发各类刑事案件，直接造成社会混乱。有些参与传销的人被骗得血本无归，参加盗窃、抢劫、绑架，给当地稳定造成严重侵害。有些为了逃脱传销网络的受害者，被逼自杀、杀人，有的致残、致死。

第四，突破社会道德和诚信体系的约束，危害人的思想信念基础。传销人员发展的对象多为同学、同事、同乡、亲友，其不择手段的欺诈方式，导致人们之间的信任程度严重下降。传销宣扬“有钱就是成功”“今日的欺骗乃是为了你们明天的富有”。传销培训出的这些不受道德约束的成员，丧失了正常的思维和道德底线，变得极端自私，唯利是图。这样的社会成员达到一定规模，必然将社会控制体系推向崩溃的边缘。

3.远离传销

大学生在求职时要注意从对方的语言、交谈的内容、环境等因素综合分析鉴别传销，注意传销的新形式，比如以“连锁销售、特许经营”为名义的传销；以企业招聘、培训、工程项目招标为名义的传销；以“国家搞试点、西部大开发、国家特许经营项目入股”为名义的传销；以“电子商务、网络代理、网络营销”为名义的传销；以“理财”为名义，利用基金、股权、股票、期货等虚拟权益进行的网络传销等。

案例 12-5：

小赵是某高校计算机专业的毕业生。即将毕业时，他将求职信息发到了几个大型人才网。信息发出不久，广州某家电子公司给他打来电话，说他的情况符合公司招聘条件，想对小赵进行深入了解。在近半个小时的通话中，对方不停地就小赵曾组织过什么活动提问。通话结束时，对方留下了公司网址。挂掉电话后，小赵立即浏览了该公司网站，了解到该公司是销售电脑配件的。小赵对技术员的职位相当满意。3 天后，他主动拨通了该公司的电话，对方说正要联系小赵进行面试，“嘀”一声电话录音开始……小赵顺利地“闯”过了面试关，并与公司谈妥了 3000 元的月薪。公司要求小赵一个星期内必须到广州报到。就在上火车的前一天晚上，小赵在网上无意中浏览到了一则消息，“一个毕业生应聘到广州某家电子公司后，被公司人员安排到一间封闭的小屋内，强迫其接受传销知识，这名毕业生砸破了玻璃才逃离”。随后，小赵经多方了解，得知那家录用他的公司就是一家传销公司。了解了真相，小赵吓出了一身冷汗。

近年来大学生陷入传销组织的情况日渐增多，广大毕业生在求职应聘中应充分认识到传销的欺诈本质，远离传销，而最重要的是要有正确的就业意识。首先要拒绝非法传销组织的种种诱因，如对应届毕业生提供条件优越、高薪的工作等；其次不要轻信亲朋好友、同学的邀请；在求职中要克服急功近利、一夜暴富的不正确观念，树立正确的世界观、人生观。

如果误入传销陷阱时，应机智、冷静应对，在确保自身安全的情况下设法逃脱。一旦被限制人身自由，要保持理智，尽量自己保管身份证和钱财，同时记住传销组织的活动规律和传销窝点的具体位置，想方设法与学校家人取得联系；可以利用外出上课、上街购物、吃饭等机会逃离传销窝点，向社区的门卫、保安、村干部和周围群众求救，或者拨打 110、12315，向公安、工商机关举报、求救。

阅读与知识拓展

《中华人民共和国就业促进法》节选

第三章　公平就业

第二十五条　各级人民政府创造公平就业的环境，消除就业歧视，制定政策并采取措施对就业困难人员给予扶持和援助。

第二十六条　用人单位招用人员、职业中介机构从事职业中介活动，应当向劳动者提供平等的就业机会和公平的就业条件，不得实施就业歧视。

第二十七条　国家保障妇女享有与男子平等的劳动权利。

用人单位招用人员，除国家规定的不适合妇女的工种或者岗位外，不得以性别为由拒绝录用妇女或者提高对妇女的录用标准。

用人单位录用女职工，不得在劳动合同中规定限制女职工结婚、生育的内容。

第二十八条　各民族劳动者享有平等的劳动权利。

用人单位招用人员，应当依法对少数民族劳动者给予适当照顾。

第二十九条　国家保障残疾人的劳动权利。

各级人民政府应当对残疾人就业统筹规划，为残疾人创造就业条件。

用人单位招用人员，不得歧视残疾人。

第三十条　用人单位招用人员，不得以是传染病病原携带者为由拒绝录用。但是，经医学鉴定传染病病原携带者在治愈前或者排除传染嫌疑前，不得从事法律、行政法规和国务院卫生行政部门规定禁止从事的易使传染病扩散的工作。

课后思考

一、大学生就业过程中常见的被侵权行为有哪些？

二、明知传销既危害自己也危害社会，为什么还有人误入歧途？

实践活动

一、认真阅读《劳动合同法》《中华人民共和国社会保险法》《中华人民共和国就业促进法》《禁止传销条例》等法律法规，学会依法保护自己的合法权益。

二、搜集了解近期毕业生在就业过程中的被侵权或被骗现象，思考应从中汲取什么教训。

第四编　积累岗位经验　谋划职场发展

流年似水，岁月如歌。

毕业，就像一个大大的句号，从此，告别了一段纯真无瑕的青春，一段激情燃烧的岁月，一个充满幻想的时代。

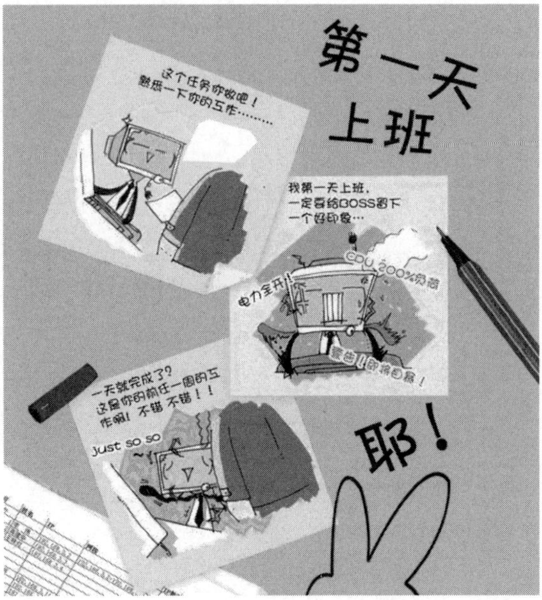

就业，则是另一段青春的开始。同学们面临的将是一个比校园复杂的世界，一片更富有挑战性的土壤。要成为一名合格的员工，必须在上岗前，理性认识大学生与职业人士的差别，从心态、技能等方面完成从校园人到职业人的角色转换，唯其如此，才能踏踏实实地进入工作状态，在职场中游刃有余，为人生的发展奠定良好的基础。

目标要求

了解学习与工作、学校与职场的区别，引导毕业生顺利适应职业生涯角色的转换，为职业发展奠定良好的基础。

第 11 课　迈好职场生涯第一步

当你过关斩将，闯过求职的种种关口，你不仅面临着让你兴奋而又陌生的工作岗位，同时也面临着环境与角色的全方位转换。初入职场的你，有很多东西需要学习与适应，既然环境不可能适应个人，那么首先需要调整的便是自己。从改变自己开始，投入全新的职业旅程。

一、职场与职业人

寒冷的冬天有一批新职员到酒店报到，签到的时候，有位学生用很不满意的语气说："你们应该派人到火车站接我们的。"由于不认识路，这批学生从火车站过来花了 2 个多小时，最后还是找到其中一个同学的亲戚，由他带路过来的。

这件事说明，这位学生没有及时转换自己的角色。请问："什么是学生角色？什么是社会人（职业人）角色？"

1. 职场与学校的不同

(1)性质不同

职场指工作的场所，学校是学习的地方。初入职场的新人会发现，由于工作环境复杂，在工作上作出成绩远比在学校里取得理想的考试分数要艰难得多，远大的理想可能与面临的现实差得很远。因此，在职场，也许你每天都得做重复的工作，类似于将一篇文章连续抄写几十遍，不同的是你要对这些工作赋予不同的理解，而且，最好每天都能对这同样的事情保持新鲜感。对待工作，老板需要你的热情和才情、效率和质量。

(2)任务不同

在学校里，老师可以容忍你的"小聪明"甚至"大过失"，考试成绩不理想，可以给你重新学习的机会。而工作中，交代给你的重大任务不能按时、保质地完成，老板可能会让你直接走人。考试不及格，只是你一个人遭受损失。而工作任务没完成，受损失的可能就是整个公司的声誉和几千名员工的钱包！所以，对公司，你负有一个员工的责任，如果老板要求严格，你需要服从、理解和宽容，而不是挑剔。

(3)要求不同

职场和学校的要求不同，学校是以学生个人为单位考查其学习成绩，而职场多是流程式作业，需要的是团队协作，更强调 1+1>2。职场强大竞争力的根源，在于“团队合力”的强大。每一个团队成员的工作，都是为了与其他成员协作共同完成团队的目标，团队的绩效水平远远高于个体成员绩效的总和，正如管理学的“木桶理论”，企业能力的整体水平取决于企业各项具体能力中最弱的一项。就像一只木桶，装水量最多只能达到所有挡板中最短的挡板的高度。“木桶理论”所体现出来的就是一个整体效应，注重的是团队精神的培养和建设。当代大学生多数是独生子女，大多从小就以自我为中心，在学校里以各自的学习为主，开展团队合作的机会不多，所以部分大学生刚刚走进职场，张扬个性有余，团队合作不足。一个人的力量再大，也比不上一个训练有素、协调一致的集体。只有优秀的团队才能创造优秀的业绩。因此，在职场更重要的是团队之间的合作以及更好地与他人沟通。

2.职业人与非职业人的比较

职业人就是经营自己的人，可以简单地定义为懂得如何为自己创造美好生活的人。职业人总是准备为客户提供满意的服务(“客户”指广义上的概念，包括上司、同事、下属和常见意义上的客户)；职业人只有通过团队协作，才能够提供高标准的服务；职业人必须不断地学习，才可能具备协作的能力，才可能提供优质服务。否则，只能被社会淘汰。相反，非职业人是由别人经营的人。两者的对比如表 13-1 所示。

表 13-1 非职业人与职业人

类别	非职业人	职业人
角色	打工的，别人管理他	积极参与企业的运作
态度	老板让干什么就干什么，最担心公司裁员	干得比老板希望的还要好，对自己的职业负责
特点	仅从生存层面考虑	有良好的资质，有自己的想法；提供客户满意的服务；具有合作精神
适应力	个人局限性大，适应力弱	个人空间大，适应性强
风险	抗风险能力弱	风险承受能力强

3.大学生与职业人的区别

(1)承担的责任不同

大学生是以学习、探索为主要任务,即使在学习中犯错误,也可能会得到原谅。大学生最快乐的事情就是有依靠,在学习方面可以依靠老师,在生活上有什么困难可以依靠父母。而成为一个职业人以后,遇事主要靠自己,对自己完全负责。职业人如果在工作中犯了错误,不仅要承担成本和风险的责任,而且要承担相应的社会责任。

(2)面对的生活环境不同

大学生在校园里是寝室—教室—食堂三点一线的简单而宁静的生活方式,身处单纯且昂扬向上的校园文化氛围中。职业人在紧张的职场上,"生存与发展"成为重要课题,面临的是快节奏的生活,不定时的加班,没有了寒暑假,自由支配的时间少;可能还要承受不同地域的生活环境和习惯的差异所带来的压力;由于缺乏实际工作经验,开始工作时往往不能得心应手,感觉工作压力很大等等。

(3)面对的文化环境不同

在大学里,学习时间可弹性安排,有事可请假,不会有人时刻约束你,有较长的节假日;学术上师生可以相互讨论甚至争论。职业人在单位里,除按规定时间上下班外,可能还会加班加点,工作任务急又重;老板通常对讨论不感兴趣,有些老板比较独断;可能一切以经济利益为导向;必须时刻准备好完成老板交给的工作任务。

(4)所处的人际关系不同

社会上的人际关系相对于学校里的同学关系要复杂得多,大学生初出茅庐,比较单纯,会一时感觉不适应。

温馨提示

学会改变,改变从现在开始,转化自己的角色,不要把学生时的一些习惯带到工作中,约束和修正自己的行为习惯,做一个办事高效、积极、勤奋、有责任感的人!

课堂讨论

一个刚毕业的大学生,由于经验不足,能力欠缺,在工作中出现了失误,受到上级的严厉批评。他很不开心,没心思工作。

有人问他:"你为什么不开心?"

他说:"经理骂我了。"

又问:"你是不是工作没做好?"

答:"即便工作没做好,他也不应该对我态度这样恶劣,我长这么大,我爸、我妈都没对我大声喊过!"

问:"那你希望怎么样?"

答:"如果我下次再犯错时,他的态度能好点儿!"

这位大学生说的话意味着：

其一，我出错误是难免的；其二，我以后还会出错；其三，我再出错时，要改的是经理，不是我，他应该提高管理艺术。

试问：如果这位大学生有这样的想法，下次再做同样的工作，重复同样的错误，上级对他的态度会好一些，还是会更严厉一些呢？

二、初入职场面临的问题

1.尽快完成角色转化

(1)增强心理适应能力和抗压能力

职场与学校相比，生活环境、工作条件、人际关系都有很大变化，这难免使那些心存幻想、踌躇满志的毕业生产生心理反差和强烈的情绪冲突。也许你血气方刚，热情奔放，希望自己处处出彩，但却总是引不起周围的共鸣，不受重用，甚至遭排斥。这时，具备良好的心理承受能力是第一位的。从职场的角度来说，职场对人的判断有两个要求：一个叫作“潜力”，看你未来成长的空间；一个叫作“贡献”，你的加入对这个团队能够产生什么样的影响。职业人应考虑的是：我能为单位带来什么？我能为企业创造什么？而不应首先去想单位、企业或老板应该给我什么样的回报？要抱着谦虚好学的态度，从基础做起，逐步争取领导和同事的认可，这才是成功的开始。

除此之外，增强抗压能力也很重要，现在的工作压力都很大，没有好的抗压能力就难以完成上级交给的工作任务，抗压能力强是做好一项工作的重要因素。当遇到压力和挫折时，不能就此放弃，要用冷静的态度，客观地分析失败的原因，进行正确的受挫归因。学会笑对压力和挫折。挫折虽然会给人带来心情上的不愉快，但同时可以磨炼人的意志。

(2)做好生理调适

步入职场，就意味着从一名学生转换成了一个职业人。原来的许多生活习惯都得改变。在工作期间，如果你犯懒、矫情，一件小事都可能给你带来非常严重的后果。切记：为了你的职业前途，灵活调整生活规律。爱睡懒觉的，应该早睡早起；爱生病的，不妨平时多锻炼身体。

(3)主动适应岗位

年轻人在跨出校门之前，都对未来充满憧憬，初出校门的大学生不能适应新环境，大多与其事先对新岗位估计不足、不切实际有关。当大家按照这个过高的目标接触现实环境时，往往会产生一种失落感，感到处处不如意、事事不顺心。因此，在踏上工作岗位后，要能够根据现实的环境调整自己的期望值和目标。明确自己的职业目标，以及在职场中自己该扮演的角色，自然就能得到较好的发展。

(4)注重知识向能力的转换

走上工作岗位的职场新人,可能产生对新环境的诸多不适应,这很正常,重要的是调整心态,尽快完成角色转换,尤其是知识向能力的转换。

学生在学校里侧重的是理论知识的学习,而职场上则更注重动手能力和经验积累,因此,要投入再学习中去。这种学习是见机行事,处处留心,掌握逐步适应工作的知识与技能。同事、上级、客户、竞争对手都是老师,但前提是要掌握好学习和询问的时机,谁会学习,谁就能成功,就能使自己职业岗位的智能结构更加完善。学习增强了个人的竞争力,也增强了企业的竞争力。只有将知识运用到实践中去,在实践中反复总结升华,才能让知识转变成工作能力,知识才有价值。

2. 应注意的几个问题

在经过层层筛选后,终于被录用,许多人认为总算可以轻松了,其实,对于踏入职场的新人来说,一切才刚刚开始。由于进入一个全新的环境,很多人变得非常茫然,甚至不知所措。这时候,需要注意以下几点:

(1)了解单位的文化氛围

每个公司都有自己的文化氛围:有的崇尚张扬,有的崇尚沉稳踏实,有的要求员工按部就班,有的需要员工活跃等等。要先去了解这个企业的"生存法则",有时候某些不成文的规定更是需要遵守,新人应尽量及早融入新的环境。

(2)从小事做起

刚开始工作时,不要急于求成。不要认为大学生的学历与"小儿科"的事情不匹配。其实领导考察你,正是从小事开始,别去思考哪些是分内,哪些是分外,力求干好任何一件小事。有些小事即使领导不再追问,也要做到事事有反馈。"每天一小步"的想法是明智的。解决了一个客户争端,学会了一项新技能,完成了一份报告,在已有的能力上又有了提高,学会了应对建设性的批评。这些小事会让你逐渐得到领导、同事的信任和肯定,只有这样,才会有"做大事"的希望。

案例 13-1:

我的助理辞职了

"从22岁大学毕业到26岁之间这4年,重要的不是你做了什么,而是你在工作中养成了怎么样的工作习惯"。这是创新工厂李开复、演员马伊琍、优米网王利芬等积极推荐的一篇文章。

当时公司招了大批应届毕业生,平均年龄25岁。那个新的助理,是经过多次面试后,我亲自招来的一个女孩。本科毕业,聪明,性格活泼。

手把手地教，从工作流程到待人接物，她也学得快，很多工作一教就上手，一上手就熟练，跟各位同事也相处得颇为融洽。我开始慢慢地给她一些协调的工作，各部门之间以及各分公司之间的业务联系和沟通让她尝试着去处理。

开始经常出错。她很紧张，来找我谈。我告诉她："错了没关系，你且放心按照你的想法去做，遇到问题了，来问我，我会告诉你该怎么办。"仍然错，又来找我，这次谈话比较深入，她的困惑是，为什么总是让她做这些琐碎的事情？我当时问她："什么叫'不琐碎的工作呢'？"她答不上来，想了半天，跟我说："我总觉得，我的能力不仅仅能做这些，我还能做一些更加重要的事情。"那次谈话，进行了1小时。我知道，我说的话，她没听进去多少。后来我说，先把手头的工作做好，先避免常识性错误的发生，然后循序渐进。

半年以后，她来找我，第一次提出辞职。问起辞职的原因，她跟我直言，大学几年，功课优秀，没想到毕业后找到了工作，却每天处理的都是些琐碎的事情，没有成就感。我又问她："你觉得，在你现在所有的工作中，最没有意义的最浪费你的时间精力的工作，是什么？"她马上答我："帮您贴发票，然后报销，然后到财务去走流程，然后把现金拿回来给您。"

我笑着问她："你帮我贴发票报销有半年了吧？通过这件事儿，你总结出了一些什么信息？"她呆住了，答复我："贴发票就是贴发票，只要财务上不出错，不就行了呗，能有什么信息？"我说，我来跟你讲讲，当年我的做法：1998年的时候，我从财务调到了总经理办公室，担任总经理助理的工作。其中有一项工作，就是跟你现在做的一样，帮总经理报销他所有的票据。其实票据是一种数据记录，看起来没有意义的一堆数据，其实它们涉及了公司各方面的经营和运作。于是我建立了一个表格，将所有总经理在我这里报销的数据按照时间、数额、消费场所、联系人、电话等记录下来。

通过这样的一份数据统计，我渐渐地发现了一些上级在商务活动中的规律。当我的上级发现，他布置工作给我的时候，我会处理得很妥帖。基于这种良性积累，他越来越多地交代一些更加重要的工作。时间久了，一种信任和默契就此产生。

我跟她直言："我觉得你最大的问题，是你没有用心。所以，半年了，你觉得自己没有进步。"她不出声，但是收回了辞职报告。

又坚持了3个月，她还是辞职了，这次我没有留她，让她走了。后来她经常在 MSN 上跟我聊天。告诉我她新工作的情况。1 年内，她换了 3 份工作，每一次都坚持不了多久。每一次她都说新的工作不是她想要的工作。

所谓的“职业生涯”，其实你很难预测到你将来真正要从事什么工作，将来所要从事的工作，是否跟你在大学里学的专业有关。从 22 岁大学毕业到 26 岁之间这 4 年，重要的不是你做了什么，而是你在工作中养成了什么样的工作习惯。认真踏实的工作作风，发现新事物的内在规律，比别人更短时间内掌握这些规律并且处理好它们。当你具备了被人信任的基础，并且在日常的工作中逐渐表现出你的踏实、聪明和细致的时候，越来越多的工作机会就会来到你面前。

（资料来源于网络，作者有改动）

(3)正确对待批评

刚开始工作时犯的错误不会葬送你的前途，要勇于道歉或承担相应的责任，并虚心听取批评，想办法弥补。只要立足本职工作，踏踏实实地从点滴学起、做起，在实践中不断提高自己的综合能力，能否胜任本职工作只是时间的长短而已。千万不要采取消极的态度，一碰到问题总想着掩盖错误，不是强调客观，就是推罪于人，这种表现比错误本身更糟糕。

(4)管理好自己的情绪

你的情绪既能成为你的盟友，也能成为你的敌人。要用它来创造并实现有意义的目标，而不是造成自我伤害或对他人的伤害。

你必须认真地对待不想做而又必须做的事情。不想做的事情未必没有价值，其价值可能是潜在的或滞后的。能否做好那些客观上必须做而自己又不愿意做的事情是检验一个人是否成熟的标志，也是一个人能否取得成功的重要因素。如果能化被动为主动，工作与成长的意义就会真正体现出来；如果能把不愿意做的事情做得像模像样，将会比做好你擅长的事情有更多的收获。

(5)建立和谐的人际关系

与“象牙塔”里单纯的人际关系不同，踏入职场，人际关系也相应复杂起来。刚走上工作岗位的新人，把姿态放低一点，恰当的礼貌体现你的个人修养。无论对领导还是对同事，都要彬彬有礼。待人接物要不卑不亢，真挚诚恳，不要卷入人际关系的旋涡。

在单位里，努力工作，适当表现自己，永远不要在背后批评别人；在论功行赏时应展现一个新人的宽广胸怀，赢得职场人缘。千万不要居功自傲，擅作主张，指手画脚。

(6)确定梦想，咬定青山不放松

当你全力开发自己的各种潜能时，就会在工作中享受到更大的乐趣，也会展现自己更有实力的一面。由此为你带来的内在满足感，会让你创造一个独特的、有意义的职业人生。

每一个人都需要尽早确定梦想，付诸行动，不要执着于探究自己是不是人才。做你自己，确定目标并为自己的目标执着努力，你将会是最出色的。目标的确定是一个“实践→认识→再实践”的过程，不能太低也不能过高。如果将目标比作摘苹果，那么你制定的目标是那些需要奋力跳起来才能够得着的“苹果”。因为如果苹果挂在树上太高，无论如何跳也够不到，或是苹果挂在树上太低，触手可及，都没有什么意义。只有切合实际地树立远大理想，才最有可能发挥自我潜力，实现理想。

案例 13-2：

实习生小张的经历是这样的：刚走出学校踏入社会的小张天真地以为：无论什么事对她来说应该都不会太难，就像考导游证一样，她稍微努力一下就能通过。

凭着在校期间考出导游证的这点自信，她进了杨浦区的一家旅行社，但事情并非她想象的那么简单。一次带团后，面临根本不知道具体工作中这步做完之后下一步该说什么该做什么的窘境，她异常难过。而且由于知识欠缺和讲解不到位，最终引来客人的投诉。这一挫折使她信心大减，甚至一度产生了强烈的自卑感。她不断地向父母抱怨，向好朋友倾诉，不断地自责。

但她没有放弃，在父母、老师和朋友的鼓励帮助下，她渐渐懂得了这些成长过程中的挫折，能帮助她不断改进，成熟得更快。她的妈妈总是对她说：“不经历风雨，怎么见彩虹。”老师给她鼓励：“你的目标总是很明确。这点困难是影响不到你的。”好朋友真诚地说：“我相信你行的！”正是因为有父母、老师和朋友的鼓励，她变得更加努力，她认为知识丰富了，讲解才能到位，所以她无论在哪里都会捧着一本导游讲解书，花大气力了解熟悉各个景点的介绍。

在接下来的两次带团过程中，她尝试着将所学的东西化为生动的讲解，加之热情周到的服务态度和虚心好学的精神，她逐渐得到了游客们的认可，她又找回了自信。慢慢地，她可以较轻松地带好团了。虽然也会有这样那样的问题出现，但此时的她已能坦然面对并且想法解决。她战胜了自己！

从初入职场的“自卑”到之后的“自信”，小张是调适自我成功的例子。但下面的小李同学就完全不同了。

案例 13-3：

小李实习之初是在一家宾馆客房部工作。她有过做客房的见习经历，单位就把她分配在客房部了，她本以为会驾轻就熟，工作很简单。

但不同的单位要求完全不一样，一切重新开始。她做下来叫苦连天。她不断给班主任老师打电话："老师，这里太严格了。我天天跪着擦马桶。我每次跪下都觉得我的人格受到一次侮辱。"与此同时，她的妈妈也给班主任打来电话，"老师啊，我们孩子在家里什么都不做的，我也不叫她做，学校里怎么给她介绍了擦马桶的工作呢？我们孩子怎么能吃这个苦呢？我要给她重新找份工作。"

2个月之后，小李的妈妈就给她找了份旅行社工作。刚开始小李也只是做些杂事、跑腿、跟团等。后来有机会带了一次老人团，带团中要千叮咛万嘱咐游客，要不厌其烦地点人数，要应对不同的客人，她觉得好累。仅此一次，她就认为她不具备做导游的责任心，她不适合这份工作，她又打起了退堂鼓。

等到她把实习变动的申请单交到班主任手中时，班主任发现这次的工作单位名称已经变成某家生物科技公司，岗位是文员。据小李说"这次我觉得我已经找到真正适合我的工作了，我要认真工作"。

几个月的时间里，小李换了3份工作，这份新工作会维持多久班主任不知道，小李自己也不知道。

这是个典型的实习生应对"职场困难"的例子。小李不能吃苦，她对于职场的工作强度没有很好的心理准备，所以一次又一次以调整工作单位和岗位来解决"职场困难"。但这样能解决困难吗？

（资料来源于网络，作者有改动）

三、职业发展需保持良好心态

什么样的心态将决定你有什么样的生活。唯有心态问题解决了，你才会感觉到生活与工作的快乐；唯有心态问题解决了，你才会感觉到所做的一切都是理所当然的。

毕业生刚刚工作最容易犯的一个错误就是心态不好，认为任何事都应该绝对公平，认为以自己的才能应该可以获得更好的位置或更高的薪水，而这种心态是最要不得的。看到身边的同事与自己拿一样的薪水或更高的薪水，却做着比自己少得多的活时，千万不要心理不平衡，要知道，能够给你更多的任务，让你承担更多的责任，这正是领导对你的器重，应学会珍惜、懂得感恩！眼光要看长远一些，要想到自己可以从繁重的工作中学到更多的东西，可以比别人更快成长成熟、积累更多经验，这是最重要的。职场新人可以通过以下几种方式调整好自己的心态。

1. 用行动说话

行动是最有说服力的,我们需要用行动去证明自己的存在,证明自己的价值。如果一切计划、一切目标、一切愿景都是在纸上,不去付诸行动,那计划就不能执行,目标就不能实现,愿景就是肥皂泡。

2. 多给予他人

没有给予,就不可能获得。要获得,首先学会给予。给予你的同事以关怀;给予你的经销商以服务;给予你的消费者以满意的产品。

3. 与老板换位思考

同老板一样思考、一样行动。具备了老板的心态,你就会去考虑企业的成长,你会感觉到企业的事情就是自己的事情,该做的和不该做的了然于胸。反之,你就会得过且过,不负责任,认为自己永远是打工者,企业的命运与自己无关。那么,自然不会得到老板的认同,不会得到重用。

4. 包容差异

常言道,海纳百川,有容乃大。你的同事也许与你有不同的做事风格,你需要去接纳差异,你需要包容差异。如果你是为客户提供服务的,为了满足客户的需求,你就应该用包容的心态去处理一切问题,包容他人的不同喜好,包容别人对你的挑剔。

温馨提示

让别人接受你——在乎和重视别人,认真倾听,真诚赞美,注重自己的举止仪表;

让别人认同你——学会换位思考,考虑对方的利益或需求;

让别人信任你——做有品有德之人,真诚相待,诚实守信;言必行,行必果。

阅读与知识拓展

大学生初入职场"四忌"

很多大学生在进入职场前,已经从学长那里听到一些有关职场的事,对职场即将发生的事情惴惴不安,总希望了解得更多,最喜欢问的问题是:上班有什么原则?工作后人是不是变得很复杂?我没有工作经验应该怎么办?其实没有那么多问题,当你成为一名职场老兵后,你会觉得也就这样。

不过,刚刚进入职场的学生还是有一些忌讳的,只要把这些事情处理好,相信你的职业发展将非常顺利。

忌讳一：缺乏礼貌

有一次，包经理要求苏迪打个电话给副总经理，希望副总经理能够协助处理一项工作。苏迪仔细询问过包经理后，上了楼去找了一趟副总经理，然后回到办公室向包经理说："张副总刚才说，他那里没有问题，如果有特别需要的话会来协助，包经理你这里直接处理就够了。"

又一次，一位刚刚毕业的女学生，包经理同样让她打个电话请副总经理处理一项工作。这位女大学生就打了电话："是张副总吗？包经理叫我告诉你，你把某某某事情赶紧处理一下，包经理很急的。"包经理在那里摇了几下头，办公室里的人听完这个刚毕业的女学生说的话都笑了。

这是一件同样的事情，一位是有着3年工作经验的苏迪，另一位是刚刚毕业的女大学生。苏迪很好地处理了副总经理与包经理的职务关系，虽然自己的直接上司是包经理，但苏迪通过直接过去询问副总经理，给了副总经理足够的尊重，同时也很好地摆正了自己的下属位置。最重要的一点，苏迪通过这种礼貌的询问方式，很好地协调了副总经理与包经理之间的关系，并不是简单进行例行工作处理。

女大学生在打电话时就有了不礼貌的言辞，包经理在职务方面并没有权力去要求张副总去执行什么工作，这种命令式的语气虽然是转告，却显示出对副总经理的不礼貌。

大学生在学校里自由散漫惯了，习惯性地认为这些都是理所当然的，忘记了礼貌问题。礼貌是多方面的，包括语言、行为礼貌以及职务礼仪。对于礼貌方面的考虑，大学生们相当欠缺，然而，这些却是职场里影响升迁的重要因素。没有人希望培养提拔一个不懂礼貌的职员。

忌讳二：没有纪律

张蕾在上班期间经常迟到。迟到后，她马上找到班长求情，说："我今天肯定把我的工作做完，不影响班里的工作。"几次迟到后，班长无奈找到我，询问："经理，这样的事情，你说怎么处理啊，我是头疼了，张蕾一直这样。我的生产任务紧，又不敢轻易批评她，不然他们不高兴，工作任务就完不成了。"我询问："是一直这样嘛？还是从这批学生来才开始出现的？"班长说："这批学生进来后才开始的。"我回答："如果是这批学生才开始的，那么这是学生的纪律问题，你说是不是呢？如果你现在不处理，等这批学生都这样的话，你如何向我交代？总经理询问起来后，我只能找你的麻烦。"

我找过张蕾直接询问："你为什么总是迟到？其他人都能够做到的你为什么做不到？"张蕾回答说："对不起，经理，我只不过两三次而已。再说我迟到后，并没有耽误班里的生产。但我下次一定注意。"我说："如果每个人都说两三次而已，这个公司几百号人，会有多少次？这样还是个公司吗？你有没有为公司考虑过？你没有，你只考虑你自己的事情，你觉得你把工作做完了就可以了。你这个考虑方式是典型的个人主义。公司是一个团队，要的是团队精神，而不是个人主义。如果下次你还是这样没有纪律的话，那你得考虑去人事部签署解聘书了。”班长后来在压力下，组织了几次大学生进厂培训课，并对原来几次迟到的学生追加罚款，并通报批评。慢慢地，情况得以好转，生产秩序稳定下来。

大学生有一个通病，认为实习期间或者试用期间，只要把自己的工作做好就可以了，跟其他人无关。但企业并非如此看待，从整体组织出发，纪律性是企业正常生产的基本保证，如果纪律问题不首先处理好，如果学生依然纪律散漫，不注意融入团队，团队的集体协作能力就始终无法得以体现。对企业来说，张蕾这样的学生是没有任何保留培养价值的。

忌讳三：特立独行

小蔡、小曹是我的同事，当时我在这家很大的贸易公司担任开发总工程师，经常性地要到下面的企业去考察，了解下属企业的人员配置、设备配置、加工能力、工艺状况、交通状况、生产能力等情况，以便考虑如何去组织产品生产。

小蔡经常要求跟我一起出去，希望听听我跟企业老板聊的话题，然后从我跟老板的话题里面，慢慢地收集到他所需要的信息。小曹从来没有这个要求，一直都是自己直接去下属单位，自己跟下属单位的负责人交流。

从学习经验方面来说，跟在一个高手后面，一边做一边看一边想，是最好的学习方式，希望通过自己的摸索，通过自己去做，去学习提高，实在是太难了。在这一点上，小蔡显得很聪明，他通过我和下属公司老板所聊的话题，然后慢慢地分析并将之转化成自己的思想，并形成自己的工作经验，这样做是相当有效果的。时间仅仅过了1年，年龄同样大的小蔡跟小曹之间的差距已经拉大了，小蔡在考虑问题时，能够更加全面地去衡量一个问题，而小曹却一直不停地在那里做着，并没有看出有什么提高来。

我询问过小蔡：“你也可以自己去看去谈的，并不需要每次都跟我一起出去。为什么要一起出去？”小蔡回答：“我自己是可以去看去谈，但在思路方面我始终处于我自己的层次，现在我没有办法达到你这样的高度，与其我自己一个人出去，不如先在你后面多听听，我再多想想怎么做最好。”

我们这些职业场里的人，都希望得到提高，达到自己期望的职业高度。但我们不能只是简单地做，不去想怎样做是最好的。像小蔡这样自己在做的同时，更多的是去听职业长者们的对话，并加以分析，形成自己的东西，只有这样的学习提高方式，才是我们最需要的。另外，与职业长者们在一起，更容易寻找出素养差距，更容易发现自己的弱点，然后设法去弥补、去提高，而不是只知道围着磨盘转圈的骡子。

忌讳四：大嘴巴

孙平有一天跟我聊天，得意扬扬地说：“你知道吗！人事部的张经理是老板的小老婆。”我立刻警惕地问：“你怎么知道的？”孙平说：“这个你不要告诉别人啊，是某某某告诉我的。只是我们关系好，我才告诉你，你跟张经理打交道也方便点，这叫知己知彼啊！”我笑了起来，“你怎么知道我不会告诉别人呢？某某某不是也信得过你吗？你不是告诉我了吗？你除了告诉我外还告诉哪些人了呢？不止我一个人吧！这个话迟早会传到老板跟张经理的耳朵里，你说是不是？另外，你敢肯定这件事情吗？如果是有人故意这样放风的呢？这个都是不确定因素，我不愿意去相信，也不想去了解。关于这件事情，你到此为止，以后留点心思，别听到风就是雨，到最后你被开除了，还在怪公司乱开除人。”

孙平并没有吸取教训。在又一次的传话里，孙平说某人偷窃了公司的财物，在查无实据的情况下，公司开除了孙平。

我们的大学生们，习惯性地想到什么就说什么，很少仔细、认真地去想一想所说的话是否确实合理。尤其是对于一些小道消息，他们最是热衷，却不知道，小道消息很有可能是某些人故意放风出来的，如果你像孙平这样跟着继续放风，实际上等于被人利用充当了一次工具，不但害人而且害己。此外，大嘴巴的人在企业界是不可能受到重用的，这是因为没有人会相信，一个大嘴巴的人会严守企业秘密。

课后思考

一、大学生与职业人有哪些区别？

二、初入职场应如何做才能出彩？

实践活动

课前教师布置学生根据自己的求职意向，分小组自行设计各种职场情景，进行职场新人角色模拟。

目标要求

了解企业文化，学会尽快融入企业文化，努力工作、继续学习、艰苦奋斗，取得事业成功。

第12课　争取做成功的职业人

生存和发展是我们走入社会后必须面对的两大问题，实现就业的角色转变后，生存问题暂时解决了，而发展问题随之便摆在了眼前。立业、成才、成功是每个高校毕业生梦寐以求的人生目标。然而，通向成功之路并不平坦，必须脚踏实地，尽快融入企业文化，努力工作、继续学习、爱岗敬业，争做成功的职业人。

一、了解文化　融入团队

员工在企业的发展很大程度上取决于对企业文化的适应。过渡时间越短，与企业融合得越快，个人发展得就越快。如果你认同该企业文化，就要使自己的价值观与企业倡导的价值观相吻合，以便自觉地把自己融入这个团队中，以企业文化来约束自己的行为，为企业尽职尽责。

小刘作为人才被一家企业引进后，摩拳擦掌，想大干一场，加入公司不到1周的时间就作出一份20多页的企划案，放到老板桌前。令小刘迷惑不解的是，老板接到企划案后非但没有表扬他，反而大皱眉头。后来小刘通过同事了解到，原来公司一贯奉行稳健经营的作风，小刘的企划案虽然具有开拓性，但是存在着巨大的经营风险，和公司的企业文化不符。

1. 企业文化的内涵

企业文化是企业在生产经营实践中逐步形成的，为全体员工所认同并遵守的、带有本组织特点的使命、愿景、宗旨、精神、价值观和经营理念，以及这些理念在生产经营实践、管理制度、员工行为方式与企业对外形象中体现的总和。

企业文化是经济意义和文化意义的结合，即指在企业界形成的价值观念、行为准则在人群中和社会上发生了文化的影响。它不是指知识修养，而是指人们对知识的态度；不是利润，而是对利润的心理；不是人际关系，而是人际关系所体现的处世为人的哲学。企业文化是一种渗透在企业的一切活动之中的东西，它是企业管理者价值观的外在体现，是企业长期积累沉淀下来的观念。

企业文化是企业的灵魂，是推动企业发展的不竭动力。它包含着非常丰富的内容，其核心是企业的精神和价值观。这里的价值观不是泛指企业管理中的各种文化现象，而是指企业或企业中的员工在从事商品生产与经营中所持有的价值观念。

企业文化是在企业中寻求生存的竞争“原则”，是新员工要为企业所录用必须掌握的“内在规则”。

2. 企业文化的三个层次

(1)企业物质文化

是由企业员工创造的产品和各种物质设施等构成的器物文化，它是一种以物质为形态的表层企业文化，是企业行为文化和企业精神文化的显现和外化结晶。包含企业标志、生产或服务、工作环境或厂容、技术装备、后援服务、人才资源和福利待遇等。

(2)企业制度文化

是由企业的法律形态、组织形态和管理形态构成的外显文化。合理的制度必然会促进正确的企业经营观念和员工价值观念的形成，并使职工形成良好的行为习惯。

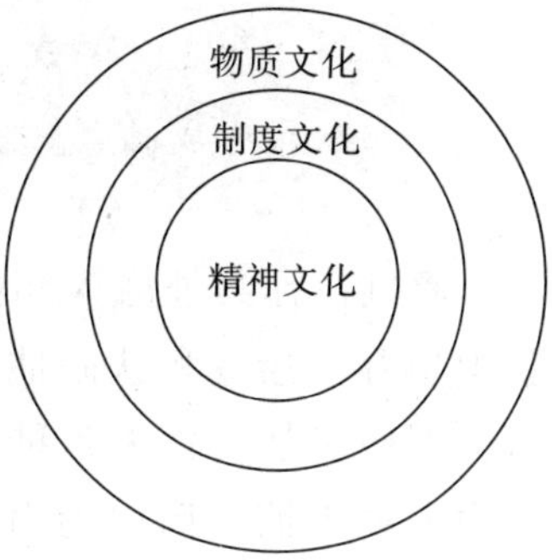

(3)企业精神文化

是企业在生产经营中形成的一种企业意识和文化观念，它是一种意识形态上的深层企业文化，这是精髓部分，也是变化最小的部分。企业精神是现代意识与企业个性结合的一种群体意识。“现代意识”是现代社会意识、市场意识、质量意识、信念意识、效益意识、文明意识、道德意识等汇集而成的一种综合意识。“企业个性”，包括企业的价值观念、发展目标、服务方针和经营特色等基本性质。

3. 企业文化的功能

企业文化的核心是企业成员的思想观念，它决定着企业成员的思维方式和行为方式。

企业文化对于企业的成长，看起来不是最直接的因素，但却是最持久的决定性因素。

企业文化是企业管理的一种高境界，好的企业文化只有在企业发展到较高的层次阶段时才会有所体现。

中国著名企业家张瑞敏说："海尔过去的成功是观念和思维方式的成功。企业发展的灵魂是企业文化。"世界上的顶级企业如美国通用电气公司、日本松下电器公司等，其长盛不衰的原因主要有三个，即优质的产品、精明的销售和深厚的文化底蕴，而优质的产品、精明的销售往往产生于深厚的文化底蕴。

4. 国内知名企业文化简介

以企业文化为先导来经营企业，是华为公司创始人任正非的基本理念。任正非认为，资源是会枯竭的，唯有文化才能生生不息。他认为，人类所占有的物质资源是有限的，总有一天石油、煤炭、森林、铁矿会开采光，而唯有知识会越来越多。如果企业只卖产品，而产品又受有生命周期的这一客观规律制约，因而不能逃脱夭折的厄运，它们注定是短命的。但如果企业是既卖产品又卖文化，因为文化的生生不息导致产品的不断柳暗花明，所以它们注定是长命的。而且，文化鲜明的民族特征能给一个企业带来持续推动力，企业文化必须是能体现一个民族伟大追求的文化。

格力的企业文化是：一个没有创新的企业是没有灵魂的企业；一个没有核心技术的企业是没有脊梁的企业；一个没有精品的企业是没有未来的企业。格力的企业价值观是少说空话、多干实事，质量第一、顾客满意，忠诚友善、勤奋进取、诚信经营、多方共赢，爱岗敬业、开拓创新，遵纪守法、廉洁奉公。其企业使命是弘扬工业精神，追求完美质量，提供专业服务，创造舒适环境。

温馨提示

在没有了解公司的企业文化之前，急于表现自己的所知所能，容易弄巧成拙，谦虚行事才是最明智的做法。

通过合作共处融入团队，这是适应企业文化的有效途径。想要被一个团队所接纳，就得想办法接受和认同他们的价值观念，在这个团队找准自己的位置和明确自己的职责。积极参加公司的各种活动是尽快融入团队、获得信任的有效方法。在正式场合中，因为大家都忙于自己的事务，没有过多的交流时间，这就需要大家创造接触机会，哪怕是共进一次午餐，也可以加深你和同事之间的相互了解。像这样的非正式场合往往更方便也更有利于深入地了解企业。需要注意的是，融入团队并不是拉帮结派、搞小圈子。

二、爱岗敬业 立志成才

在企业只求站稳脚跟是远远不够的，求发展是人的本能。“水往低处流，人往高处走”，就是这个道理。要想使自己不仅能生存下去，并使职业生涯得到发展，那就得用行动证明，你不仅合群，而且出类拔萃，把根扎牢，才会枝繁叶茂。

1. 脚踏实地，艰苦创业

毕业生到一个新的单位，不能“这山望着那山高”，处于“不稳定状态”。因为用人单位不会重用提拔随时有可能“跳槽”的人。这样的人也不会抓住机遇发展和提高自己。因此，毕业生走上岗位后，必须从基层做起，从小事做起，从本职工作做起，许多公司赏识的是始终能将自己所做的每件小事认认真真做好的人。只有将自己所从事的小事做好，才有可能为自己谋取到做“大事”的机会，才会有更大的发展。

近年来，立足岗位，艰苦创业，为国家作出突出贡献的青年不胜枚举。青岛港桥吊队队长许振超、上海液压泵厂工段长李斌，他们虽然没有上过大学，但他们通过坚持不懈的自学，以苦为乐，艰苦奋斗，立志岗位成才，如今成为“令世界惊叹的中国专家型工人的旗帜”。

职业生涯格言：
生命有如铁砧，愈被敲打，愈能发出火花。

2. 爱岗敬业，赢得信任

敬业是福。每个人走上社会后，都想成就一番事业。要想在事业上有所成就，最重要的靠什么呢？虚心学习，努力工作，不断创新，这些都是不可或缺的，但许多职业生涯成功人士的体验告诉我们，最重要的是要有一种敬业精神。敬业是我们做人、做事应具备的基本素质，也是我们学习、工作、创新乃至成功的原动力。涉世之初，你的实践经验、工作能力、业务水平，往往一时难以适应所从事的职业，但只要你能敬业，经过不懈努力，一定会胜任所担负的工作。

爱岗敬业就是尊重自己的工作。工作本身没有贵贱之分，但是对工作的热情却有高低之别。将工作当成自己的事，其具体表现为尽职尽责、认真负责、一丝不苟、善始善终等职业道德，是一种最基本的做人之道，也是成就事业的重要条件。轻视自己工作的人，自然倍感艰辛、烦闷，就无法投入全部身心，工作就不会做好。所有正当合法的工作都是值得尊敬的，毕业生要在现实工作中找到自己的位置，实现自己的价值，精心去完成每一项工作任务。

爱岗敬业就是忠诚于自己的工作。从某种意义上讲，忠诚表现为积极主动，责任心强，把个人利益统一到企业利益、集体利益上来，以主人翁的姿态，将身心全部融入工作中，处处为工作着想，事事从企业利益出发，更加勤奋、更加努力地干好自己的工作。一个将企业视为己有，并尽职尽责完成工作的人，终将会拥有自己的事业。反之，轻视自己的职业，有着过多的抱怨和消极心态的人，将会厌倦现有工作，工作积极性也就无从谈起，终其一生也不会有真正的成就。只有忠于自己的工作，与同事们同舟共济，共赴艰难，人生才会变得更加充实饱满。

爱岗敬业就是完善自己的工作。本职工作是一个人每天必须完成的基本工作和任务，是为了活着而必须端好的一个饭碗。如果连本职工作都做不好，又何来把这个饭碗端下去的理由？如果做不好、做不了，这饭碗随时有可能被人拿走。

机会是一个不可捉摸的精灵，无形无影，无声无息，她有时潜伏在你的工作中，有时徘徊在无人注意的角落，没有耕耘，就没有收获。你如果没有苦干的精神，努力去寻求、去创造，也许永远遇不到她。

课堂讨论

你读过《把信送给加西亚》这本书吗？这个故事传达了一个什么理念？你认为就业立业除了应具备专业知识和技能，还应具备哪些软实力？

三、广阔天地　大有作为

当前，随着经济体制改革和经济结构的战略调整，一方面高校毕业生就业面临着一些困难和问题，另一方面广大基层特别是西部地区、艰苦边远地区和艰苦行业以及广大农村还存在人才匮乏的现象。

好儿女志在四方。面向基层，建功立业，是当代青年人应有的志向和抱负。党和国家引导、鼓励高校毕业生到基层工作，既着眼于充分发挥高校毕业生在现代化建设中的重要作用，更着眼于当代大学生的健康成长。大学毕业生思想敏锐、朝气蓬勃，有知识、有文化，正值创业的大好时期。广大基层为毕业生提供了服务人民、报效祖国、施展才华的广阔舞台。

近年来，中央关于建设社会主义新农村的战略部署，如一股春风吹遍了神州大地，激发起亿万农民加快改变农村面貌的豪情。要把战略部署转化为现实，离不开一大批有现代知识、现代思想、现代眼光的青年人才。现在，一方面新农村建设骨干人才匮乏，农村青壮年劳动力不断向城镇和非农产业大量转移，农村党员和村级干部队伍总体上年龄偏大、文化程度较低，一些地方村组织后继乏人；另一方面不少高校毕业生在城市就业困难。中共中央组织部等部门决定从 2008 年开始，用 5 年时间选聘 10 万名高校毕业生到农村任职。2014 年 5 月 30 日，中共中央组织部召开全国大学生村官工作座谈会，进一步明确大学生村官工作的定位。希望以此缓解大学生的就业压力，提升大学生村官的素质，提高农村治理水平。选拔高校毕业生到农村任职，是加快推进社会主义新农村建设的务实举措，开辟了一条在基层培养人才的新道路，找到了化解大学生就业难问题的新平台，对促进我国经济社会全面发展、促进社会和谐意义深远。

"到基层去，到祖国最需要的地方去"，这是无数高校毕业生奉献社会、报效祖国的心声。接触基层、熟悉基层、融入基层，这个过程不仅反映了青年人认识上的重大进步，更是责任心和使命感的升华。

国家鼓励高校毕业生到基层、到中西部地区就业的相关政策。

1. 公务员招录优惠

每年拿出公务员考录计划的一定比例，专门用于定向招录服务期满且考核称职（合格）的服务基层项目人员。服务基层项目人员也可报考其他职位。

2. 事业单位招聘优惠

鼓励在项目结束后留在当地就业，参加各基层就业项目相对应的自然减员空岗，全部聘用服务期满的高校毕业生。从 2009 年起，到乡镇事业单位服务的高校毕业生服务满 1 年后，在现岗位空缺情况下，经考核合格，即可与所在单位签订不少于 3 年的聘用合同。同时，各省（区、市）县及县以上相关的事业单位公开招聘工作人员，应拿出不低于 40%的比例，聘用各专门项目服务期满考核合格的高校毕业生。

3. 考学升学优惠

服务期满后 3 年内报考硕士研究生初试总分加 10 分；同等条件下优先录取；高职（高专）学生可免试入读成人本科。

4. 国家补偿学费和代偿助学贷款政策

参加各基层就业项目的毕业生，符合规定条件的，可享受相应的学费补偿和助学贷款代偿政策。

5. 自主创业优惠

服务期满自主创业的,可享受税收优惠、行政事业性收费减免、小额贷款担保和贴息等有关政策。

6. 其他

各基层就业项目服务年限计算工龄。服务期满到企业就业的,按照规定转接社会保险关系。

实践证明,只有把个人追求同国家与社会的需要紧密结合起来,才能更好地实现人生价值。广大高校毕业生要树立正确的世界观、人生观和价值观,树立行行建功、处处立业的择业观,勇于到基层去,到西部去,到祖国最需要的地方去,磨炼意志,增长才干,把自己的青春和智慧奉献给全面建成小康社会的伟大事业。

其他各种类型就业形式如表 14-1 所示。

表 14-1 毕业生就业类型具体情况表

类型	具体类别	主要内容
签约就业	协议就业	毕业生先与用人单位正式签订就业协议书,协议期满后签订正式劳动合同书,这种就业形式较为正规,能够解决毕业生户籍、档案、保险、公积金等一系列相关问题。
	合同就业	毕业生与用人单位不签订就业协议而是直接签订劳动合同,或用人单位出具接收函,到用人单位工作。(有的正规的劳动合同也可以办理报到证,学生应向用人单位详细询问档案接收地址、户口转迁情况,并写在劳动合同书的复印件上,寄到学校就业指导中心)。
	被国家机关、事业单位录用	如报考公务员被录用。
	按招生协议就业	定向、委培学生就业时要根据招生协议回定向、委培单位就业。其户口、档案关系毕业时转入定向、委培单位。按规定该类毕业生不能再自主择业,但若经原定向、委培单位和有关主管部门同意,解除原协议后,可以自主择业。
	项目就业	主要指毕业生参加国家项目、地方项目就业。目前主要有西部计划、选调生工作等。
灵活就业	意向就业	毕业生与用人单位达成就业意向,落实工作岗位,但暂时还没有正式签订就业协议书、劳动合同或没有出具接收函,包括:到用人单位就业见习、试用期、进入家族企业等。
	自由就业	指独立工作,不隶属于任何组织,不向任何雇主作长期承诺而从事某种职业。如作家、自由撰稿人、艺术工作者等。
	自主创业	利用自己的知识、才能和技术,以自筹资金、技术入股、寻求合作等方式创立新的就业岗位。

四、终身学习 持续发展

学习型社会是人类社会发展到知识经济时代和信息时代的必然产物，是现代社会发展和人的发展的必然要求。2021年10月，联合国教科文组织终身学习研究所和哥伦比亚麦德林市联合举办了第五次国际学习型城市大会。

古人尚知道“活到老，学到老”的道理，在科技进步对职业演变的影响越来越大的今天，终身学习更是人的立身之本。大学学习只是终身学习的一个阶段，大学生只有不断补充、更新自己的知识和技能，才能在竞争激烈的社会中立足，才能使自己有一个成功的职业生涯。现代社会是终身学习的学习型社会，大学生要树立学无止境的观念，只有肯学习、会学习的人，才能在职业生涯中取得成功。

1.终身学习与职业人生

(1)职业人生的特征

职业人生的本质是指人们必须依靠自己的脑、手去劳动去谋求生存和发展。一般人都生存于3种生命周期中，即生物社会、婚姻家庭、工作职业，而且以工作职业生命周期最为重要。职业人生的特征：一是生存必须付出劳动；二是生活跋涉于职业旅程之中；三是人生拾级于职业阶梯之上；四是始终感受着职业和失业群体的压力；五是职业劳动者的家庭和社会负担较重；六是职业劳动者的成就与奋斗总体成正比；七是日益公平的社会竞争下职业成功与个人拼搏的轨迹呈正态分布；八是体面生存、优势生存迫使人们终身持续学习。

(2)终身学习与职业人生

终身学习是更新知识、践行职业人生的必由之路。终身学习特别强调学习的非一次性、不间断性、变化性和适应性。摩尔定律表明，计算机软件等知识更新的周期只有18个月。相关研究表明，一个大学毕业生的“创造年龄”不超过4年，工程技术的有效期只有3年。美国学者卡兹的卡兹曲线反映出科研组织的最佳年龄区为1.5～5年。这些研究表明，不断更新知识、接受再教育是职业人生不可分割的组成部分，任何人都将无法回避。美国人一生中平均大约变更工作7次，不学无术、止步不前、仅凭“一技之长”就想拥有体面人生是不可想象的。终身学习是人们体面生存和继续职业生涯的必然选择。

2.终身教育与可持续发展

(1)终身学习成为全民的自觉意识

为了促进社会发展及人格的完善，人的一生要把教育同生活紧密联系起来。今天，人类社会已进入信息时代，贯穿全程的教育与学习已经真正成了人生必需。参加继续教育的人分为4种类型：补偿型、发展型、转变型和休闲型。补偿型的学习者，往往是以前由于各种原因没有机会上学，现在可以通过继续教育来补偿；发展型的学习者或是工作的领域扩大，或是由于地位提升，感到能力不足，或是为了争取更多的发展机会需要继续学习；转变型的学习者，如原来学电气的现在来学管理、原来学机械的现在来学电子等，使自己能够适应新兴产业或新工作岗位的要求；休闲型学习者的队伍目前增加也比较快，因为学习能刺激人的大脑，可使人延年益寿。

职业生涯格言：
在一个没有终身职业的年代，让自己拥有奋斗终生的事业。

学习应成为全社会公民对自己和社会的一种自觉责任，人们学习既是为了适应社会工作和使物质生活富裕，也是为了丰富、充实精神生活，为了实现人生的真正价值和人类自身的可持续发展。

有这样一名工人，他不仅精通金属切削加工的全套技能，而且掌握数控机床的所有要素；他成功开发了5种类型共17台进口数控机床的加工功能，完成新产品开发55项，实现各种技术攻关项目162项，为企业创造了巨大的经济效益。他44岁时获全国劳动模范、全国五一劳动奖章、全国十大杰出工人等一个产业工人所能拥有的全部荣誉，拥有工程师和高级技师双职称，却仍坚守在一线生产岗位上——他就是全国劳模、上海液压泵厂数控工段长李斌。

20多年不断地坚持学习，李斌实现了实践技能和专业理论的融会贯通，实现了由操作型工人到知识型工人，进而到专家型工人的飞跃。

(2)终身教育体系已形成并逐步完善

我国终身教育和终身学习体系已形成并逐步完善。具体表现在：①终身教育和终身学习体系的建立已上升为国家意志，有明确的法律规定。②教育已处于社会的核心地位，成为全社会的事业和职责。③建有一套整合的、开放的且比较完善的现代教育体系。从教育的发展层次来看，社会需求高学历化及高等教育大众化特征明显；从教育发展的类型来看，能够满足社会所有成人的学习需求，伴随人们大半生的成人教育及以提高生活质量和满足人们精神需求为目的的闲暇教育和老年教育高度发达；从教育的形式来看，各种方便、灵活、多样的非正规和非正式教育成为教育的重要形式。④现代化信息技术被广泛地运用于教育和学习领域，已形成社会化、开放式的教育网络。

3. 继续学习与学历提高

大学生应树立终身学习的观念，在校期间要重视培养自己的终身学习能力。学会学习，掌握学习策略，具有独立获取知识的能力，为终身学习和不断发展，以及适应产业结构调整和职业、岗位技能变化的需要奠定基础。

(1)继续学习的方式

自学：自学是终身学习的主要方式。自学必须有明确的目标，对“学什么”要认真选择。自学内容应该围绕职业生涯规划中的阶段目标予以选择，不论是“钻一行、精一行”，还是准备转换职业，都需要针对实际需要来选择学习内容，做到针对性强、学以致用。

自学需要有比较强的自我控制能力。在工作、学习的过程中，要珍惜时间、提高效率、勤奋刻苦、谦虚好问、持之以恒。自学既可以看书，也可以借助于网络等现代方式，还可以在职业实践中训练。在自学过程中，要注意向同事、向亲友、向一切可以为师的人虚心求教。

自学能力是依靠自己已有的知识、技能和经验，去获取新的知识和技能的一种能力。高校毕业生的学生时代就要结束，职业生涯即将开始，高校学生要充分利用在校学习的黄金时间，在日常学习中自觉提高自学能力，为终身学习做好准备。

求学：求学也应该围绕自己的职业生涯规划安排。求学有两种方式，一种是参加工作后，选择短期培训班学习某种知识或技能，注重实用性、针对性。另一种是升学，取得高一级学历，以提高职业生涯的起点。

(2)继续深造提高学历

高校毕业生继续深造提高学历，目前有两种情况：一是毕业后就业，在工作的同时利用业余时间学习，提高学历；二是毕业后不想马上就业，而是选择继续升入高一级的学校学习以取得更高一级学历。

4.提高学历的主要途径

(1)“专升本”

全日制“专升本”即专科层次的毕业生升入本科继续学习。一般在每年3～4月报名，4～5月考试。考试科日有由省考试院组织的统考科目和由招生院校组织的专业加试科目2大类。统考科目又分文理两类，文科类考大学语文、大学英语；理科类考大学英语、高等数学。院校专业加试科目根据报考专业而定，一般为2门专业基础课。获得省级技能大赛一等奖或者国家级技能大赛三等奖及以上，可以享受省内部分高校专升本免考政策，到报考院校参加面试，面试合格后直接录取。

(2)成人高考(专科起点)

通过参加每年一度的成人高考升入成人高等院校学习。目前成人高等教育也有全日制和业余两种形式。2024年安徽省成人高考报名时间9月上旬，考试时间10月中下旬，每年具体时间和流程以安徽省教育招生考试院发布的信息为准。

(3)自学考试

这是我国高等教育的重要组成部分，是个人自学、社会助学和国家考试相结合的、有中国特色的高等教育形式。参加自学考试的考生不受性别、年龄、民族、种族和已受教育程度的限制，不用经过入学考试，即可根据自己的情况选择相关的专业，参加该专业课程的学习。经过国家组织的统一考试，取得合格成绩。在通过教学计划规定的全部理论和实践课程的考试后，即可取得大学专科或本科的毕业证书。本科毕业生还可以申请学士学位。自学考试的学历得到国家承认，自学考试毕业生享有与普通高校同类毕业生相同的待遇。

(4)直接考研

高职(专科)毕业生在工作2年以后可以报考研究生。国家研究生招生政策规定：国家承认学历的专科毕业生报考硕士研究生，须毕业2年或2年以上，并达到大学本科毕业生同等学力。本科毕业生则可以直接考研。

人人都希望自己有本领，任何从业者都需要本领。大学生要养成良好的学习习惯，像海绵吸水那样不断汲取知识，不断提高自己的本领。要善于根据个人的客观条件，选择合适的学习方式，为职业理想的实现创造条件。

阅读与知识拓展

成功职场人士的十大魄力涵养

职场成功人士，一般指职场中如下几类人：经过自身奋斗攀至高层、工作业绩一级棒、为公司带来巨大利润不断赢得加薪升迁等等类型的人，他们的成功与他们自身所具备的魄力不无关系。

魄力1：敢于决断

职场成功人士往往都善于克服犹豫不定的习性，敢于决断。事实证明，很多人之所以一事无成，最大的毛病就是缺乏决断的魄力，总是左顾右盼、思前想后，从而错失获得成功的最佳时机。成大事者在事情可能成功时，敢于作出重大决断，因此取得先机。

魄力2：挑战自身弱点

人人都有自身的弱点，不能成大事者总是固守自己的弱点，一生都不会发生重大转变；而能成大事者总是善于从自己的弱点上开刀，彻底改变自己的缺陷，把自己变成一个能力超强的人。一个连自己的弱点都不能纠正的人，只能是失败者！

魄力3：勇于突破困境

人生总是会面临各种各样的挑战，有时遭遇困境就如闯一趟“鬼门关”。一般人会在困境面前浑身发抖，而成大事者则能把困境变为成功的有力跳板，他们善于从失败中寻找成功之路，坚韧不拔，百折不挠，勇往直前。

魄力4：及时准确地抓住机遇

职场成功人士往往都善于选择、善于创造。机遇对他们来说就是人生最大的财富。有些人轻易浪费机遇，让一个个有巨大潜力的机遇都悄然溜跑，而成大事者都是绝对不允许机遇溜走的，并且能纵身扑向机遇。

魄力5：把自己的强项发挥到极致

一个能力极弱的人肯定难以打开人生局面，他必定是人生舞台上重量级选手的牺牲品；成大事者在自己要做的事情上，充分施展才智，一步一步地拓宽成功之路。

魄力6：绝不让情绪伤害自己

心态消极的人，无论如何都挑不起生活和重担，因为他们无法直面一个个人生挫折；成大事者会高效调整心态，即使在毫无希望时，也能看到一线成功的亮光，这就是自信。

魄力7：立即行动

大凡职场成功人士都深谙只说不做、徒劳无益的道理。一次行动胜过百遍心想。有些人是“语言的巨人，行动的矮子”，所以看不到更为实际现实的事情在他身上发生；成大事者是每天都靠行动来落实自己的人生计划的。

魄力8：善于交往

一个人不懂得交往，不会有很好的人际关系。成大事者的特点之一是：善于借力、借势去营造成功的局面，从而能把一件件难以办成的事办成，实现自己人生的规划。

魄力9：让自己站到更高的起点上

人生是一个过程，成功也是一个过程。你如果满足于小成功，就会妨碍大成功。成大事者懂得从小到大的艰辛过程，所以在实现了一个个小成功之后，能继续拆开下一个人生的“密封袋”。

魄力10：时刻保持战斗力

一个篱笆三个桩，一个成功的人必须具有三个帮，团队要抱成一团，能上下同心、同苦、同谋、同战的团队，才能实现预定的目标。

职场成功人士的成功，往往源于其个人魄力的推动，由此引发其个人决断力、思考力、领导力、统筹力等等的提升，使其遇到各种境遇都能总揽大局，成就大事。

（资料来源于义乌人才网，作者有改动）

课后思考

一、如何适应企业文化、立足岗位以求发展？

二、面向基层更能建功立业吗？

三、为什么说终身学习是人们体面生存和职业生涯可持续发展的必然选择？

实践活动

在网上搜集邓建军、李斌、窦铁成和许振超的事迹，浏览校园就业信息网中优秀毕业生的成才典型，探讨他们是如何从基层一线员工成长为专家型、技能型人才的。

第五编　培育创业意识　提高创业素质

创新创业教育是培养大学生创业意识，点燃创业激情，树立创业理想，拓展自我创业能力的过程。

创业不仅使创业者自己实现就业，还可以通过发展多元化创业主体和多种创业形式，创造更多的就业岗位，带动更多的人就业。当前，创业已经成为全社会一股不可阻挡的潮流。可以预言：一个全新的创业时代、新一轮的创业高潮即将到来。

目标要求

了解创新的概念及类型，明确创新与创业之间的关系。掌握“互联网+”背景下创新创业的基本知识。

第13课 创新与创业概述

一、创新的概念及类型

1. 创新的概念

(1)创新的概念

“创新”是美国经济学家约瑟夫·熊彼特1912年首先提出的。他认为，经济发展不是基于人口、财富的积累性增加而带来的规模扩大，而是经济社会不断实现的生产要素和生产条件的“新组合”，这些新组合就是“创新”。随着科学技术的突飞猛进和人类创新意识及创新能力的提高，创新的范围已大大超出了熊彼特解释的范畴，不再仅仅指经济现象，而是已经渗透到了政治、军事、科技、文化和社会生活等各个领域的新的现象。表7-1是关于创新的几个定义。

表7-1 创新的定义

定义来源	定义
《现代汉语词典》	①抛开旧的，创造新的。②指创造性；新意。
《新加坡国家创新计划》	创新是将工作中的创意用新方法透过新产品、新流程、新服务、新事业来创造价值的过程。
(美)约瑟夫·熊彼特	创新是将已发明的事物发展为社会可以接受并具商业价值之活动。
(英)贝蒂塔·范·斯塔姆	真正的创新包括以下三个核心要素，即技术上的创新力，加上产品规划上的创新力以及市场营销方面的创新力。
《奥斯陆手册》	实现新的或重大改进的产品(商品或服务)、工艺、新的营销方式，或在经营策略、工作场所组织或外部关系中的新的组织方式等。分为产品创新、工艺创新、营销创新和组织创新。

续表

定义来源	定义
易杰雄	指人们在实践中通过研究发现了关于自然、社会和人本身及他们之间的相互作用的新过程、新本质和新的规律以及运用这种新的认识发明了新的技术，首创了新的实践方法，创新出了新的事物与过程，是就其过程更是就其最终成果而言的。

综上所述，本书将创新的定义归纳为：创新是创新主体在实践中发现新过程、新本质和新规律，用新方法通过新产品、新流程、新服务、新事业来创造价值的过程。

(2)创新的本质

①创新是一种能力

国内学者对创新能力的理解基本上可以分为三种观点：第一种观点认为创新能力是个体运用一切已知信息，包括已有的知识和经验等，产生某种独特、新颖、有社会或个人价值等产品的能力。它包括创新意识、创新思维和创新技能等三部分，核心是创新思维。第二种观点认为创新能力表现为两个相互关联的部分，一部分是对已有知识的获取、改造和运用；另一部分是对新思想、新技术、新产品的研究与发明。第三种观点从创新能力应具备的知识结构着手，认为创新能力应具备的知识结构包括基础知识、专业知识、工具性知识或方法论知识以及综合性知识四类。

案例 7-1：

2017 年 9 月 29 日，历经 9 年的艰苦建设，连接我国西南和西北的铁路大通道——甘肃兰州到重庆的铁路全线通车。兰渝铁路是我国地质条件复杂的山区长大干线铁路之一，也是一条施工难度极大、风险极高的铁路。其中在胡麻岭隧道二号洞的施工过程中就遇到了沙砾比米粉还要细，含水量高达 28%的“第三系富水粉细砂岩”这一罕见的世界性难题，不到 14 公里的隧道一挖就是 8 年，最艰难的时候，每天只能掘进半米。德国专家在撤离时甚至得出结论“不可能在这种地层中打隧道”。面对这样的“鬼门关”，我国的铁路建设者们创新方法，不懈努力，利用注浆机按一定比例分别在隧道前方注入水泥和硅酸钠水溶液，通过两者在 10 秒内迅速凝固，实现隧道的加固。这一技术的诞生，是典型的岗位创新的成果。

②创新是一种人格特征

“创新人格”是指有利于创新活动顺利开展的个性品质，它具有高度的自觉性和独立性，是一个人的品质与德行问题。创新作为一种人格特征，具体表现为：开放性、好奇心、挑战性和自信心，不满足已有结论，不相信唯一正确解释，不迷信权威，不屈服于任何外在压力而放弃自己的主张。创新人格是创新主体进行创新活动的心智基础和创新主体进行创新活动的能力基础。

③创新是一种精神

创新精神是指要具有能够综合运用已有的知识、信息、技能和方法，提出新方法、新观点的思维能力和进行发明创造、改革、革新的意志、信心、勇气和智慧。创新精神是一种勇于抛弃旧思想、旧事物而创立新思想、新事物的精神。例如：不满足已有认识（掌握的事实、建立的理论、总结的方法），不断追求新知；不满足现有的生活、生产方式、方法、工具、材料、物品，根据实际需要或新的情况，不断进行改革和革新；不墨守成规（规则方法、理论、说法、习惯），敢于打破原有框框，探索新的规律、新的方法；不迷信书本、权威，敢于根据事实和自己的思考，对书本和权威提出质疑；不盲目效仿别人（想法、说法、做法）。创新是一个国家和民族发展的不竭动力，也是一个现代人应该具备的素质。

温馨提示

在五大发展理念中，创新发展理念是方向、是钥匙，要瞄准世界科技前沿，全面提升自主创新能力，力争在基础科技领域作出大的创新、在关键核心技术领域取得大的突破。

2. 创新的类型

（1）产品创新、工艺创新、营销创新及组织创新

“产品创新”是指性能和特征上全新的或有显著改进的产品（商品和服务），包括全新的产品和性能显著改进的产品两类。如1985年开发出的第一台现代意义上的、可移动使用的电话就是全新产品，它从根本上改变了人类的通信方式。而2004年在移动手机上开发的新业务——无线搜索，则是性能得到显著改进的产品，它使消费者可以在地球上任何地方、任何时间查找任何资讯，充分展示了信息时代的通信便捷。

“工艺创新”是指采用全新的或有显著改进的生产方式和传输方式等，包括技术、装备和软件上的显著改进。如日本丰田公司开创的JIT（Just-In-Time）实时生产系统，在需要的时候，即可按需要的量，生产需要的产品。该系统提供了满足市场需求由大众化向个性化转型的有效生产方式，从根本上改变了企业普遍存在的生产过剩引起的设备、人员、库存等一系列浪费现象。这一生产方式被视为当今制造业中最具生命力的新型生产方式。

“营销创新”是指采用新的营销方式，在营销理念、产品设计或包装、分销渠道、促销方式等方面有显著改进。如随着经济发展，社会消费需求从短缺经济时代的“求同”向追求“个性化”转变，营销的目标不再是令所有人满意，而是让目标客户（小众）群体得

到极大的满足，企业对客户不再是“一视同仁”，而是应该差别化满足。

案例 7-2：

一位心理学家做了一个实验：他让被试者听两首曲子，并在听之前告诉大家，第一首曲子是名家演奏，第二首曲子是无名小卒演奏。他还让被试者仔细听，听完后要鉴别一下好坏。听完后心理学家让大家举手来表决哪个好听，结果发现，有 90% 的人觉得第一首好听，只有 10% 的人认为第二首好听，即使在这 10% 里，还有很多人自信心不足。其实第二首才是名家演奏的，第一首是刚入行半年的新手演奏的。这个案例给我们的启示是：大学生试水创业时，一定要敢于挑战世俗，在学习和借鉴传统营销模式的同时，尽可能推行营销创新。

“组织创新”是指企业的运营策略、工作场所或外部联系的组织方式产生变革。如信息时代新的组织形式——虚拟团队，在虚拟的工作环境下，分散在不同地方的人们可以密切配合、共同工作，犹如一个密切合作的团队。美国 Inno Centive 公司就是一家利用互联网技术搭建起的借用全球智慧解决企业难题的平台，把全球的科学家和有难题的企业家联结起来。这些科学家和企业家都是流动的成员。

(2)技术创新与非技术创新

技术创新也被称为“技术革新”，是将发明转化为应用的实践活动，或者说，是将发明中的新思想和新原理创造性地运用于生产经营活动中。对技术创新活动的描述可分为两个方面，一是创新的性质，二是创新的内容。按照创新性质的不同，技术创新可分为渐进性创新和根本性创新，克拉克把技术创新分为渐进性创新、根本性创新、结构性创新和模块化创新；按照创新内容的不同，技术创新可分为产品创新和工艺创新，这种创新的分类方式在制造业技术创新研究中起到了非常重要的作用。

与技术创新相比，非技术创新比较缺乏范式化，包括的内容也比较宽泛。因此可以说，在生产经营活动中，技术创新之外的创新活动都可以视为非技术创新。有关非技术创新的内容，研究者们论及的有商业模式创新、价值创新、管理创新、组织创新、文化创新、体制创新、制度创新、服务创新、流程创新、供应链创新、渠道创新等诸多方面。一些研究者曾对以上创新进行整合，将非技术创新归纳为商业模式创新、管理创新、组织创新、文化创新、体制创新等几个方面。

我国自改革开放至今，虽然综合国力大增，已称得上是“经济大国”，但还称不上是“经济强国”，其中重要的原因是我国企业的技术创新能力还不够强，这说明我国还不是技术强国；另外，我国企业的非技术创新也有待强化。因此，21 世纪我国经济要保持持续发展，就必须强化企业全面创新的能力，也就是说，要加强围绕技术创新的技术与非技术集成创新能力建设。

(3)原始创新与模仿创新

“原始创新”是基于前所未有的重大科学发现、技术发明、原理性技术等的出现，在产业界所发生的技术创新。原始创新意味着在研究开发方面,特别是在基础研究和高技术研究领域取得独有的发现或发明,并取得商业化的成功。原始创新是最为根本的创新,是最能体现智慧的创新,是对人类文明进步作出领先贡献的最为重要的体现形式。原始创新一般有三大特点:一是首创性,前所未有、与众不同;二是突破性,原理、技术、方法等某个或多个方面实现了重大变革;三是带动性,在对科技自身发展产生重大牵引作用的同时,在宏观层面上有可能引发一国经济结构和产业形态的重大变革,导致社会财富的增长、竞技格局的变化。在微观层面上则可能引发企业竞争地位的提升。例如,最早进入知识经济的美国在知识含量高的诸多领域(如生物工程、生物制药、微电子器件、新兴信息技术、新型武器装备等领域)有大量创新,这无疑是其诸多产业具有领先的国际竞争力的重要源泉。比尔·盖茨的微软公司在软件技术领域有诸多原始创新,故其成了软件行业当之无愧的霸主,甚至锁定了全球个人电脑用户。北京汉王科技公司在汉字识别技术领域有很多原始创新,因而成为中国汉字识别领域领先的国家级创新型企业。

一个国家或企业要想有更多的自主创新,至少应具备以下条件:一是要有足够的基础研究的成果积累和产业技术积累,这类积累要超越一定的阈值;二是要有足够高的研发经费投入,研发经费投入应占 GDP 或企业营收的一定比例;三是要建立一套有效的激励自主创新的制度和社交文化氛围;四是要通过法治化来保护自主创新实现者的精神利益和物质利益。现在我国实施了自主创新战略,将自主创新分为原始创新、消化吸收再创新、集成创新,并为此出台了一系列政策和法律法规,以激励自主创新。

“模仿创新”多数情况下是在创新者已有创新成果基础上的“模仿”,甚至是在他人已有成果上所作出的改进。模仿创新也是一种学习过程,是创新能力不断积累和提高的过程,有助于提高创新的起点和水平。例如,日本之所以在 20 世纪用了 40 年时间发展成为经济发达国家,就是因为其在发达国家已有技术的基础上,结合市场需求和本国实际再创造,创造了模仿创新赶超先进国家的范例。模仿创新至少有两种方式。一种是完全模仿,即对市场上现有的技术仿制。一项新技术从诞生到市场饱和需要一定时间段,创新产品投放市场后还存在一定的市场空间,这就使得模仿有机可乘、有利可图,故不少企业的创新是从模仿开始的。一种是模仿后再创新。即在学习他人技术后,通过创新而超过他人。此类情况要求模仿者首先掌握被模仿产品的技术诀窍,再进行产品功能、外观和性能等方面的改进,使产品更具市场竞争力。模仿创新的优势在于可节约大量研发及市场培育费用,规避新产品市场成长初期的不稳定性,降低市场开发的风险。但模仿创新者难免在技术上受制于人,这是因为模仿者是新技术的跟随者,有可能遇到技术领先者的技术壁垒和市场壁垒以及法律制度方面的障碍,而且新技术也并不总是能够轻易模仿的。业界知识产权保护意识在不断增强,专利制度在不断完善,要获得效果显著的新技术也是不容易的。

模仿创新是发展中国家进行技术积累、加快技术进步的重要途径之一，它有三个特点：一是技术的跟随性。模仿创新者不是新技术的开拓探索者和率先使用者，而是有价值的新技术的追随学习和改进者；二是市场上的跟随式开拓性。模仿创新者不必独自去开辟全新的市场，却可以充分利用率先者所开辟的市场。但要使模仿创新的成果有更大市场效果，模仿创新者就需要对他人所开发的市场空间进行进一步的拓展；三是"看中学"的积累性。率先创新者的技术积累主要依赖于自我探索，大部分相关知识和专业技能都是企业在"干中学"的结果。而模仿创新者的技术积累，开始主要是通过"看中学"，即观察、选择、模仿率先创新者，从他们的成功经验和失败教训中学习，在模仿中吸取大量外部知识，进而提高自身的创新技能。

(4)封闭式创新与开放式创新

"封闭式创新"是指企业自己掌控从创意到新产品上市的全过程的一体化创新。在20世纪的绝大多数时间内，企业基于"成功的创新需要控制"的理念，认为创新活动应该严格地控制在企业内部，R&D(内部研发)是公司非常有价值的战略资产，企业通过建立自己的实验室或研发中心，在企业内部进行研发、生产、销售，并进一步提供售后服务和财务金融支持，以此获得产品在市场上的垄断地位，从而得到超额的边际利润。该创新模式被哈佛商学院的亨利·切萨布鲁夫(Henry Chesbrough)称为"封闭式创新"。该模式的特点是研发创意、产品开发设计、产品生产与市场化、售后服务等都内嵌于企业自身系统中完成，这种范式被许多大型企业成功验证。然而，进入21世纪，全球创新形势发生了很大的变化，这使得原来成功运行的封闭式创新模式遭遇新的挑战，逐渐由"封闭式创新转向更开放式创新"。

"开放式创新"是将企业传统封闭式的创新模式开放，引入外部的创新能力。在开放式创新中，企业在期望发展技术和产品时，能够也应该像使用内部研究能力一样借用外部的研究能力，能够也应该使用自身渠道和外部渠道来共同拓展市场的创新方式。开放式创新的运行模式有：产学研合作、企业技术联盟、技术并购、技术购买与技术外包、技术转让、内部技术成果外部开发模式。

案例 7-3：

华为的流程创新：相对于单纯的产品创新，IT 技术推动下的流程创新更容易让企业稳健增长。华为作为中国最具影响力的通信设备制造商，用流程创新增强了自身竞争力，即典例。

1990 年初，华为以销售交换机起家。两年之后，当华为加入电信设备制造商行列时，当时的中国电信设备市场正被摩托罗拉、思科、爱立信、北电等国外老牌通信巨头所占据，这些巨头都有强大的产品研发与供货能力。作为后来者的华为认为，要拉近与老牌通信巨头的距离，就必须在加强研发的基础上，尽快实现生产管理、质量控制和物流体系的现代化。1993 年初，华为在西门子相关技术人员的帮助下，重新设计了包括立体仓库、自动仓库、生产线布局等整体生产流程，希望通过内部统一的物流体系，保障完整的质量控制和生产管理，减少物料移动环节和生产周期，以全面提高华为的产品供货能力。

1997 年初，华为开始 MRPⅡ(物料需求计划)系统的试运行，揭开了大规模流程再造的序幕。MRPⅡ的基本思路，就是以企业的作业流程为核心，把企业的物料需求计划和与生产经营活动直接相关的工作和资源以及财务计划合成整体，实现企业管理的系统化。通过这一系统改造，借助于先进的计算机技术，华为的生产进度、物料供应、现金流动、产品销售等协调一致，同时能根据企业内外部环境变化适时作出调整，从而使企业的生产活动处于动态优化之中。

华为按照 MRPⅡ的原理，采用滚动倒排和物料需求计划的方法进行生产计划管理。同时，随着华为和供应商伙伴关系的逐步确立，VMI(供应商管理库存)模式被广泛采用。通过系统优化，华为的自动物流中心向供货商开放，以支持华为的 VMI 业务。供应商将物料存放在华为的自动物流中心，华为在需要时将物料出库，实现“拉式生产”，由此提高了华为的库存周转率，库存周转率由此前的年周转 2～3 次提高到 5 次左右，而库存总量与资金占用则大大降低。在 MRPⅡ和其他改革措施的共同作用下，交换机的生产周期也由此前的一个月降至半个月。华为某产品事业部使用 MRPⅡ系统后，原来需要一周才能完成的工作缩短为几个小时就能完成。可以说，MRPⅡ系统的实施为华为提高市场竞争力作出了重要贡献。

课堂讨论

创新本质是什么？为什么说创新是一个国家和民族发展的不竭动力？

二、创业的概念及类型

1.创业的概念

(1)创业的概念

创业是一个跨学科、多层面的复杂问题。在不同的社会环境和发展时代，对创业的定义不尽相同。创业概念可以从以下几个方面理解：一是组织、体制、制度，即创业活动的展开必须依赖于一定的组织、体制、制度作为基础，这种组织、体制、制度既可以是新创建的组织、体制、制度，也可以是现有的组织、体制、制度；二是资本，创业活动的开展必须是通过资本投入组织资源才可以实现，如果没有了资本投入，创业仅仅只是一个观念层次上的活动；三是价值，创业活动是一个价值创造过程，这种价值可以有很多的方式表达，如精神价值、实物价值等；四是新事业或家业，创业活动是一个创新过程，是对原有事业或家业的一个突破，而不仅是对原有事业或家业进行扩张的一种持续过程。

本书将创业定义为：所谓"创业"，就是不拘泥于当前的资源约束，寻求机会、进行价值创造的行为过程。这个定义有三个要点：第一，创业者不拘泥于当前约束，主要是指创业者不甘于资源供给的现状，努力突破资源束缚，通过资源整合来实现创业目标。创业者在创业初期大多会经历资源缺乏、从无到有的过程；第二，创业者善于寻求机会，主要是指创业者在创业前要努力识别商业机会，发现了商业机会，就会有进一步整合资源的动力。所以，寻求机会是产生创业活动的重要一环；第三，创业者能够进行价值创造，主要是指创业应该伴随新价值的产生，通常是通过产品或服务的方式服务消费者，创造商业价值和社会价值。

(2)创业的要素

①创业者

创业者是置身于创业过程核心的个人或者团体，是创业的主体，创业者通常独自创业，但是在许多情形下创业团队是十分重要的，不同的团队成员扮演不同的角色并分担相应的责任。创业者承担个人钱财和声誉上的风险从事创业活动，在创业过程之中起着关键的推动和领导作用。创业者的推动和领导作用体现在商业机会的识别，企业组织的创立、融资、产品创新、资源获取和有效配置及运用，以及市场开拓等方面。创业的成功与失败，在很大程度上取决于创业者和团队的素质与经验。创业者和创业团队在创业中的作用比创意、机会资源更加重要，因为创意能否转化为机会，机会能否实现其价值和资源能否得到有效利用，都取决于创业者和创业团队的素质和经验。

②商业机会

商业机会是由当前服务于市场的企业留下的市场缺口，它意味着顾客能得到比当前更好的产品和服务。商业就是创业机会，而利用这种商机，是创业者进行创业的主要驱动力量。利用商业机会并将其转化为价值的过程就是创业的过程。创业者往往从发现和识别商业机会开始创业，努力以现在没有的方式来做重要的事情，并且做得更好，这种改进的做事方式是创业者给市场带来的创新，如果市场认同这种改进，并且创业者可以有效地提供这种创新而且赢利，那么就可以创造价值。

机会具有可利用性、永恒性和适时性三个特点：机会的可利用性是指机会对于创业者具有的价值，创业者可以利用它为他人和自己谋取福利，体现为购买者和最终使用者获得增加价值的产品和服务以及赚取利润；机会的永恒性是指机会永远存在，看你能否发现和识别。变化的环境、经济转型、市场机制不完善、信息不对称、市场空白等，都孕育着无限的商机；机会的适时性是指一个机会转瞬即逝，如果不及时抓住，就可能永远错过，因此及时地发现、识别并抓住有价值的创业机会，是成功创业的第一步。

案例 7-4：

仔细阅读下面这个案例，认真体会自己创业时如何像猎人一样去善于创造机会：白雁经常聚集到湖边，许多白雁常在那里挑选合适的地方栖息，雁群头领还安排了一只白雁守夜放哨，看见有人来了就鸣叫报警。湖区的猎人熟悉了白雁的生活习性，一到晚上，他们就有意点亮火把。放哨的雁看见了火光，就嘎嘎地叫了起来，猎人又把火弄灭了，等到雁群受惊飞起来时，什么动静也没有了，雁群又放心地落回原处休息。这样反复三四次后，群雁以为是放哨的雁有意欺骗她们，就都去啄它。这时，猎人举着火把向雁群靠近，放哨的雁怕群雁啄它，不敢再叫，酣睡中的雁群被猎人一网捕捉，没有一只逃脱。

③组织

组织是协调创业活动的系统，是创业的载体，创业活动是在组织之中进行的，离开了组织，创业活动就无法协调，创业的资源就无法整合，创业者的领导作用就无从谈起。创业者组织的显著特征是创业者强有力的领导和缺乏正式的结构和制度，在许多方面他们还不成熟，但这并不构成成长的障碍，他们接受新事物快，并能迅速地对变化作出反应，在此过程之中发展壮大和走向成熟。人们现在从更广义的观点来看待创业型组织，即它是以创业者为核心形成的关系网络，不仅包括正式创新企业内的人，还包括正式创新企业外的人或者组织，如顾客、供应商和投资者，这种扩展的组织概念更有利于决定如何创建组织、确定和保持竞争地位。

④资源

资源是组织之中的各种投入，包括人、财、物。资源不仅包括有形资产，也包括无形资产，如品牌、专利、企业声誉等。所有这些资源都属于投资，创业者的关键职能之一就是吸引这些投资，将其转化为市场需要的产品和服务，实现商业机会的价值。创业者需要组织企业内外的资源，包括资源的确定、筹集和配置。创业者创立的资源是一个投入产出的系统，即投入资源与产出产品与服务，创业的过程就是不断地投入资源以连续提供产品与服务的过程。在创业初期，创业者拥有的资源有限，因而寻求的是控制资源而不是拥有资源，他们可能愿意租借资源，例如，发现和适当利用外部资源，包括律师、注册会计师、银行家、管理咨询专家、外部董事以及其他专家，而不是自己拥有这些资源。利用外部资源可以节省成本，加快企业成长速度和提高企业的成功率，这是创业者最容易忽视的挑战之一。一些创业者试图拥有所有资源，这不仅提高了创业的难度和成本，而且降低成功的概率，因为当一切就绪时，可能错过了最好的创业时机。

创业过程是创业者、机会、组织和资源相互作用、互相匹配以创造价值的动态过程。创造价值是创业的目的。创业者创业的个人动机尽管不一致，但是成功的创业者主要是为了创造价值，将商业机会转化为社会需要的产品和服务。就大学生创业而言，创业关键要素是创业机会、创业团队和创业资源。其创业过程可分为产生创业动机、识别创业机会、整合有效资源、创建新企业、实现机会价值和收获创业回报等，产生创业动机和识别创业机会属于创业初期准备阶段，组建团队和寻求融资等环节属于资源整合阶段，实现机会价值和收获创业回报属于新企业生存和成长阶段。规避创业风险是大学生创业首先要面对的问题，创业风险主要来自以下五个方面：项目选择不当而形成的风险；缺乏创业技能而带来的风险；融资渠道过于单一而引发的风险；社会资源缺乏而造成的风险；不懂经营和管理而招致的风险。

（3）创业的功能

①促进资源合理分配

创业有利于社会资源的合理分配。创业企业要能够生存并获得持续发展，就必须具备比已存在企业更强的竞争力。从行业内的发展来看，创业企业的成功将会影响行业现有的经营格局，加剧行业经营的竞争，形成优胜劣汰的局面，维持市场的活力。竞争的加剧有利于资源向经营良好、效益更高的企业流动，从而促进市场的发展，促进社会资源的合理配置，产生更高的社会效益。

②推动组织发展

组织是创业者为把商业机会转换成商业价值而整合、配置资源的一种形式。不同的经济发展阶段和商业环境需要有相应的组织形式来支撑创业活动的开展，创业者为了适应外界不断变化的商业环境，就必须不断地调整组织的功能与形式，从而推动组织的发展。

③帮助实现人生价值

创业为人们创造了发展的机会和增加个人财富的可能性，对许多梦想着开创自己事业的人而言，创业不但是一种充分实现自我的机会，更是发挥个人潜能的舞台。知识经济时代，智力已经成为关键性生产要素，拥有专业知识将更有能力通过创业实现自我价值。因此，大学生借助于知识和创意去创建企业有可能将梦想变为现实。

④推动社会发展进步

创业往往伴随着新技术、新工艺、新方法进入市场，催生大量科技成果转化型的企业，这对创新驱动发展战略的实施、全社会创新能力和综合国力的提升有着巨大的促进作用。创业为经济不断注入活力，有利于促进生产力发展和社会进步。

温馨提示

创业是一种管理方式，即对机会的追踪和捕获的过程，这一过程与其当时控制的资源无关。创业可由以下七个方面的企业经营活动来理解：发现机会、战略导向、致力于机会、资源配置过程、资源控制的概念、管理的概念和回报政策。

创业是一种思考、推理和行为方式，它为机会所驱动，需要在方法上全盘考虑并拥有和谐的领导能力。创业导致价值的产生、增加、实现和更新，不只是为所有者，也为所有参与者和利益相关者。

2. 创业的类型

(1)生存型创业、机会型创业和兴趣型创业

根据创业的动力情况，可将创业分为生存型创业、机会型创业和兴趣型创业。所谓“生存型创业”，即在生存难以为继的情况下，创业者发起并实施的创业。如20世纪80年代，一些乡镇“能人”迫于改变基本生存状况而实施的创业，90年代一些国有企业的下岗职工基于生存目的而实施的创业。机会性创业，即某些人遇到了某种适合创业的商机所实施的创业。诸如1992年邓小平南方谈话之后，中国开始建立市场经济体制，新的商机不断

涌现，一些科研人员离开大学和科研院所而实施的技术型创业。兴趣型创业，即创业者

为了实现某种人生价值所实施的创业。兴趣型创业者往往以创办企业为兴趣，故其一生会多次创办企业。

(2)独立创业、加盟创业和公司内部创业

根据创业的组织形式，可将创业分为独立创业、加盟创业和公司内部创业。所谓“独立创业”，实际上是个人或团队去创办新的企业。加盟创业，即加盟某个连锁企业，成为既有的某个企业的加盟店、加盟工厂等。这通常需要连锁企业总部的授权，且加盟者需要按照连锁企业总部规定的模式实施生产和经营。公司内部创业，则是指企业组织内部的个体或群体通过与组织联合来创建新的业务机构、推动组织业务更新和创新的过程。公司内部创业被认为企业通过内部创新、合资或收购等形式驱动业务增长和战略更新的主要动力，同时也是促进产品、流程、管理创新和业务多元化，以及企业员工把个人的创新构想转化为集体行动的主要动力。因此，公司内部创业对于企业的生存和发展具有极其重要的意义。

案例 7-5：

荣德生、荣宗敬兄弟在上海创办面粉业，王禹卿主抓面粉销售功不可没，他找主抓采购小麦的浦文汀商议联手另外在上海办一家机磨面粉厂，但厂房、地基、机器约需 10 万元。他俩找东家拟借 5 万元，荣德生、荣宗敬兄弟认为此人只可用其才，不可屈其志。最终荣氏兄弟提议采取加盟创业方式联手于 1912 年在上海创办福新面粉厂，形成三姓六兄弟的格局，并成为上海著名的民族资本家。

3. 商机诱发型创业和创意推动型创业

根据创业的发端情况，创业可分为商机诱发型创业、创意推动型创业。其中，商机诱发型创业是指创业者基于某个商业机会而起步创业的情形。创意推动型创业是指创业者已经有了某种创意，继而基于特定创意，然后将创意付诸实施的创业情形。创意通常是指有创造性的想法、构思、发明等。例如，关于产品功能、实物造型、工艺方法、制造流程、实用发明、商业模式等的构想。其特征是新颖、独特，但实施了才有商业价值等。

在实践中，上述三组创业类型是有交叉的，比如商机诱发型创业、创意推动型创业都可能是通过独立创业、加盟创业、公司内部创业等组织形式之一来实施。就学术研究而言，根据创业的组织形式，把创业分为独立创业、加盟创业和公司内部创业，有助于认识创业的组织形式及特点，辨明特定创业活动适用于哪一种组织形式。而根据创业的发端情况分类，有助于认识商机诱发型创业和创意推动型创业的流程及共性的流程要素，从而更为有效地推动创业进程。

三、“互联网+”背景下的创新创业

“互联网+”是“创新2.0”下的互联网发展的新业态，是知识社会创新2.0推动下的互联网形态演进及其催生的经济社会发展新形态。“互联网+”是互联网思维的进一步实践成果，推动经济形态不断发生演变，从而增强社会经济实体的生命力，为改革、创新、发展提供广阔的网络平台。

1.“互联网+”概念

(1)“互联网+”概念

一般来说，“互联网+”就是“互联网+各个传统行业”，但这并不是简单的两者相加，而是利用信息通信技术以及互联网平台，让互联网与传统行业进行深度融合，创造新的发展生态。它代表一种新的经济形态，即充分发挥互联网在社会资源配置中的优化和集成作用，将互联网的创新成果深度融合于经济、社会各领域之中，提升实体经济的创新力和生产力，形成更广泛的以互联网为基础设施和实现工具的经济发展新形态。更简单一点说，“互联网+”就是将互联网技术、互联网模式和互联网思维应用到其他领域，使得该领域与互联网结合起来，形成聚合效应。

(2)“互联网+”概念的提出

国内“互联网+”概念的提出，最早可以追溯到2012年11月于扬在易观第五届移动互联网博览会上的发言。易观国际董事长兼首席执行官于扬首次提出“互联网+”理念。他认为在未来，“互联网+”公式应该是我们所在的行业的产品和服务，在与我们未来看到的多屏全网跨平台用户场景结合之后产生的这样一种化学公式。我们可以按照这样一个思路找到若干这样的想法。而怎么找到你所在行业的“互联网＋”，则是企业需要思考的问题。

2014年11月，首届世界互联网大会指出，互联网是“大众创业、万众创新”的新工具。其中“大众创业、万众创新”正是2015年《政府工作报告》中的重要主题，被称作中国经济提质增效升级的“新引擎”，可见其重要作用。2015年3月，全国两会上，全国人大代表马化腾提交了《关于以“互联网＋”为驱动，推进我国经济社会创新发展的建议》的议案，表达了对经济社会创新的建议和看法。他呼吁，我们需要持续以“互联网＋”为驱动，鼓励产业创新、促进跨界融合、惠及社会民生，推动我国经济和社会的创新发展。马化腾表示，“互联网＋”是指利用互联网的平台、信息通信技术把互联网和包括传统行业在内的各行各业结合起来，从而在新领域创造一种新生态。

2015年《政府工作报告》首次提出“互联网＋”行动计划，制定“互联网＋”行动计划，推动移动互联网、云计算、大数据、物联网等与现代制造业结合，促进电子商务、工业互联网和互联网金融健康发展，引导互联网企业拓展国际市场。2015年7月4日，国务院印发《关于积极推进“互联网＋”行动的指导意见》，这是推动互联网由消费领域向生产领域拓展，加速提升产业发展水平，增强各行业创新能力，构筑经济社会发展新优势和新动能的重要举措。

2023年11月8日至10日，2023年世界互联网大会乌镇峰会举办，峰会主题是“建设包容、普惠、有韧性的数字世界——携手构建网络空间命运共同体”。

2.“互联网＋”背景下的创新创业

“互联网＋”体现出的是以互联网作为最基本的生产母体要素，与其他行业生产要素嫁接所延伸出的各种可能性，这一嫁接所能够发挥的功能、产生的效应不仅仅是二者之间简单的相加而产生的“加法效应”，而是产生了“乘数效应”甚至是幂级的“指数效应”。“互联网＋”意味着互联网与传统行业深度融合，这不仅有利于产业升级，还能促进大众创业，使民众生活变得便捷。

(1)互联网经济的特点

客观分析、把握互联网经济的特征，对于我国的工业化与信息化良性互动、调整经济发展战略、顺应世界经济全球化的潮流，有着重大的意义。互联网经济作为一种新的经济形态，与传统经济相比，有着受信息网络种种特点的影响而形成的诸多特点，如表7-2所述。

表 7-2 互联网经济的特点

特　点	表现形式
虚拟性	虚拟经济不是由证券、期货、期权等虚拟资本的交易活动所形成的虚拟经济，而是指在信息网络所构筑的虚拟空间当中进行的经济活动。经济虚拟性源于网络的虚拟性。
全球性	信息网络把整个世界变成了“地球村”，地理距离变得无关紧要。基于互联网的经济活动把空间因素的制约降低到了最小限度，使全球化的经济进程大大加快，世界各国的经济相互依存性空前加强了。
创新性	互联网经济源于高技术和互联网，但又超越高技术和互联网。由于网络技术的发展日新月异，互联网经济就更需要加强研究开发与教育培训，否则新经济的“新”也就难以为继了。
快捷性	现代信息网络可用于光速来传输信息。互联网经济以接近于实时的速度收集、处理和应用大量信息。经济节奏大大加快，一步落后就会导致步步落后。产品老化在加快，创新的周期在缩短，时间的竞争成为是否有竞争力的体现。
基于免费的商业模式	传统经济强调“客户(顾客)是上帝”。这是一种二维经济关系，即商家为付费的人提供服务。然而在互联网经济中，不管是付费还是不付费，那些只要使用了产品或服务的人就是上帝。因此互联网经济崇尚的信条是“用户是上帝”。在互联网上，很多东西都是免费提供的，如聊天软件、搜索引擎、电子邮箱、杀毒软件等，不仅不要钱，而且质量特别好，企业甚至倒贴钱欢迎人们来用。正是因为互联网经济是基于免费的商业模式，用户才显得如此重要。
用户体验至上	互联网时代是一个消灭信息不对称的时代，是一个信息透明的时代。有了互联网，游戏规则变了。因为消费者鼠标一点就可以比价，而且相互之间可以方便地在网上讨论，因此消费者掌握的信息越来越多，于是变得越来越精明，变得越来越具有话语权。
竞争与合作并存	信息网络使企业间的竞争与合作范围扩大，也使竞争与合作之间的转化速度加快。世界进入了大竞争时代，在竞争中合作，合作则是为了更好地竞争。在竞争的合作或合作的竞争中，企业活力增强了，企业应变能力提高了，不遵循这个规则就会被迅速淘汰出局。企业可持续的竞争优势不再主要依靠天赋的自然资源或可利用的资金，而是更多地依仗于信息与知识。
政府干预极端重要	垄断和竞争的关系问题，在互联网经济中比传统经济中要严重得多，因此如果没有政府的干预，任凭市场竞争的结果就只会造成各种产品的垄断，这种状况不仅会损害消费者的利益，降低社会福利，而且垄断势力还会向其他相关领域延伸。

(2)互联网思维

最早提出互联网思维的是百度公司创始人李彦宏。在百度的一个大型活动上，李彦宏在与传统产业的老板、企业家探讨发展问题时，首次提到“互联网思维”这个词。互联网思维，就是在(移动)互联网＋、大数据、云计算等科技不断发展的背景下，对市场、用户、产品、企业价值链乃至对整个商业生态进行重新审视的思考方式。

①用户思维

用户思维，是指在价值链各个环节中都要“以用户为中心”去考虑问题，即一切以用户的需求为导向，一切以用户的满意为宗旨，不仅仅是将用户当成消费者，更要将用户当成自己的朋友，当成自己的伙伴。对用户不仅要用心，更要用感情。

案例 7-6：

唐玄宗年间，著名诗人李白流寓安徽宣城。有个隐居在泾县山村的士人姓汪名伦，这汪伦亲事农桑，乐于田园生活，闲暇之时饮着自酿的美酒吟几句诗,特别崇拜李白,非常想请诗仙来家中痛饮欢歌。汪伦是如何采用用户思维成功邀请李白做客的呢?一是以用户为中心。当了解李白爱喝酒和他的诗篇一样出名后,他挑着一担自酿的美酒在李白有可能出现的地方叫卖;二是以用户满意为宗旨。当李白来到汪伦面前立刻被那诱人的酒香吸引住了,汪伦递过一碗,李白接过浅咂一口连声叫好,汪伦邀请李白痛饮,顺便邀请李白去家中做客,李白欣然应诺;三是对用户不仅要用心,更要用感情。当李白来到汪伦家中做客时,汪伦取出珍藏二十多年的陈酿美酒招待李白,这酒还是儿子出生时酿造的,本是要藏至儿子娶亲时才取出宴请高朋好友的。如今,汪伦破了先例,将这酒敬了李白,成就了"李白乘舟将欲行,忽闻岸上踏歌声。桃花潭水深千尺,不及汪伦送我情"这首千古名诗。

②平台思维

互联网的平台思维就是开放、共享、共赢的思维。其精髓在于打造一个多主体共赢互利的生态圈。平台模式最有可能成就产业巨头,全球最大的100家企业里,有60家企业的主要收入来自平台商业模式,包括苹果、谷歌等。

③极致思维

极致思维,就是把产品、服务和用户体验做到极致,超越用户预期。用极致思维打造极致的产品。方法论有三条:一是"需求要抓得准";二是"自己要逼得狠";三是"管理要盯得紧"。一切产业皆媒体,在这个社会化媒体时代,好产品自然会形成好口碑传播。

温馨提示

> 什么叫极致思维?比如你要把东西做得便宜,甚至免费,把东西做得特简单,就能打动人心,就能赢得用户超出预期的体验上的呼应,就能赢得用户。
>
> ——周鸿祎

④迭代思维

"敏捷开发"是互联网产品开发的典型方法论,是一种以人为核心、迭代、循序渐进的开发方法,允许有所不足,不断试错,在持续迭代中完善产品。

⑤流量思维

流量意味着体量,体量意味着分量。"目光聚集之处,金钱必将追随",流量即金钱,流量即入口,流量的价值不必多言。互联网产品大多用免费策略极力争取用户、锁定用户。当年的360安全卫士,用免费杀毒入侵杀毒市场,一时间搅得天翻地覆,回头再看看,卡巴斯基、瑞星等杀毒软件,估计没有几台电脑还会安装了。

⑥社会化思维

社会化商业的核心是网，公司面对的客户以网的形式存在，这将改变企业生产、销售、营销等整个形态。

⑦大数据思维

大数据思维，是指对大数据的认识，对企业资产、关键竞争要素的理解。用户在网络上一般会产生信息、行为、关系三个层面的数据，这些数据的沉淀，有助于企业进行预测和决策。一切皆可被数据化，企业必须构建自己的大数据平台，小企业，也要有大数据。在互联网和大数据时代，企业的营销策略应该针对个性化用户做精准营销。

⑧跨界思维

随着互联网和新科技的发展，很多产业的边界变得模糊，互联网企业的触角已无孔不入，如零售、图书、金融、电信、娱乐、交通、媒体等等。这些互联网企业一方面掌握用户数据，另一方面具备用户思维，自然而然地“携用户以令诸侯”。阿里巴巴、腾讯相继申办银行，小米做手机、做电视，都是这样的道理。未来十年，是中国商业领域大规模“打劫”的时代，一旦用户的生活方式发生根本性的变化，来不及变革的企业，必定遭遇失败！

(3)“互联网＋”新业态

“互联网＋”代表一种新的经济形态，即充分发挥互联网在生产要素配置中的优化和集成作用，将互联网的创新成果深度融合于经济社会各领域之中，提升实体经济的创新力和生产力，形成更广泛的以互联网为基础设施和实现工具的经济发展新形态。

“互联网＋”行动计划将重点促进以云计算、物联网、大数据为代表的新一代信息技术与现代制造业、生产性服务业等的融合创新，发展壮大新兴业态，打造新的产业增长点，为大众创业、万众创新提供良好环境，为产业智能化提供支撑，增强新的经济发展动力，促进国民经济提质增效升级。与互联网紧密相关的金融、电子商务、电子支付、在校教育、在线旅游、云计算、大数据、网络安全、物联网、车联网、移动医疗、云平台等在我们的生活中无处不在。

①“互联网＋”农业

发展现代农业已经成为深化农村改革的首要任务，而“互联网＋”已成为国家转变农业发展方式的新路径、新方法，代表着现代农业发展的新方向、新趋势。“互联网＋农业”是一种生产方式、产业模式与经营手段的创新，通过便利化、实时化、物联化、智能化等手段，对农业的生产、经营、管理、服务等环节产生深远影响。实现由传统农业向现代农业的升级转型，“互联网＋农业”将是最有力的抓手，主要包括精确农业、智慧农业、生态农业、高效农业和特色农业等。

②“互联网＋”工业

我国将“智能制造”作为《中国制造 2025》的主攻方向，其实质是通过互联网与工业深度融合，在新一轮产业革命中抢占未来制造业变革的先机。而“互联网＋工业”将进一步引领我国制造业向“智能化”转型升级，赋予国家间产业竞争的新内涵。

"互联网＋"工业除了利用互联网的信息化和传播速度快，还将应用互联网实现制造业上下游合作伙伴的无界限、价值链共享经济下的全民化。"互联网＋"工业是"信息共享＋物理共享"，从而开创全新的共享经济，带动大众创业和万众创新。

在"互联网＋"工业时代，互联网技术发展正在对传统制造业造成颠覆性、革命性冲击。网络技术的广泛应用，可以实时感知、监控生产过程中产生的海量数据，实现生产系统的智能分析和决策，使智能生产、网络协同制造、大规模个性化制造成为生产方式变革的方向。未来的制造业将建立在以互联网和信息技术为基础的互动平台之上，将更多的生产要素更为科学地整合，变得更加自动化、网络化、智能化，而生产制造个性化、定制化将成为常态。

③"互联网＋"服务业

20世纪90年代，国内互联网诞生，它从最初始的信息处理逐渐延伸到生活服务领域，以上海篱笆网上线为标志性事件。2003年，大众点评、赶集网、58同城等一批为生活服务提供信息选择及决策的本地生活服务平台的上线，开启了"互联网＋"生活服务的时代，这种线上线下互动的新经济消费模式被称为"O2O"。

2013年，O2O模式下的生活服务互联网化出现井喷发展态势，从最初的餐饮行业逐步波及零售、旅游、家政、短租等行业。从2013年下半年至2015年，这段时间一度被称为"O2O的风口"，大量资本涌入，新兴"互联网＋生活服务"的创新项目层出不穷，传统服务业的经营模式、商业形态不断遭到挑战。以资源整合、去中介化、打破信息不对称为主要特征的生活服务O2O模式，给传统服务行业造成了巨大压力，互联网尤其是移动互联网的快速发展和普及，使万物互联成为大势所趋，传统服务行业正在发生着空前的历史性巨变，比如："互联网＋"餐饮，能够唾手可得高性价比美食；"互联网＋"家政，做到去中介化生活服务；"互联网＋"出行，成为随时呼叫的"私人司机"；"互联网＋"旅游，能够缩短世界的距离；"互联网＋"零售，借助于大数据实现精准销售；"互联网＋"短租，让陌生人住进家里；"互联网＋"社区，确保人人都能享受VIP服务。

④"互联网＋"民生

"互联网"＋教育。通过信息网络技术将教育注入互联网基因，实施包括从人才培养目的、人才培养过程和人才培养评价等全过程的变革，以及支撑人才培养的机制体制变化，实现以互联网为支撑的生态化的教育，以满足互联网经济时代和社会发展所需要人才，实现教育全局性发展、战略性转型。移动互联网的发展，创造了跨时空的生活、工作和学习方式，使知识获取的方式也发生了根本变化。教与学可以不再受时间、空间、地点、条件的限制，知识获取渠道变得灵活与多样化。慕课则是互联网与教育的深度融合，是经过多年摸索出来的一种知识传播模式。

"互联网＋"医疗。2014年被认为中国互联网医疗（移动医疗）元年，因为这一年，互联网巨头（阿里、腾讯、百度、小米等）、资本市场（中国平安、银联等）、创业者（移动APP春雨医生、挂号网、丁香园等）、医药企业纷纷进入其中并逐渐形成了一条完整的移动医疗产业链。目前，相关的移动医疗APP已经有2000多个，比较有名的如"丁香园""阿里健康""平安好医生""百度医生""春雨医生"等。

"互联网+"交通。它是以联程联运为主导战略,以互联网技术的广泛应用为标志,以智慧交通、智慧物流为引领,以个性化、多样化运输服务模式不断创新和及时应用为特点,对传统交通服务产生颠覆性影响的全新服务组织和管理体系。它基于互联网时代交通产业链的重构和生态圈的再造,使传统产业形态被颠覆,新兴业态层出不穷。"互联网+"交通服务表现为时空的无限性、成本的经济性、市场的精准性、信息的透明性、资讯的快捷性、效果的可衡量性、服务双方的互动性、大规模、个性化。主要体现为互联网技术在客运、货运、车辆运营管理、汽车后市场四个方面的应用。

⑤"互联网+"金融

互联网金融是指传统金融机构与互联网企业利用互联网技术和信息通信技术实现资金融通、支付、投资和信息中介服务的新型金融业务模式。互联网金融不是互联网和金融业的简单结合,而是在实现安全、移动等网络技术水平上,被用户熟悉接受后(尤其是对电子商务的接受),自然而然为适应新的需求而产生的新模式及新业务,是传统金融行业与互联网技术相结合的新兴领域。图 7-1 为传统金融与互联网金融的比较。

传统金融	比较内容	互联网金融
困难/成本很高	信息处理	容易/成本低
信息不对称	风险评估	数据丰富,信息对称
通过银行与券商中介期限和数量的匹配	资金供求	完全可以自己解决
通过银行支付	支付	超级集中支付系统和个体移动支付的统一
间接交易	供求方	直接交易
需要设计复杂风险和对冲风险	产品	简单化
交易成本极高	成本	交易成本较少

图 7-1 传统金融与互联网金融比较

3."互联网+"与大学生创新创业

经济新常态下,互联网技术已经深深融入社会经济发展的方方面面,大学生应充分利用互联网,将大学生在信息技术方面的优势转化为创新创业优势,以"互联网+"思维带动自身成功创业。主要有:一是运用"互联网+"新理念,打造创业新模式,走信息化与企业化相融合的路子,采取"众包"模式,汇聚各类创业资源,并以此为载体,为客户和产品提供个性化服务和体验;二是顺应移动互联时代的到来,利用"创客联盟"和"众创空间"等面向所有人的创业服务平台,创造条件降低创业初期成本和风险,努力把自己的创新创意转变为现实;三是力争搭上互联网经济发展班车,积极开展电子商务创业,参加网上创业模拟实训和"互联网+"各类创业大赛。目前,大学生创业主要还是以传统的创业模式为主,大部分创业企业还没有互联网化,缺少电商化创业方向的项目,企业互联网化应用比例发展程度较低,这也为"互联网+"大学生创业提供了广阔的发展空间。

案例 7-7：

在"互联网＋"背景下同学们去创新创业，首先要踏踏实实地把当前的工作做好，不要好高骛远。在工作中我们经常遇到这样的情况：团队成员都分配做一张试卷的不同部分，有的人分到的是阅读理解，有的人做的是完形填空，有的人做的是语法……然后大家做完了相互补充，这样，所有人都做完了。如果大家都把各自的部分做完了，而你却没有做完，那么做得快的别人会开始做你的那部分题目，然后也是相互补充。慢慢地，大家会发现你的工作量完全可以由别人来代替，整个团队中可以不需要你，这个时候，没有人从你这里得到试卷的答案，也没有人会给你他们的答案——很不幸，你已经没有利用价值了。

大学生将是"互联网＋"背景下"大众创业、万众创新"一支重要的生力军。从世界其他国家发展进程来看，以大学生为主体的全民性创业活动，总能在国家经济转型、大学生就业形势严峻时刻，扮演着转型发展的中坚力量。在美国，20 世纪 70 年代经济出现结构转型后，大企业普遍萎缩给政府带来了巨大的就业压力，而千百万家小型企业（相当一部分由大学生创办）的创业活动，创造了美国经济发展中的 81.5％的新就业机会，80 年代以后，美国 95％以上的工作岗位是由新兴的中小企业创造的。在英国，20 世纪 70 年代末石油危机出现以后，中小企业的创业活动不但彻底缓解了政府就业压力，还承担着国家经济持续发展的重任，目前，英国很多大学毕业生把自我雇用（我国称"自主创业"）作为第一职业选择。在韩国，1997 年的亚洲金融危机使韩国大学毕业生就业工作遇到了严峻挑战，而正是就业的"大低潮"换来了韩国创业的"大高潮"，今天的韩国已成为全球大学生创业意愿比例最高的国家，有 71％的韩国青年希望自己创业。2020 年《政府工作报告》提出深入推进"大众创业、万众创新"，深化"放管服"改革。面对这一形势，我们完全相信，大学生将是"互联网＋"背景下"大众创业、万众创新"的一支重要的生力军。

"互联网＋"、物联网、云计算和移动互联等新兴产业的兴起，为大学生进行创新创业提供了更大的空间。

温馨提示

众包,指的是一个公司或机构把过去由员工执行的工作任务,以自由自愿的形式外包给非特定的(而且通常是大型的)大众网络的做法。这其实就是发布问题及招募解决方案,简而言之就是“悬赏解决问题模式”,比如国内2005年由重庆人朱明跃创办的“猪八戒网”。目前,“众包”从创新设计领域切入,已经成为华尔街青睐的最新商业模式,被视为将掀起下一轮互联网高潮,成为颠覆传统企业的创新模式。

众筹,指通过互联网方式(众筹平台)发布筹款项目并募集资金。众筹模式的优势主要在于:一方面为广大创业者与小微企业开拓了一种高效便捷的融资渠道,实现快速、低成本的融资;另一方面让社会大众投资者通过这一低门槛的方式参与企业投资,分享企业发展红利。

威客,英文为witkey,由wit(智慧)、key(钥匙)两个单词组成,也是the key of wisdom的缩写,是指那些通过互联网把自己的智慧、知识、能力、经验转换成实际收益的人,他们在互联网上通过解决科学、技术、工作、生活、学习中的问题,从而让知识、智慧、经验、技能体现经济价值。

案例7-8:

专注互联网创业——36氪:36氪的名字源于元素周期表的第36号元素“氪”,化学符号为Kr,传说中氪星是超人的故乡。当时,还是大四学生的刘成城与他的创业团队从兼职运营科技博客Tech Crunch的中文版起步,逐渐打造36氪独立品牌,从纯线上发展为线上线下相结合的服务模式。现今的36氪已经发展成为一个为互联网初创企业提供创业媒体、投融资平台、线下开放日活动和实体孵化器载体等全方位服务的创新创业生态闭环。

36氪发展概况:36氪成立于2010年12月,由中国科学院学生刘成城创办,同期获得了百度创始人之一王啸的天使投资,是中文互联网圈的新型创业媒体和创业服务平台,通过打造“零物理空间”的孵化服务模式,不仅成为投资者获取全球创新与创业信息的第一来源,更是孵化企业获得对外展示交流、获取风险投资和创业辅导等服务的重要平台。36氪旗下包括3个大的媒体平台:关注互联网创业的新媒体平台36氪、服务互联网创业的创投平台36氪和为创业者提供早期产品发布的线下服务平台开放日。36氪于2014年4月成立实体孵化器“氪”空间,用以促进创业企业更顺利地获得融资并起步。

36氪卓越成就：2013年，36氪被评定为“中关村创新性孵化器”；2014年3月，36氪迁址到中关村海淀西大街，并公布了36氪相关数据，截至2014年4月，36氪用两万多篇文章记录了行业的发展，报道了超过2000个创业项目；2017年，36氪被科技部认定为“国家高新技术企业”。36氪卓越成就还包括：一是36Kr.com成为互联网产品首发站；二是36氪＋旨在打造专业的投资与融资服务平台；三是36氪“开放日”结合线上资源有效地扩展到线下。

36氪未来发展：与传统的科技博客相比，全球新一波科技博客的特点是更有创意、具有更好的商业模式，推出线上对接平台和线下活动是科技博客的主要商业模式。36氪网站正是在这一背景下诞生的，成为国内最早专注于互联网初创项目挖掘报道的创业媒体。展望未来，36氪开始打造线上线下结合的全方位创业服务业生态圈：一是提供快速准确的媒体报道渠道；二是提供公益性质的高质量服务；三是对创业企业的发展潜力严格审核把关；四是致力于成为互联网创业服务的全方位服务提供商。

创新是创新主体在实践中发现了新过程、新本质和新规律，并用新方法来创造价值的过程。创新是一种能力，是一种人格特征，更是一种精神，我们从4个方面把创新分为10种类型。创业是指不拘泥于当前的资源约束、寻求机会、进行价值创造的行为过程，创业要素包括创业者、商业机会、组织和资源，其功能有促进资源合理分配、推动组织发展、帮助实现人生价值和推动社会发展进步等，创业也从3个方面分为8种类型。“互联网＋”就是“互联网＋各个传统行业”，它是“创新2.0”下的互联网发展的新业态，是知识社会“创新2.0”推动下的互联网形态演进及其催生的经济社会发展新形态。互联网经济具有虚拟性、全球性、创新性、快捷性等8个特点，在（移动）互联网＋、大数据、云计算等科技不断发展的背景下，对市场、用户、产品、企业价值链乃至对整个商业生态进行重新审视，形成了互联网思维，与互联网紧密相关的金融、电子商务、电子支付、在线教育、在线旅游、云计算、大数据、网络安全、物联网、车联网、移动医疗、云平台等，已经深深影响着我们的学习、生活和工作。面对“互联网＋”背景下的创新创业，大学生应充分利用互联网，将大学生在信息技术方面的优势转化为创新创业优势，以“互联网＋”思维带动自身成功创业。

阅读与知识拓展

“互联网+”

为何是“互联网+”而不是“+互联网”：互联网正在成为我国经济转型升级的新引擎。但同样是互联网和传统行业的融合，为什么是“互联网+”而不是“+互联网”？

尽管广义上而言，不论是“互联网+”传统产业，还是“传统产业+互联网”，似乎都可以用“互联网+”来统称，最终目的都是促进产业升级进而带动社会升级；但“互联网+”与“+互联网”还是大有不同的。从语法上看，两者的区别在于前者互联网是主语，后者互联网是宾语，主语代表主体，而宾语则是动作行为的对象。其中既有技术的不同，也有主导权的差别。“互联网+”突出的是互联网对传统行业的改造，助力其带来创新和升级。而“+互联网”则指的是其他行业使用互联网技术，可以只是生成一个应用，或是构造一个新渠道，互联网在生产要素分配中的优化和继承作用并没有得到充分发挥，难以带来本质性的创新和变革。

事实上，有关“互联网+”还是“+互联网”的讨论早已展开。几年前，当互联网和金融行业撞出火花，手机支付应用开始兴起，余额宝、理财宝等“宝宝类”产品开始出现，业界就对究竟是“互联网+金融”还是“金融+互联网”展开了讨论。一部分观点认为，互联网和金融行业的融合，应该定义为“互联网金融”，互联网将推动金融业务创新，为整个金融行业带来变革；另一部分观点认为，金融行业具有一定的特殊性，考虑到监管和安全，应该定义为“金融互联网”，互联网仅仅只是金融业务开展的工具和新渠道。

时至今日，这种讨论已经逐渐停止。就目前来看，“互联网+”处于攻势，而“+互联网”处于守势。传统企业探求互联网转型的速度慢得不只一点半点，无论是技术、人才，还是体制及运营管理都与互联网企业有很大的区别，尤其是传统企业的体制问题是根深蒂固的，很难通过简单的架构调整就能改变。反观通过互联网模式来倒逼传统企业的模式，迫使传统企业转型，这个方针与路线落实后的结果比企业自身探索要快很多。比如“互联网+理财”的余额宝，胜于“理财+互联网”的银行理财产品；“互联网+零售”的阿里和京东，胜于“零售+互联网”的国美和苏宁；“互联网+家电”的小米和乐视，胜于“家电+互联网”的海尔和长虹。尤其在大众创业领域，基本上都是在做“互联网+”，仅腾讯开放平台上的团队就超过500万；相比之下，那些“+互联网”的企业则明显要被动很多。马化腾把互联网比喻成“电”，但是对于很多传统企业而言，要对老房子进行“电路改造”谈何容易。

如今“互联网+”行动计划被写入《政府工作报告》，表明“互联网+”正在成为一种新的经济形态，其本质上是发挥互联网在生产要素分配中的优化和继承作用，提升实体经济的创新力和生产力。当前，互联网正在加速与传统行业融合，“互联网＋零售”“互联网＋”金融的创新成果已经显现，而“互联网＋农业”及“互联网＋工业”等新的“碰撞”正在进行。如果说，原来互联网技术主要是在第三产业中应用，那么现在的互联网正在开始影响第二产业甚至第一产业。“互联网＋”传统行业正在涌现出全新的平台、产业和生态。就好像第二次工业革命中，电力让很多行业发生翻天覆地的变化一样，当今的互联网可能会成为一种前所未有的生产力工具。

课后思考

一、实地调查一家与自己所学专业相关、由校友创办的企业，分析并找出该企业创办的类型，领会创业者了解创业类型对企业成长与发展的重要性。

二、什么是“互联网＋”？为什么说是“互联网＋”而不是“＋互联网”？

实践活动

与辅导员和班上同学共同收集身边的大学生创业成功案例，从中领悟“大学生是我国‘大众创业、万众创新’一支重要的生力军”这句话的现实意义。

目标要求

了解创业的一般过程，掌握当前大学生创业过程中应注意的常见问题及解决办法，通过介绍创业案例给准备创业的同学以启发。

第14课　创业意识的培养与创业者的基本素质

一、创业意识的培养

创业意识的培养实际上就是要帮助你认识：你是否适合创业、是否具有创业的基本能力的一系列问题。

1. 你适合创业吗？

在创业之前你必须了解自己是否具备成功的条件，一般成功创业者的条件包括：自律、识人能力、管理技能、想象力、口才、毅力、乐观、奉献精神、积极的人生观、推销产品(服务)的能力、独立作业的能力、追求利润的方,法。当你确定自己适合创业后，你不必急着马上走上创业这条路，还必须先评估一下你的创业计划是否可行再说。你可以探索以下一些问题。

(1)你能否用语音清晰地描绘出你的创业梦想

你应该能用很少的文字将你的想法描述出来。根据成功者的经验，不能将想法变成自己的语言的原因大概也是一个警告——你还没有仔细地思考吧。

(2)你真正了解你所从事的行业吗

许多行业都要求选用从事过这个行业的人，对其行业内的方方面面有所了解。否则，你就得花费很多的时间和精力去调查价格、销售、管理费用、行业标准、竞争优势等等。

(3)你看到过别人使用过这种方法吗

一般来说，一些经营红火的公司它们的经营方法比那些特殊的想法更具有现实性。有经验的企业家中流行这样一句名言："还没有被实施的好主意往往可能实施不了。"

(4)你的想法经得起时间的考验吗

当未来的企业家的某项计划真正得以实施时,他会感到由衷的兴奋。但过了一个星期、一个月甚至半年之后,将是什么情况？它还那么令人兴奋吗？或已经有了完全不同的另外一个想法来代替它？

(5)你的设想是为自己还是为别人

你是否打算在今后5年或更长时间内,全身心地投入这个计划的实施中去？

(6)你有没有一个好的网络

开始办企业的过程,实际上就是一个组织供货商、承包商、咨询专家、雇员的过程。为了找到合适的人选,你应该有一个服务于你的个人关系网。否则,你有可能陷入不可靠的人或滥竽充数的人当中。

(7)明白什么是潜在的回报

每个投资创业,其最主要的目的就是赚最多的钱。可是,在尽快致富的设想中隐含的绝不仅仅是钱,你还要考虑成就感、爱、价值感等潜在回报。如果没有意识到这一点,那就必须重新考虑你的计划。

经过自我分析后证明你适合创业,同时你也能正确回答上述的几个问题,那么你创业成功的胜算将会很高,你可以决定着手去创业。

2. 你具备相关能力吗？

(1)创新能力

创新是一种对未知世界、未知领域的探索性活动。一个创业者或创业团队必须具备市场、技术、管理和控制的创新能力。创新能力又来源于创造性思维,一个成功的创业者一定具有独立性、求异性、想象性、新颖性、灵感性、敏锐性等人格特质。

(2)策划能力

"狭路相逢,智者胜,胜在策划"。创业者要根据外部环境和掌握的创业机会,进行富有创意的策划,在制定战略、确定目标、拟定计划、组织指挥和调配人员中作出果断的、科学的决定。创业者必须弄清策划项目的价值所在、所涉及的范围和有关的限制因素,创建企业市场服务的定位;确定该项目的策划负责人、策划团队;创业者还必须考虑策划的时机。

(3)组织能力

组织能力是创业者不可缺少的重要能力之一,是指领导者为了组织的利益和实现组织设定的目标,运用一定方法和技巧,把来自不同地区、不同系统、不同职业、不同文化背景的人组织在一个团结向上的集体之中,让大家朝着一个共同的方向和目标去努力。组织能力包括合理选择下属的能力、黏合能力、架构能力、沟通能力、协调能力、激励下属的能力、授权能力、应变能力和合理分配资源(人力、财力、物力)的能力等。组织能力包括三个层级:个人能力、项目团队能力、组织能力。组织能力是公司竞争力的综合体现,其中包括核心流程能力、战略管理能力、组织文化能力。

(4)领导能力

在创业过程中,创业者的领导能力通常通过如下几个方面体现:活力,巨大的个人能量,对于行动有强烈的偏爱,干劲十足。意味着不屈服于逆境,不惧怕变化,不断学习,积极挑战新事物的充满活力的人才;鼓动力,激励他人的能力。能够活跃周围的人,善于表达和沟通自己的构想与主意;锐力,竞争精神、自发的驱动力、坚定的信念和勇敢的主张,坚定的意志与注意力,还要有清除那些碍手碍脚的人的勇气;实施力,提交结果,能够将构想和结果联系起来。不仅仅是口头说说就完了,将构想变成切实可行的行动计划并能够直接参与和领导计划的实施。

(5)管理能力

管理能力是每一个创业者必备的重要能力,要在工作中不断地培养、积累自己的组织管理能力。管理能力与组织能力有密不可分的联系,管理能力主要包括:激励的能力、控制情绪的能力、幽默的能力、演讲的能力以及倾听的能力等。创业者不仅要善于激励团队,还要善于自我激励。要让团队充分地发挥自己的才能努力去工作,就要把员工的"要我去做"变成"我要去做",实现这种转变的最佳方法就是对员工进行激励。优秀的创业者都有很好的演讲能力,特别是那些著名的创业者、企业家,无一例外是演讲的高手。演讲的作用在于让他人明白自己的观点,并鼓动他人认同这些观点。从这点出发,任何一名创业者都应该学会利用演讲表达自己。

(6)公关能力

创业面临的是高度竞争的压力,成功与否的条件之一在于自身的公关能力。也就是说,本身的知识结构与公关能力是否符合社会的需求,而且是否有能力发现自身知识结构的优势与社会需求的结合点是关键因素。正是由于自身力量的积累方面并不具有优势,对于决心创业的人来讲,如何获得广泛的社会支持,并在这种支持下充分利用各种有利于事业发展的因素,就成为取得成功的最重要的能力之一。从这个意义上讲,个人公关交际能力对于创业成功非常重要,这种能力实际上是善于获得和利用社会支持的能力,有时候这种支持的重要性甚至超过经济上的支持。这就是为什么许多招聘单位特别看中应聘者社会活动能力的原因所在。善于与别人进行互利互惠的合作,实际上也是公关交际能力强的表现,对于立志于商业上成功的人来说,有意识地培养这种能力非常重要。

对于一个立志创业的人来说,职业生涯规划与创业规划在一定程度上是重合的。要作出一份好的创业规划,从原则上说,应该把握三个主要内容:自己能够做什么,社会需要什么,自己拥有什么资源。因此,就有必要进行自我分析、环境分析和关键成就因素分析。

首先,自己能够做什么。对于一个创业者来说,只知道自己想干什么,这是不够的,更重要的是,知道自己能够做什么。当然,这也是相对而言的,因为一个人的潜能发挥是一个逐渐展现的过程。但是,一个人对自己的兴趣、潜能有一个基本的认识,仍然是一项具有前提性的工作。

其次，社会需求什么。一个人在明确自己想做什么、能做什么的同时，还应考虑社会需求这一重要因素。如果一个人所选择的创业领域既符合自己的兴趣又与自己的能力相一致，但却不符合社会的需求，那么，这种创业的前景无疑会变得暗淡。由于分析社会需求及其发展态势并非一件易事，因此，在选择创业目标时，应该进行多方面的探索，以求得出客观而正确的判断。

第三，自己拥有什么资源。要创业，就必然依赖各种各样的资源。创业者应该清楚地审视自己所拥有或能够使用的一切资源的情况，是否足以支持创业的启动和创业成功之后的可持续进行。这里所说的资源，不仅指经济上的资金，还包括社会关系，即通过自己既有人际关系以及既有人际关系的进一步扩展所可能带来的各种具有支持性的东西。

总之，一份创业规划也必须将个人理想与社会实际有机地结合，创业规划同样能够帮助一个人真正了解自己，并且进一步评估内外环境的优势、限制，从而设计出既合理又可行的职业事业发展方向。只有使自身因素和社会条件实现最大程度的契合，才能在现实中发挥优势、避开劣势，使创业规划更具有可操作性。

一份创业规划能够在多大程度上取得实际成功，就取决于它在多大程度上对以三个原则进行了准确地把握，并进行了最完美的结合。

二、创业者的基本素质

1. 创业精神

创业精神既是创业的动力源泉，也是创业的精神支柱，是成功创业的前提。创业道路不会是一帆风顺的，总是充满困难和荆棘。因此，顽强的创业精神对于成功创业者是至关重要的。创业精神包括欲望、自信、忍耐和胆量。

(1)欲望是成功创业的内在的动力

欲望其实就是一种生活目标、一种人生理想。创业者的欲望与普通人欲望的不同之处在于，他们的欲望往往超过他们的现实，往往需要找好立足点、打破现实的藩篱，才能实现。所以，创业者的欲望往往伴随着行动力和牺牲精神，这不是普通人能够做到的。

(2)自信是成功创业的心理支柱

创业者一般非常自信，确信自己的能力和经验。成功的创业者与众不同的地方在于他们永远拥有绝对的自信。一个人的成功不是命中注定的，而是完全靠自己掌握的，自己可以支配自己的命运。

(3)忍耐是成功创业的必要保障

成语里有一句“艰难困苦、玉汝于成”,还有一句“筚路蓝缕”,意思都是说创业不易。不易在哪里呢？首先是要忍受肉体上和精神上的折磨。王江民 40 多岁到中关村创业,靠卖杀毒软件,一夜间就成了百万富翁,王江民在困难的时候,曾经一次被人骗走了 500 万元。王江民的成功,可以说是偶然之中蕴含着必然。

(4)胆量是成功创业的必要基础

有位管理学家说过:冒险就好像探索一片充满神秘的沼泽地,你必须携带足够的食品、器材和指南针。敢于冒险几乎是所有创业者共同的特性,但是创业者绝不是野蛮的冒险者,而是擅长衡量风险的冒险者。

2. 创业者应具备的素质与能力

人是创业成功的第一要素,而创业者则发挥着核心作用。创业活动是由创业者主导和组织的商业冒险,要成功创业,不仅需要创业者富有开创新事业的激情和冒险精神、面对挫折和失败的勇气、坚韧不拔等各种优良的品质素养,还必须具备应对创业活动中各种挑战和解决各种问题的知识和能力。

(1)创业意识和创业激情

创业意识是创业活动中对人起动力作用的个性倾向,具体包括:创业需要、创业动机、创业兴趣、创业理想、创业信息和创业世界观 6 个要素。

创业意识是创业者的一种重要素质。能在瞬息万变的市场环境中不断推陈出新,是创业生存的一个重要环节。要想创业成功,创业者必须具备自我实现、追求成功的强烈创业意识。强烈的创业意识,能帮助创业者克服创业道路上的各种艰难险阻,将创业目标作为自己的人生奋斗目标。

创业激情所指的不是一时冲动,而是持久的追求与不懈的努力。创业需要有百折不挠、坚持不懈的意志。创业是一个长期努力奋斗的过程。在方向目标确定后,创业者就要朝着既定的目标一步步迈进,纵有千难万险,迂回曲折,也不轻易改变,半途而废。保持创业激情,是创业者成功的关键因素之一。

(2)创业知识素养

创业知识是进行创业的基本要求。创业需要专业技术知识、经营管理知识和综合性知识三类知识体系。创业实践证明,良好的知识结构对于成功创业具有决定性的作用,创业者不仅要具备必要的专业知识,更要掌握必备的现代科学、文学、艺术、哲学、伦理学、经济学、社会学、心理学、法学等综合性知识和管理科学知识。

(3)良好的人际关系

在创业的道路上,人际关系具有重要的促进作用。良好的人际关系可以帮助创业者排除交流障碍,化解交往矛盾,降低工作难度,提高客户的信任度,从而提高办事效率,增加成功机会。并且,良好的人际关系还有助于创业者在遇到困难时及时得到朋友的帮助。

(4)创业者的经营管理能力

在当今市场经济社会中，小企业要生存、要发展，创业者必须具有良好的经营管理能力。俗话说："麻雀虽小，五脏俱全。"小企业虽小，但它也和大中型企业一样，天天与人、财、物打交道。如何对现有的人、财、物进行管理，使其取得最佳效益；如何调动每一位员工的积极性，使之全力以赴为企业工作；如何使自己的产品或服务项目被社会认可，受用户欢迎，这些都需要通过创业者良好的经营管理来实现，需要依靠创业者建立起高效的管理体系来保证。

案例 8-1：

王兴是最典型的创业者。王兴在创办美团之前曾有两次失败的创业经历：校内网和饭否网。2006 年，在校内网因资金问题而被迫卖给千橡集团的时候，王兴和伙伴们喝醉了，流过泪后，他转头就参照 Twitter创立了饭否，但饭否在 2009 年遭到暂停。一连两次不成功的创业给王兴带来了很大的锻炼，后来他发现了美国的团购网站 Groupon，于是决定借鉴 Groupon 的商业模式创建美团。

2018 年 9 月 20 日，美团在港交所上市，这次，屡败屡战的创业"老战士"王兴算得上是终于成功了。只用 8 年时间就把美团做成位列 BAT(百度、阿里巴巴、腾讯)之后的中国第四大互联网公司——美团上市时市值约 507 亿美元，超过了小米的 484 亿美元和京东的 383 亿美元——王兴当然有自己的独到之处。对于成功上市，王兴有两个表态耐人寻味。"上市并不意味着耐心的结束，而是真正考验耐心的开始""好棋手通常都知道并接受自己同时也是更大棋局里的棋子"。

温馨提示

创业的核心不是物，而是人，是创业精神，因此，创业教育应该着力于对人的精神和潜能的开发。

3. 提升创业素质与能力的途径

(1)刻苦学习相关知识

知识可以促进能力的发展。任何能力的形成和提高都是在掌握和运用知识的过程中完成的，创业能力也不例外。在学习文化专业知识的过程中，认真思考，吸取前人的经验，同时也锻炼了自己综合分析问题的能力。"知识就是力量"，要使知识变成力量，一定要有能力。不能死读书、读死书，成为书呆子，要学会将学习、思考、实践综合起来，经过自己的消化、吸收，转化成运用知识的手段和本领，进而为创业能力的形成和提高打下坚实的基础。

如果是小企业的创业者，首先，要在“小”字上下功夫。小企业要在现代社会中得以生存，占有一席之地，必须有专门的技术产品或服务项目，也就是说要有独到之处。因此，创业者一定要加强专业意识的培养，要精通与创业相关的专门知识和技能，并根据需要，不断吸收新技术、新知识。其次，还应培养良好的社会意识，主要包括与人协调合作、集体工作的意识和强烈的社会责任感以及竞争意识、环境意识、质量意识、品牌意识、安全意识等。这是提高创业能力极其重要的社会基础。

(2)实践是提高创业能力的有效途径

创业能力的形成和提高必须在创业实践中才能实现。创业者应根据自身和专业特点，在培养自己强烈的创业意识和成功意识、认真学习专业文化知识的基础上，积极参与创业实践活动。

利用空闲时间进行尝试性、见习性的实践活动。可以和家人、朋友或同学合伙，也可独立投入一点小资本进行经营活动；参与家庭或他人的创业活动；到小企业打工等。

模拟实践。可以参加创业实践情景模拟，进行有关创业活动情境体验。如招聘、应聘雇员的面试，产品推销等。

利用实习机会进行创业实践训练。进入创业启动阶段后，可以单独或与同学轮流租赁或承包一个小店铺，或加工、维修，或销售、服务等，在“真刀真枪”的创业实践中提高自己的创业能力。实习期间，不仅要训练、提高自己的专业技能，更要有意识地观察、学习，培养经营管理方面的能力以及营销方面的技巧。通过创业实习，不仅能成为熟练的设计师、裁剪师、缝纫工等，同时也能练就一些当店主、当老板的本领。

向专家或行家咨询。大千世界，卧虎藏龙。有些能人真正身怀绝技，能讲出常人所没有认识到的道理，能解决常人所不能解决的问题。如果我们真心诚意地向专家、能人求教，他们只要将自己的“秘方”传授给我们一二，那么我们何愁不能很快成为行家呢？

应该知道，一个人要迅速提升自身素质和能力是不现实的事情，知识、能力和素质的提高需要长时间的锻炼和积累。然而对创业者来讲，在创业机会稍纵即逝的时候，必须能够紧紧抓住机遇。所以创业者应该在日常生活中、工作实践中有意识地学习，使自己逐渐成长起来——机会属于有准备的人。

课堂讨论

你认为大学生在校期间应该如何提升自身的创业素质与能力？

阅读与知识拓展

某高校创业孵化园及创新创业指导体系简介

创业孵化园简介

某高校是中国特色高水平高职学校和专业建设计划高水平学校建设单位、全国首批示范性高职院校、全国创新创业教育改革示范高校，创业孵化园先后获得省AA级创业孵化基地和市创业孵化基地资质。2012年，学校在省高校中率先成立创新创业教育工作委员会、创业学院和独立设置的县处级二级机构——创新创业教育指导中心；配备专职中层正职1人、副职1名和专职教师2人，先后改造建成校内大学生创业孵化基地、电子商务创业实训中心1个、与政府合作共建校外大学生创业孵化基地1个，总建筑面积达15000平方米。

连续举办八届大学生创业高峰论坛，形式和内容受到业界高度关注。实践中形成的校园创新创业文化建设、特色课程开发与实施、创业讲师团建设、辐射服务地方经济建设、系列“专业＋创新创业”等系列典型工作经验，并呈现出以“始于‘双创’课程、施于‘双创’项目、实于‘双创’成果”为主线的“四四三三”创新创业的教育模式，多次在全国、省市各级各类相关会议、论坛上推介，并多次荣获省教育厅质量工程教学成果奖。

学校在前六届中国“互联网＋”大学生创新创业大赛中，共计获得奖项10项，其中金奖1项、银奖3项、铜奖6项。同时，学校先后获得3项优秀组织奖，26人次获得优秀指导教师称号，4人次获得优秀工作者称号。

创新创业指导体系简介

学校开设了2个学分的《大学生职业规划与就业创业指导》必修课程，其中创业模块内容是创新创业意识教育，4学时。开设了4个学分的《创业实训》选修课程，100学时。

学校制定和实施了《大学生创业学籍管理规定》（院办通〔2013〕15号），明确了“创业学生的创业业绩可替代相关课程，具体由该生所在二级学院、教务处、创业中心共同商定。创业学生的学习可采用在教师辅导下的自学、网络课程自主学习和理论联系实际等方式进行；其考核方式可采用提交学习心得报告、创业报告及所在二级学院（部）自行确定的其他方式进行。创业学生确因需要转专业的，必须符合学院转专业条件，其创业内容必须符合所转入专业的人才培养目标”，疏通了学习渠道，满足了个性化学习的需求。

按照“全员、全过程、全要素”培育新人要求，自2013年以来，学校一直坚持通过成立优秀创业校友讲师团赴各二级学院、各专业新生开设入学第一讲、各专业教研室主任和带头人开展专业前景与创新学习，以及面向不同专业学生开设创业与体验、个人理财规划、就业创业指导等课程(含必修课、选修课及专创融合特色课程)共45门,构建了"创新创业意识—创新创业素质—创业体验训练—创业项目实践"层级课程体系。

学校建设了创新创业特色课程和教学资源库。其中,依据高职院校学生创业真实案例改编的"大学生创业实务"在线课程与特色教材列入省《高等职业教育创新发展行动计划》。学校立项国家级"创新创业教育教学资源库"子库"'双创'案例"并完成原创视频、文稿、图片、课件等资源约400条,目前已在国内职业院校推广使用,资源库注册人数已超过8000万人。

课后思考

一、结合你所学专业讨论大学生创业的基本要素。

二、结合安徽经济发展和产业结构调整趋势谈谈创业的商机。

实践活动

在开始思考经营企业之前,你需要清楚地了解你是否适合经营一家自己的企业。下面请你做一个练习,它将帮助你了解一个成功的企业主应当具备的素质,并评价你自己经营企业的能力和潜力。

A栏和B栏中各有一些表述,A栏或B栏中,有一个更符合你的情况。

如果A栏里的表述符合你的情况,请在A栏下面的空格里填写2。

如果B栏里的表述符合你的情况,请在B栏下面的空格里填写2。

在自我评价时要诚实。这些练习只针对你个人,它将帮助你评价自己是否具有成功经营企业的技能、经验及素质。

A	1. 创办企业的动机		B
	我有一份工作	我没有工作	
	在决定创办自己的企业之前,我有一份好工作	在决定创办自己的企业之前,我没有一份好工作	
	我从自己干过的每一份工作中都学到了一些东西,我发现工作很有意思	我工作只为挣钱,工作没有什么乐趣,我对工作兴趣不大	
	我想让我的企业成为我终生的事业	我想创业,是因为没有其他选择	
	我想拥有一家企业,这样我能够为我的家庭提供更好的生活方式	我想创办企业是因为想取得成功,富人都有自己的企业	
	我坚信,我的成功与否更多地取决于自己的努力	一个人不论做什么,要想成功,都需要其他人的许多帮助	
	总计	总计	

A	2. 风险承受能力		B
	我坚信，要在生活中前进必须冒风险	我不喜欢冒风险，即便有机会得到很大的回报也是这样	
	我认为奉献中也蕴含着机会	如果可以选择，我愿意以最稳妥的方式做事	
	我只有在权衡了利弊之后才会冒风险	如果我喜欢一个想法，我会不计利弊地去冒风险	
	即使投资于自己企业的资金亏掉了，我也愿意接受这样的现实	投资于自己企业的资金可能会亏掉，我难以接受这样的现实	
	不论做任何事，就算我对这件事有足够的控制权，我也不会总是期待完全控制局面	我喜欢完全控制自己所做的事情	
	总计	总计	

A	3. 坚忍不拔和处理危机的能力		B
	即使面对极大的困难，我也不会轻易放弃	如果存在很多困难，真的不值得为某些事去奋斗	
	我不会为挫折和失败沮丧太久	挫折和失败对我的影响很大	
	我相信自己有能力扭转局势	一个人能自己做的事情是有限的，命运和运气起很大的作用	
	如果有人对我说不，我会泰然处之，并会尽最大的努力改变他们的看法	如果有人对我说不，我会感觉很糟并会放弃这件事	
	在危急情况下，我能保持冷静并找出最佳的应对办法	当危机升级时，我会感到慌乱和紧张	
	总计	总计	

A	4. 家庭支持		B
	我会让家人参与对他们产生影响的企业决定	我不会让家人参与对他们有影响的企业决定	
	因为对企业的全心投入，使我不能花很多的时间和家人在一起，他们会理解我	因为对企业的全心投入使我不能多花时间和家人一起，他们会感到不快	
	如果我的企业最初不是很成功，并且给大家带来经济上的困难，他们愿意忍受	如果我的企业最初不是很成功，并且给家人带来经济上的困难，他们会十分生气	
	家人愿意帮助我克服企业遇到的困难	家人可能不愿意或者没有能力帮助我克服企业遇到的困难	
	家人认为，我创办企业是个好主意	家人对我创办企业感到担心	
	总计	总计	

A	5. 主动性		B
	我不惧怕问题，因为问题是生活的组成部分，我会想办法解决每一个问题	我发现解决问题很难，我害怕这些问题，或者干脆不想问题	
	当我遇到困难时，我会尽全力去克服困难，困难是对我的挑战，我喜欢挑战	如果我遇到困难，我试图忘掉它们，或等待其自行消失	
	我不会等待事情的发生，而是努力促使事情发生	我喜欢随波逐流并等待好事降临	
	我总是尝试做一些与众不同的事情	我只喜欢做我擅长做的事情	
	我认为所有的想法可能都会有用，因此，我会寻求尽可能多的想法，并看其是否可行	人会有很多想法，但是一个人不可能做所有的事情，我愿意坚持自己的想法	
	总计	总计	

A	6. 协调家庭、社会和企业的能力		B
	在企业能够承受的范围之内，我从企业拿出钱来供我和家人使用	我的家人需要多少钱，我就从企业拿出多少钱	
	如果我的朋友或家人有经济困难，我只会用预留给我个人的钱来帮助他们，我不会从我的企业拿钱	如果我的朋友或家人有经济困难，我将帮助他们，即使这样做可能会损害我的企业	
	我不能把大量的工作时间花在家人和社会关系上而忽略我的企业	我会优先考虑家人和社会关系，他们高于企业	
	家人和朋友必须像其他顾客一样，为使用我的产品、服务或企业的资产付钱	家人和朋友将从我的企业得到特殊的好处和服务	
	我不会因为顾客是我的朋友或家人就可以赊账	我会常常让我的朋友和家人赊账	
	总计	总计	

A	7. 决策能力		B
	我能够轻松地做决定，我喜欢作出决定	我发现作决定很难	
	我能独立作艰难的决定	在我作艰难的决定之前，我会征求很多人的意见	
	一旦需要作决定，我常能尽快地决定做什么	我尽可能长地推迟作决定的时间	
	在作决定之前，我会认真思考并考虑所有可能的选择	我凭感觉和直觉作决定，我只知道眼下要做什么	
	我不怕犯错误，因为我可以从错误当中吸取教训	我经常担心会犯错误	
	总计	总计	

A	8. 适应企业需要的能力		B
	我只提供顾客需要的产品和服务	我只提供自己喜欢的产品和服务	
	如果我的顾客想要更便宜的产品或服务，我将想办法满足他们的需求	如果我的顾客想要更便宜的产品或服务，他们只得找其他的企业	
	如果我的顾客想赊购，我会想办法用最低的风险为他们提供赊购服务	我不会向任何人赊销我的产品或服务	
	如果将企业迁到其他地方生意更好，我准备这样做	我不准备重新选择企业地点，无论我的企业在哪里，顾客和供货商就必须到哪里	
	我将研究市场趋势，并力图改变工作态度和方法，以跟上时代的发展	最好按照我已经知道的方法去工作，跟上时代的发展太难了	
	总计	总计	

A	9. 对企业的承诺		B
	我善于在压力下工作，我喜欢挑战	我不善于在压力下工作，我喜欢平静和轻松	
	我喜欢每天工作很长时间，我不介意占用业余时间	我认为工作以外的时间很重要，人不能长时间工作	
	我愿意为自己的企业而减少与家人及朋友在一起的时间	我不愿意为自己的企业而减少与家人及朋友在一起的时间	
	如果必要，我可以把社交活动、休息娱乐和业余爱好放在一边	我认为在社交活动、休闲娱乐和业余爱好上多花时间是很重要的	
	我愿意非常努力地工作	我愿意工作并做必须做的事情	
	总计	总计	

A	10. 谈判技巧		B
	我喜欢谈判，并且经常在不冒犯任何人的情况下达到目的	我不喜欢谈判，按照别人的建议去做更容易	
	我与别人沟通得很好	我与别人沟通有困难	
	我喜欢倾听别人的观点和尊重别人的选择	我对别人的观点和选择一般不感兴趣	
	谈判时，我会考虑什么对自己有利，什么对别人有利	如果参加谈判，我更愿意作为一个听众并旁观事态的发展	
	我认为，在谈判中达到目的的最好方法是努力寻找一个使双方都受益的方案	因为企业是我的，所以我的意见最重要；谈判中总有一方会失败	
	总计	总计	

通过上面的练习，能够评估你在企业经营方面的强项和弱项。很多人不适合自己创办企业，他们具备其他的能力和素质，而这些能力和素质使其更适合做医生、秘书、艺术家、技师或教师。你选择并标出那些符合你自己情况的表述，分别将A栏和B栏里的得分相加，然后把这些分数填入下面的表里。

如果你A栏得分为6～10分，说明你在这些方面的能力和素质是你的强项，请在“强”下面画“√”。

如果你A栏得分为0～4分，说明你在这些方面的能力不太强，请在“不太强”下面画“√”。

如果你B栏得分为0～4分，说明你在这些方面的素质或能力有点弱，请在“有点弱”下面画“×”。

如果你B栏得分为6～10分，说明你在这些方面的素质或能力是弱项，请在“弱”下面画“×”。

A栏得分高，说明你在组织和经营企业方面有可能取得成功。

素质／能力	A	强（6～10分）	不太强（0～4分）	B	有点弱（0～4分）	弱（6～10分）
1.创办企业的动机						
2.风险承受能力						
3.坚忍不拔和处理危机的能力						
4.家庭支持						
5.主动性						
6.协调家庭、社会和企业的能力						
7.决策能力						
8.适应企业需要的能力						
9.对企业的承诺						
10.谈判技巧						
总分数						

如果你A栏的总分为50分或更高，你就具有一个好企业主所应具备的各项素质。

如果你B栏的总分为50分或更高，你需要对自己的弱项加以改进，将弱项转变为强项。

如果你缺乏创办企业必备的素质和能力，有很多方法可以提高你的企业经营技巧并增强你的素质：与企业人士交谈，向他们学习。

参加一个培训班或学习班，接受培训。

做一个成功企业人士的助手或学徒。

阅读一些可以帮助你提高经营技巧的书籍。

阅读报纸上关于企业的文章，想想这些企业的问题以及它们解决问题的方法。

也许你应该考虑找一个能与你取长补短的合伙人，而不是完全依靠自己去创办企业。

面对某种企业情况，人们常常没有太多的经验或实践。如果你B栏得分很高，再做一遍这个自我评价练习，并尽力理解B栏里描述的态度和素质是如何影响企业经营的。在日常工作中应用A栏中描述的能力和素质培养你作为企业家的素质。

例如：练习讨论某种情况或某个想法的利弊。

制定未来的计划，增强你的创业动机。

向成功的企业人士学习，并知道你的成功极大地取决于自己的努力。

提高思考问题、评价问题以及承担风险的能力。

学习并思考如何更好地处理危机局面。

与家人讨论经营企业的困难并说服他们支持你。

对别人的观点和新的想法要多多接受。

遇到问题时，要分析问题的前因后果，并提高自己从错误中吸取教训的能力。

加强你对工作的投入，并且要认识到：只有努力工作，才能获得成功。

在下面的行动计划表中填上你将弱项变为强项的具体打算。

我的能力和素质	我将如何在这方面提高

附　录

第一部分　职业生涯规划

一、自我认知

(一)职业定位测试

这份问卷的目的在于帮助你思考自己的能力、动机和价值观。仅仅依靠这个测试，可能无法真实反映你的职业锚。你需要进行积极的思考，并与职业拍档做好相关的讨论。请尽可能真实并迅速地回答下列问题。除非你非常明确，否则不需要做出极端的选择，如“从不”或者“总是”。

下面给出 40 个问题，根据你的实际情况，从 1～6 中选择一个数字。数字越大，表示这种描述越符合你的实际情况。例如，“我梦想成为公司的总裁”，你可以作出如下选择。

选“1”代表这种描述完全不符合你的想法。

选“2”代表你偶尔这么想。

选“3”代表你有时这么想。

选“4”代表你经常这么想。

选“5”代表你频繁这么想。

选“6”代表这种描述完全符合你的日常想法。

现在，开始回答问题。将最符合你自身情况的答案记在最后的表格中，每行 8 个，共 5 行。

测试开始

1.我希望做我擅长的工作，这样我的专业建议可以不断被采纳。

2.当我整合并管理其他人的工作时，我非常有成就感。

3.我希望我的工作能让我用自己的方式，按自己的计划去开展。

4.对我而言，安定与稳定比自由和自主更重要。

5.我一直在寻找可以让我创立自己事业(公司)的创意(点子)。

6.我认为只有对社会作出真正贡献的职业才算是成功的职业。

7.在工作中，我希望去解决那些有挑战性的问题，并且胜出。

8.我宁愿离开公司，也不愿从事需要个人和家庭作出一定牺牲的工作。

9.将我的技术和专业水平发展到一个更具有竞争力的层次是职业成功的必要条件。

10.我希望能够管理一个大的公司(组织)，我的决策将会影响许多人。

11.如果职业允许自由地决定自己的工作内容、计划、过程时，我会非常满意。

12.如果工作的结果使我丧失了自己在组织中的安全稳定感，我宁愿离开这个工作岗位。

13.对我而言，创办自己的公司比在其他的公司中争取一个高的管理位置更有意义。

14.我的职业满足感来自我可以用自己的才能去为他人提供服务。

15.我认为职业的成就感来自克服自己面临的非常有挑战性的困难。

16.我希望我的职业能够兼顾个人、家庭和工作的需要。

17.对我而言，在我喜欢的专业领域内做资深专家比做总经理更具有吸引力。

18.只有在我成为公司的总经理后，我才认为我的职业人生是成功的。

19.成功的职业应该允许我有完全的自主与自由。

20.我愿意在能给我安全感、稳定感的公司中工作。

21.当通过自己的努力或想法完成工作时，我的工作成就感最强。

22.对我而言，利用自己的才能使这个世界变得更适合生活或居住，比争取一个高的管理职位更重要。

23.当我解决了看上去不可能解决的问题，或者在必输无疑的竞赛中胜出，我会非常有成就感。

24.我认为只有很好地平衡个人、家庭、职业三者的关系，生活才能算是成功的。

25.我宁愿离开公司，也不愿频繁接受那些不属于我专业领域的工作。

26.对我而言，做一个全面管理者比在我喜欢的专业领域内做资深专家更有吸引力。

27. 对我而言，用我自己的方式不受约束地完成工作，比安全、稳定更加重要。

28. 只有当我的收入和工作有保障时，我才会对工作感到满意。

29. 在我的职业生涯中，如果我能成功地创造或实现完全属于自己的产品或点子，我会感到非常成功。

30. 我希望从事对人类和社会真正有贡献的工作。

31. 我希望工作中有很多的机会，可以不断挑战我解决问题的能力(或竞争力)。

32. 对我而言，能很好地平衡个人生活与工作，比在一个高的管理职位更重要。

33. 如果在工作中能经常用到我特别的技巧和才能，我会感到特别满意。

34. 我宁愿离开公司，也不愿意接受让我离开全面管理的工作。

35. 我宁愿离开公司，也不愿意接受约束我自由和自主控制权的工作。

36. 我希望有一份让我有安全感和稳定感的工作。

37. 我梦想着创建属于自己的事业。

38. 如果工作限制了我为他人提供帮助或服务，我宁愿离开公司。

39. 去解决那些几乎无法解决的难题，比获得一个高的管理职位更有意义。

40. 我一直在寻找一份能最小化个人和家庭之间冲突的工作。

现在重新看一下你给分较高的描述，从中挑出与你日常想法最为吻合的 3 个，在原来评分的基础上，将这个 3 个题目的得分再各加上 4 分(例如：原来得分为 5，则调整后的得分为 9)，然后就可以开始评分了。

按照“列”进行分数累加得到一个总分，将每列的总分除以 5 得到的平均分填入表格。记住：在计算平均分和总分前，不要忘记将最符合你日常想法的 3 项额外加上 4 分。

最终的平均分就是你的自我评价结果，最高分所在列代表最符合你“真实自我”的职业锚。

职业定位测试分值

类型	技术职能型	管理型	自主独立型	安全稳定型	创造型	服务奉献型	挑战型	生活型
各题分值	1( )	2( )	3( )	4( )	5( )	6( )	7( )	8( )
	9( )	10( )	11( )	12( )	13( )	14( )	15( )	16( )
	17( )	18( )	19( )	20( )	21( )	22( )	23( )	24( )
	25( )	26( )	27( )	28( )	29( )	30( )	31( )	32( )
	33( )	34( )	35( )	36( )	37( )	38( )	39( )	40( )
总分								
平均分								

您的职业定位：______________________________

(二)鱼骨生命图

鱼骨图用于生涯规划及管理。鱼眼，表示原点，即出生时刻及出生地；鱼头，呈现三角形，代表人出生后 0～3 岁的发展迅速的阶段；鱼尾，表示职业生涯结束后，生命逐渐老去的部分；鱼尾尖，表示生命的终点。

填涂说明：

1. 请你在生命的原点上写下出生日期和 0 岁。再请你根据自己的健康状况、家族的健康状况和你所生活地域的平均寿命来预测自己和世界说再见的时间，并标注在线段的右端位置。

2. 请找出今天的你的位置，用一个自己喜欢的标记标注在生命线上，并写下今天的日期和年龄。

3. 请你进一步仔细回忆过去，以生命线上的时间点为初始点，标出过去影响你最大或令你最难忘的 5 件事，积极影响事件“鱼刺”朝上，消极事件“鱼刺”朝下，并以线段的长短表示事件对自己影响的大小。

4. 现在请你在生命线上标出今后你最想做的 3 件事或最想实现的 3 个目标，能够由自己全权决定的鱼刺朝上，需要别人参与或者全部由别人定夺的鱼刺朝下。

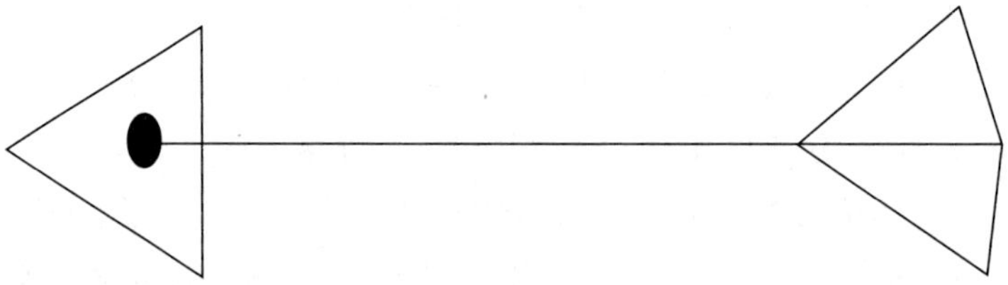

请参考鱼骨生命图，深入思考，并回答下面的问题。

1. 过去的事情对你有怎样的影响？你对这些事情有什么看法？

2. 对于现在的自己，你是否感到满意？哪些人或事促成了现在的你？

3. 对未来的自己，你的预期是什么？如果想要成为这样的人，你现在需要做什么？

(三)画出你的生涯彩虹图

第一步:准备空白彩虹图

虽然可以通过电脑上的画图软件来完成彩虹图,但还是建议使用笔(彩色铅笔或油画棒最佳)和四张白纸(A4 纸即可)来完成(图 1-1)。

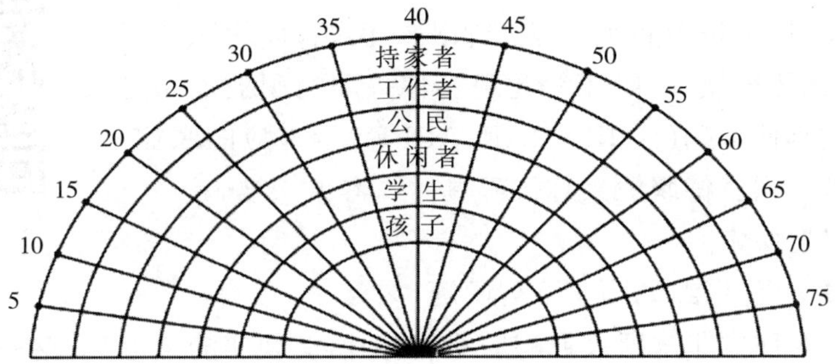

绘制生涯彩虹图

第二步:确定人生角色

首先,拿出一张白纸,将纸横放,画出空白的生涯彩虹图。

接着,思考一下你的一生,参照上文提到的角色,你曾经、现在做过、未来想做什么角色?你怎么定义这个角色呢?比如,你说要做父母,那要做什么样的父母呢?大大咧咧随孩子发展,还是精心管教?每个人的答案可能是不一样的,请给自己一点时间思考。

随后,按照你的角色的先后出场顺序,从彩虹图的1"低纬度" 层层画起。例如,自己第一个角色是儿童,就先画低纬度的一圈。由于 1~10 岁是这个角色最明显的时期,所以用粗线画出来,后面随着年龄的增长,儿童角色消失了,可以不再用粗线突出它。

第三步:观看自己的现在与未来

再拿一张空白 A4 纸,在纸的上部依次回答一些心理学问题(问题可以根据各自设定角色情况设计)。例如:

1. 现在这个阶段,你的角色有什么?你觉得每个角色的职责是什么呢?

2. 现在哪些角色的职责让你最满意?为什么?

3. 现在哪些角色之间,你觉得会相互妨碍?你想过怎么解决这些问题吗?

4. 比较下自己 10 年后与现在的角色,你觉得如果要想在未来做好某角色,你现在需要做什么?你希望别人如何帮助你?

第四步:画满整个生涯图

回顾自己生涯发展中一些记忆深刻的经历、生活中重要人物对自己的影响以及个人对某些重大事件的态度与感受,各个阶段所扮演的角色和个人目标间的差异,各种角色的分量及自己对各种角色的理解。通过这样的绘制,发现未知的自己。

二、自我兴趣

(一)兴趣类型代码

通过测试,我们可以找到自己的职业兴趣代码,并与霍兰德职业兴趣代码对照,找出符合我们兴趣的职业。例如,你的职业兴趣代码是 RIA,那么牙科技师、陶工等是符合你兴趣的职业。由这三个字母组合成的其他编码(如 IRA、IAR、ARI 等)相对应的职业,也较符合你的兴趣。霍兰德职业兴趣代码具体内容见二维码。

霍兰德职业兴趣代码

(二)自我兴趣探索

活动一　请认真、仔细地回答下列问题

1. 请列举出 3 种你非常感兴趣的职业(摒除所有现实的考虑)。这些工作中的哪些特征吸引着你?

2. 请回忆 3 个从事某件事情时令你感到快乐(满足)的经历。请详细地描述这 3 个画面,是什么令你感到如此快乐(满足)?

3. 除了单纯的娱乐放松,你最喜欢看哪几类电视节目?节目中什么吸引着你?

4. 你最崇拜(敬佩)的人是谁?他对你产生了什么影响?你最像他的是什么地方?最不像他的是什么地方?

5. 你最喜欢看哪种杂志?这些杂志中的哪些部分吸引着你?如果你到书店看书,你通常会停留在哪类书架前(不是仅仅因为学习需要的情况下)?

6. 你喜欢浏览哪类网站?你喜欢看网站的哪部分内容?它们属于哪个专业或领域?

7. 休闲的时候,如果只是出于兴趣的考虑,你会做什么或学什么?这里面又是什么吸引着你?

8. 你最喜欢的科目是什么?为什么喜欢它或者它们?

9. 我们生活中都有过某些时刻,因为全神贯注于做某件事情而忘了时间,什么样的事会让你如此专注?

10. 你的答案里面有什么共同点吗?是否可以归纳为某些主题或关键词?这些主题或关键词可能和霍兰德的哪些类型对应?你如何能够让这样的主题在你今后的生活中得到更充分彰显?

活动二　环游六岛

现在你有机会到以下 6 个岛屿去旅游,不考虑费用和其他问题,根据自己的兴趣来选择,你最想去的是哪个?可根据自己喜欢的程度选出 3 个。

A 岛屿——美丽浪漫的岛屿。岛上充满着浓厚的文化艺术气息,到处是美术馆、音乐厅等，当地的居民也都有音乐、舞蹈、绘画等艺术特长，很多文艺界的朋友都喜欢到这里来寻找灵感。

S岛屿——温暖友善的岛屿。居住在岛上的居民个性温和、乐于助人，社区均自成一个密切互动的服务网络，人们愿意帮助他人，互相合作，重视教育，充满着人文气息。

E岛屿——显赫富庶的岛屿。岛上的居民善于经营企业和对外贸易，性格大多热情豪爽，能说会道。岛上的经济很发达，到处是高级饭店、酒店、俱乐部、奢侈品商场。这里经常召开各种财富论坛会议，来往者大多是企业家、经理人、政治家等。

I岛屿——深思冥想的岛屿。岛上人迹较少，建筑物多僻处一隅，适合夜观星象。岛上有很多天文馆、科技馆、图书馆等。岛上居民大多爱观察、学习、研究，追求真理，喜欢和来到这里做客的哲学家、科学家、心理学家等交换心得。

R岛屿——自然原始的岛屿。岛上自然生态很好，保留着原始植物，有各种各样的野生动物。岛上居民生活状态还相当原始，他们以手工见长，自己种植各种花果蔬菜，修缮房屋、打造和制作工具。

C岛屿——现代有序的岛屿。岛上的建筑十分现代化，是进步的都市形态，以完善的户政管理、地政管理、金融管理见长。岛上的居民冷静保守，处事有条不紊，善于组织规划。

你最想去的3个岛屿是__________、__________、__________。

这6个岛屿实际代表着霍兰德提出的6种类型的职业兴趣类型。在最想去的岛屿中，第1个代表主要兴趣，第2、3个代表辅助兴趣。做完这个活动后，你能得出自己最有兴趣的3个类型，即你的霍兰德代码，并对这6种类型的基本特征有所了解。

你的职业兴趣代码：______________________________。

（三）你的职业性格特点

这份问卷将帮你了解自己看待事物和决定事情的倾向性或方式。问卷中共有44个问题，每个问题有A、B两个选项，请你根据自己的实际情况，选择其中的一个。问题的答案没有"对"与"错"之分，只是反映你自己看待事物和决定事情的倾向性或方式。请你仔细阅读题目，答完所有的问题。注意不要花太多的时间思考问题，凭阅读问题后的第一印象作出选择。

一、下列问题的哪一个选项更接近你的日常行为和感受？请在该选项上打对勾（每个题目只能打一个对勾）。

1. 当你某日想去一个地方，你会________。 A. 去之前先计划好要做的事 B. 去了再说	2. 如果你是一位老师，你愿教________。 A. 偏重实践的课程 B. 偏重理论的课程
3. 你一个________。 A. 容易和大家打成一片的人 B. 安静、拘谨的人	4. 你更喜欢________。 A. 预先把聚会或活动的内容安排好 B. 聚会时再自由安排任何有趣的节目

5.你通常和________相处得更好。 A.爱想象的人 B.现实的人	6.你通常________。 A.以“心”(情感体验)作决定 B.以“脑”(思考)作决定
和一群人在一起时,你更多时间是________。 A.参与大家的谈话 B.和认识的人单独说话	8.你更喜欢________。 A.按当时的兴致做事情 B.按计划做事情
9.你觉得自己更像是一个________。 A.注重实际的人 B.具有创作性的人	10.在群体中,你经常________。 A.主动去结识新朋友 B.更多时候等着别人来认识你
11.你更容易被________吸引。 A.想法新奇、思维敏捷的人 B.判断力强、务实的人	12.按日程表办事________。 A.正合你愿 B.束缚了你
13.你觉得别人通常________。 A.要花很长时间才能和你熟悉起来 B.很快就能和你熟悉起来	14.你更欣赏________。 A.一个真情流露的人 B.一个始终有理性的人
15.你倾向于________。 A.关注情感重于逻辑 B.关注逻辑重于情感	——

二、下面每组词语或短语中,你更喜欢或愿意接受哪一个?请在该选项上打对勾。请考虑这些词的含义,而不是好听与否(每个题目只能打一个对勾)。

16.A.抽象的	B.具体的	17.A.计划好的	B.未计划好的
18.A.温和的	B.坚定的	19.A.事实	B.猜想
20.A.思考的	B.情感的	21.A.强烈的	B.平静的
22.A.令人信服	B.令人感动	23.A.阐述事实	B.阐述概念
24.A.分析	B.体验	25.A.有计划的	B.自发性的
26.A.敏感细腻	B.正确合理	27.A.寡言的	B.健谈的
28.A.实际的	B.理论的	29.A.计划与规划	B.临时与随意
30.A.宁静的	B.活跃的	31.A.冲动的	B.果断的
32.A.喜安静的	B.好社交的	33.A.经验的	B.创新的

三、下列问题的哪一个选项更接近你的日常行为和感受？请在该选项上打对勾（每个题目只能打一个对勾）。

34. 身边有很多人________。 A. 会令你变得更有精神 B. 会令你感到疲于应付	35. 你作决定时，会更多地考虑________。 A. 客观事实 B. 他人的感受和意见
36. 你的社会活动，通常________。 A. 提前一段时间计划好 B. 事先不计划，根据当时情景而定	37. 参加聚会活动，你往往会________。 A. 感到厌烦、疲倦 B. 玩得高兴、尽兴
38. 多数情况下，你会________。 A. 按兴致做事 B. 按计划表做事	39. 你更喜欢________。 A. 和他人交往 B. 和自己内心交流
40. 你做事时喜欢________。 A. 等事情发生了再计划 B. 很早就把事情计划好	41. 你更喜欢上那些________。 A. 原理和理论的课 B. 具体、直观的课
42. 哪一种对你来说是更高的评价________？ A. 有竞争心 B. 有同情心	43. 你更喜欢________。 A. 用已证明行之有效的方法解决问题 B. 分析错误，寻找新方法解决未解决的问题
44. 你更愿意有一个________的领导。 A. 和蔼可亲但反复无常 B. 严厉苛刻但讲道理	——

计分方式

维度 （A=1，B=0）	项目	总数	反向计分 （A=0，B=1）	反向题数
E—I （大于等于6分，记为E）	3，7，10，13，21，27，30，32，34，37，39	11	13，27，30，32，37	5
S—N （大于等于6分，记为S）	2，5，9，11，16，19，23，28，33，41，43	11	5，11，16，41	4
T—F （大于等于6分，记为T）	6，14，15，18，20，22，24，26，35，42，44	11	6，14，15，18，26，44	6
J—P （大于等于6分，记为J）	1，4，8，12，17，25，29，31，36，38，40	11	8，17，31，38，40	5

您的职业性格为：________________________________。

（四）职业能力探索

可迁移技能词汇表

达到	照顾	巩固	指导	执行	运送
建设	洞察	适应	制图	联系	发现
管理	选择	控制	拆除	做广告	分类
烹调	展示	劝告	打扫	协调	证明
开玩笑	攀登	复制	草拟	分析	训练
纠正	绘制	预测	收集	联络	申请
着色	咨询	驾驶	评价	交流	计数
编辑	安排	比较	创造	授予	声称
装配	比赛	培养	鼓励	编辑	决定
忍耐	评估	完成	定义	加强	调和
协助	构成	代表	提高	参加	领会
运送	娱乐	审核	计算	证明	建立
权衡	集中	设计	估计	讨价还价	概念化
详述	美化	探测	膨胀	预算	面对
发展	解释	购买	联结	发明	探索
计算	保存	诊断	表达	促进	领导
生产	分享	喂养	学习	编程	运送
感受	搬运	提升	演出	填充	倾听
校对	简化	融资	装载	保护	唱歌
证明	交际	追随	制造	宣扬	分类
预见	管理	推/拉	演讲	模仿	操纵
提问	拼写	构成	最大化	阅读	驾驶
阐述	测量	推理	激励	募捐	调停
推荐	精简	收集	会见	调解	研究
测量	记忆	记录	建议	给予	指挥
招聘	总结	统治	最小化	减少	监督
研磨	示范	仲裁	支持	种植/喂养	现代化
恢复	审视	引导	修改	讲述	合成
处理	教导	记起/回忆	系统化	收获	激发
回忆	列表	前进	移动	呈递	遵守指示
治愈	航行	修理	交谈	帮助	商讨
报告	传授/指导	识别	养育	描绘	趋向

续表

调整	定位	提供	绘图	装配	维修
举例	观察	研究	测验	想象	获得
改造	适时	执行	操作	解决	贸易
改进	组织	修复	培训	即兴表演	创造
找回	翻译	增加	战胜	回顾	旅行
影响	包装	修改	治疗	通知	绘画
改写	解决问题	发起	参加	冒险	教导
革新/发明	感觉	航行	打字	检查	坚持
打磨	理解	鼓舞	说服	节省	统一
安装	摄影	安排	更新	互动	教导
拍摄	升级	解释	放置	雕塑	使用
面试	计划	挑选	描述	介绍	种植/播种
销售	证实	发明	玩耍	理解	设想
记录	精确化	招待	做志愿者	调查	准备
建立	洗涤	判断	展示	安顿	纺织
保存	印刷	缝纫	工作	编织	加工
塑造	写作	—	—	—	—

自我管理技能词汇表

学术性强的——勤学的、博学的	机敏的——警戒的、警惕的、警觉的
精确的——准确的、正确的	野心勃勃的——有抱负的、毅然决然的
活跃的——活泼的、精力充沛的	好分析的——逻辑的、批判的
适合的——灵活的、适应的	感谢的——感激的、感恩的
精通的——娴熟的、内行的、熟练的	能说会道的——善于表达的、擅长辞令的
胆大的——勇敢的、冒险的	艺术的——美学的、优美的
攻击性强的——强有力的、好斗的	随和的——放松的、随意的
坚持己见的——强调的、坚持的	有效的——多产的、有说服力的
健壮的——强壮的、肌肉发达的	有效率的——省力的、省时的
留心(细节)的——观察敏锐的	雄辩的——鼓舞人心的、精神饱满的
吸引人的——漂亮的、英俊的	有感情的——感动的、多愁善感的
平衡的——公平的、公正的、无私的	同情的——理解的、关心的
心胸开阔的——宽容的、开明的	着重的——强调的、有力的、有把握的

续表

有条理的——有效率的、勤勉的	精力充沛的——活泼的、活跃的、有生气的
平静的——沉着的、不动摇的、镇定的	进取的——冒险的、努力的
正直的——直率的、坦率的、真诚的	热情的——热切的、热烈的、兴奋的
有能力的——有竞争力的、内行的、技艺精湛的	博学的——消息灵通的、有文化修养的
仔细的——谨慎的、小心的	慷慨的——乐善好施的、仁慈的
喜悦的——高兴的、快乐的、欢快的	讲道德的——体面的、有德行的
清楚的——明白的、明确的、确切的	富有表现力的——生动的、有力的
聪明的——伶俐的、敏锐的、敏捷的	公平的——无私的、无偏见的
有能力的——熟练的、高效的	有远见的——明智的、有预见的
竞争的——好斗的、努力奋争的	流行的——时髦的、走俏的
有信心的——自信的、有把握的	坚定的——不动摇的、稳定的、不屈不挠的
志趣相投的——愉快的、融洽的	灵活的——适应性强的、易调教的
认真的——可靠的、负责的	有力的——强大的、强壮的
考虑周到的——体贴的、亲切的	合礼仪的——适当的、有礼貌的、冷静的
前后一致的——稳定的、有规律的、恒定不变的	朴素的——节俭的、节省的、节约的
常规的——传统的、认可的	大方的——慷慨的、无私的、乐善好施的
合作的——同意的、一致的	亲切的——真诚的、友好的、和蔼的
有勇气的——勇敢的、无畏的、英勇的	温和的——好心的、温柔的、有同情心的
周到的——有礼貌的、彬彬有礼的、尊敬的	乐群的——爱交际的、友好的
有创造性的——新颖的、有创意的	吃苦耐劳的——坚强的、坚韧不拔的
好奇的——好问的、爱探究的	健康的——精力充沛的、强壮的、健壮的
果断的——坚决的、坚定的、明确的	有帮助的——建设性的、有用的
慎重的——小心的、审慎的	诚实的——真诚的、坦率的
微妙的——机智的、敏感的	有希望的——乐观的、鼓舞人心的
民主的——平等的、公平的、平衡的	幽默的——诙谐的、滑稽的、可笑的
感情外露的——流于表情的、易动感情的	富有想象力的——有创造性的、有创意的
可靠的——令人信任的、可信赖的	独立的——自立的、自由的
坚决的——坚定的、果敢的	勤奋的——努力的、忙碌的
灵巧的——灵活的、敏捷的、机敏的	有知识的——学者气质的、大脑的
婉转得体的——机智的、文雅的、精明的	智慧的——聪明的、见识广的、敏锐的
谨慎的——小心的、精明的	特意的——有目的的、故意的
独特的——唯一的、个性化的	明智的——聪明的、有判断力的、冷静的

续表

占统治地位的——发号施令的、权威的	善良的——好心的、仁慈的
有文化的——博学的、诗意的、好学的	逻辑性强的——理智的、有条理的
拘谨的——矜持的、客气的	忠诚的——真诚的、忠实的、坚定的
负责的——充分考虑的、成熟的、可靠的	有条理的——系统的、整洁的、精确的
反应灵敏的——活泼的、能接纳的	小心翼翼的——精确的、完美主义的
自发的——首创的、足智多谋的	谦虚的——谦逊的、简朴的、朴素的
敏感的——易受影响的	有益于成长的——有帮助的、支持的
严肃的——冷静的、认真的、坚决的	观察敏锐的——专注的、留心的、警觉的
精明的——机敏的、爱算计的、机警的	头脑开放的——接纳的、客观的
真诚的——诚恳的、可信的、诚挚的	有秩序的——整洁的、训练有素的、整齐的
好交际的——随和的、亲切的	独创的——创造性的、罕有的
自发的——冲动的、本能的	随和的——友好的、好交际的、温暖的
稳定的——坚固的、稳固的、可靠的	充满热情的——狂喜的、强烈的、热心的
高大结实的——强有力的、强健的、肌肉发达的	成功的——有成就的、证据确凿的
耐心的——坚定不移的、毫无怨言的	同情的——仁慈的、温暖的、善良的
平和的——宁静的、平静的、安静的	有策略的——考虑周详的、慎重的
敏锐的——有洞察力的、有辨识力的	顽强的——坚持的、坚定的
坚持的——持久的、持续的	理论性强的——抽象的、学术的
有说服力的——令人信服的、有影响力的	完全的——彻底的、全部的
泰然自若的——自制的、镇静的	宽容的——仁慈的、宽大的
礼貌的——尊敬的、文明的、恰当的	坚强的——不动摇的、坚定的
积极的——有远见的、坚定的	值得信赖的——可靠的、可信赖的
实用的——有用的、实际的	真诚的——诚实的、实际的
精确的——详细的、明确的、准确的	善解人意的——了解的、理解的
多产的——硕果累累的、丰富的	保护的——警戒的、防御的
文雅的——文明的、有修养的	智慧的——明智的、仔细的、聪明的
爱说话的——爱发表意见的、善于表达的	准时的——守时的、稳定的、及时的
有目的的——下定决心的、有意的	多才多艺的——多技能的、手巧的
快速的——敏捷的、迅捷的、灵活的、轻快的	精力旺盛的——生机盎然的、充满活力的
安静的——无声的、沉默的、宁静的	有德行的——好的、道德的、模范的
容光焕发的——明亮的、热情洋溢的、光彩夺目的	活泼的——活跃的、快活的
爱玩耍的——有趣的、快乐的	深思熟虑的——沉思的、慎重的

续表

理性的——健全的、合理的、符合逻辑的	自愿的——自由的、非强迫的
现实的——自然的、真实的	温暖的——充满爱意的、慈爱的、友善的
合理的——合逻辑的、有根据的	迷人的——有魅力的、令人愉快的
沉思的——爱思考的、深思熟虑的	热心的——热情的、热切的、热烈的
可靠的——可信赖的、值得信赖的	

（五）职业能力倾向（自评）测验

一般能力倾向成套测验（General Aptitude Test Battery, GATB），最初是由美国劳工部从1934年经过10多年时间研究制定的，它是对许多职业群同时检查各自的不适合者的一种成套测验。这套测验在许多国家被广泛使用，备受推崇。后来，日本厚生劳动省将GATB进行了日本版的标准化，制定成《一般职业适应性检查》。这套测验主要是实现对许多职业领域中工作所必需的几种能力倾向的测定。它由15种测验项目构成，其中11种是纸笔测验，其余4种是操作测验，两种测验可以测定9种能力倾向。

这9种能力倾向对完成各种职业的工作都是必要的。

G：智能，指一般的学习能力。对测验说明、指导语和诸原理的理解能力、推理判断的能力、迅速适应新环境的能力。

V：言语能力，指理解言语的意义及与它关联的概念，并有效地掌握它的能力，对言语相互关系及文章和句子意义的理解能力，也包括表达信息和自己的想法的能力。

N：数理能力，指在正确快速进行计算的同时，能进行推理，解决应用问题的能力。

Q：书写知觉，指对词、印刷物、各种票类之细微部分正确知觉的能力，能直观地比较、辨别词和数字，发现错误或校正的能力。

S：空间判断能力，指对立体图形以及平面图形与立体图形之间关系的理解、判断能力。

P：形状知觉，指对实物或图像的细微部分正确知觉的能力，根据视觉能够对图形的形状和阴影部分的细微差异进行比较、辨别的能力。

K：运动协调，指正确而迅速地使眼和手相协调，并迅速完成操作的能力，要求手能跟随着眼能看到的东西正确而迅速地作出反应动作，并进行准确控制的能力。

F：手指灵巧度，指快速而正确地活动手指，用手指很准确地操作细小东西的能力。

M：手腕灵巧度，指随心所欲地、灵巧地活动手及手腕的能力。如拿着、放置、调换、翻转物体时手的精巧运动和手腕的自由运动能力。

本测验为自评量表。9种能力中的每一种能力，都要通过一种实践性测验获得。这种能力倾向测验，可以说是从个人在完成各种职业所必要的能力中，提炼出的各种职业对个人所要求的最有特征的2～3种，其中纸笔测验可集体进行。记分采用标准分数，各能力因素的原始分数转换为标准分数后便可绘制个人能力倾向剖析图，并与职业能力倾向类型相对照，被试者可以从测验结果中知道能够充分发挥个人能力特性的职业活动领域。

1. 一般学习能力倾向(G)

内容	强 1	较强 2	一般 3	较弱 4	弱 5
1. 快而容易地学习新的内容					
2. 快而正确地解决数学题目					
3. 学习成绩所处的水平					
4. 对课文的理解、分析、综合能力					
5. 对所学知识的记忆能力					

2. 言语能力倾向(V)

内容	强 1	较强 2	一般 3	较弱 4	弱 5
6. 表达自己的观点的能力					
7. 阅读速度和理解能力					
8. 掌握词汇量的程度					
9. 语文成绩					
10. 文学创作能力					

3. 算术能力倾向(N)

内容	强 1	较强 2	一般 3	较弱 4	弱 5
11. 进行精确的测量					
12. 笔算能力					
13. 口算能力					
14. 打算盘的能力					
15. 数学成绩					

4. 空间判断能力倾向(S)

内容	强 1	较强 2	一般 3	较弱 4	弱 5
16. 解决立体几何方面的习题					
17. 画三维立体图形					
18. 看几何图形的立体感					
19. 想象盒子展开后的平面图					
20. 想象三维物体					

5. 形态知觉能力倾向(P)

内容	强 1	较强 2	一般 3	较弱 4	弱 5
21. 发现相似图形中的细微差别					
22. 识别物体的细节部分					
23. 注意物体的细节部分					
24. 观察物体的图像是否正确					
25. 对物体的细微描述					

6. 书写知觉能力倾向(Q)

内容	强 1	较强 2	一般 3	较弱 4	弱 5
26. 快而准确地抄写资料（如姓名、日期、电话号码等）					
27. 发现错别字的能力					
28. 发现计算错误的能力					
29. 快速查找编码卡片的能力					
30. 自我控制能力（如较长时间抄写资料）					

7. 眼手运动协调能力倾向(K)

内容	强 1	较强 2	一般 3	较弱 4	弱 5
31. 玩电子游戏的能力					
32. 打篮球、排球和踢足球等活动的能力					
33. 打乒乓球、羽毛球的能力					
34. 打算盘的能力					
35. 打字能力					

8. 手指灵巧度(F)

内容	强 1	较强 2	一般 3	较弱 4	弱 5
36. 灵巧地使用很小的工具的能力					
37. 穿针眼、编织等使用手指的能力					
38. 制作小件手工艺品的能力					
39. 使用计数器的灵巧程度					
40. 弹琴的能力					

9. 手腕灵巧度(M)

内容	强 1	较强 2	一般 3	较弱 4	弱 5
41. 用手把东西分类的能力					
42. 推拉东西时手的灵活度					
43. 快速削苹果皮的能力					
44. 灵活地使用手工工具的能力					
45. 在绘画、雕刻等手工活动中手腕的灵活性					

1. 统计分数的方法如下。

对每一类能力倾向计算总分数。对每一道题目,我们采取"强""较强""一般""较弱""弱"五个等级,供被测者自评。每组 5 道题完成后,分别统计各等级选择的次数总和,然后用下面公式计算出该类的总计次数(把"强"定为第一项,以比类推,"弱"定为第五项)。

总计次数=(第一项之和×1)+(第二项之和×2)+(第三项之和×3)+(第四项之和×4)+(第五项之和×5)

2. 计算每一类能力倾向的自评等级,公式如下。

自评等级=总计次数÷5

3. 将自评等级填入下表。

一般能力倾向成套测验自评等级表

职业能力倾向	自评等级	职业能力倾向	自评等级
G		Q	
V		K	
N		F	
S		M	
P		—	—

(六)测试自己的职业价值观

本测试采用问卷的形式,让受试者评定对代表不同价值追求的多种活动的好恶情况,依据受试者的好恶程度来确定其主导的职业价值观类型。

本测试将人的职业价值观分为 13 种类型,各类型的基本含义如下。

利他主义:总是为他人着想,把直接为大众的幸福和利益尽一份力作为自己的追求。审美主义:能不断地追求美的东西,得到美感的享受。

智力刺激:不断进行智力开发、动脑思考、学习和探索新事物,解决新问题。

成就动机:不断创新、不断取得成就、不断得到领导和同事的赞扬或不断实现自己想要做的事。

自主独立：能够充分发挥自己的独立性和主动性，按自己的方式、想法去做，不受他人干扰。

社会地位：所从事的工作在人们的心目中有较高的社会地位，从而使自己得到他人的重视与尊敬。

权力控制：获得对他人或某事的管理权，能指挥和调遣一定范围内的人或事物。

经济报酬：获得优厚的报酬，使自己有足够的财力去获得自己想要的东西，使生活过得较为富足。

社会交往：能和各种人交往，建立比较广泛的社会联系和关系，甚至能和知名人物结识。

安全稳定：希望不管自己能力怎样，在工作中要有一个安稳的局面，不会因为工资、奖金、调动工作或领导训斥等而经常提心吊胆、心烦意乱。

轻松舒适：希望将工作作为一种消遣、休息或享受的形式，追求比较舒适、轻松、自由、优越的工作条件和环境。

人际关系：希望一起工作的大多数同事和领导人品好，相处时感到愉快、自然。

追求新意：希望工作的内容经常变换，使工作和生活显得丰富多彩，不单调枯燥。

下面有52道题目，分别代表13项工作价值观，每个题目都有5个备选答案，请根据自己的实际情况或想法，在题目后面写下相应字母，每题只能选择一个答案。通过测验，你可以大致了解自己的职业价值观念倾向。

A：非常重要。

B：比较重要。

C：一般。

D：较不重要。

E：很不重要。

1. 你的工作必须经常解决新的问题。
2. 你的工作能为社会福利带来看得见的效果。
3. 你的工作奖金很高。
4. 你的工作内容经常变换。
5. 你能在你的工作范围内自由发挥。
6. 你的工作能使你的同学、朋友非常羡慕你。
7. 你的工作具有艺术性。
8. 你的工作能使人感觉到你是团体中的一分子。
9. 不论你怎么干，总能和大多数人一样晋级和涨工资。
10. 你的工作有可能经常变换工作地点、场所或方式。
11. 在工作中，你能接触到不同的人。
12. 你的工作上下班时间比较随便、自由。

13.你的工作使你不断获得成功的感觉。

14.你的工作赋予你高于别人的权力。

15.你在工作中能试行一些自己的新想法。

16.你在工作中不会因为身体或能力等因素,被人瞧不起。

17.你能从工作的成果中知道自己做得不错。

18.你的工作经常要外出参加各种集会和活动。

19.只要你干上这份工作,就不再被调到其他意想不到的单位和工种上去。

20.你的工作能使世界更美丽。

21.在工作中,不会有人经常来打扰你。

22.只要努力,你的工资会高于其他同龄人,晋升或涨工资的可能性比做其他工作大得多。

23.你的工作是一项对智力的挑战。

24.你的工作要求你把一些事务管理得井井有条。

25.你的工作单位有舒适的休息室、更衣室、浴室及其他设备。

26.你的工作有可能结识各行各业的知名人物。

27.在工作中,你能和同事建立良好的关系。

28.在别人眼中,你的工作是很重要的。

29.在工作中,你经常接触到新鲜的事物。

30.你的工作使你能常常帮助别人。

31.你在单位中有可能经常变换工作。

32.你的作风使你被别人尊重。

33.同事和领导人品较好,相处比较随便。

34.你的工作会使许多人认识你。

35.你的工作场所很好,比如有适度的灯光,安静、清洁的工作环境,甚至恒温、恒湿等优越的条件。

36.在工作中,你为他人服务,使他人感到很满意,你自己也很高兴。

37.你的工作需要计划和组织别人的工作。

38.你的工作需要敏锐的思考。

39.你的工作可以使你获得较多的额外收入,如常发实物或商品的提货券以及有机会购买进口商品等。

40.在工作中你是不受别人差遣的。

41.你的工作结果应该是一种艺术而不是一般的产品。

42.在工作中,你不必担心会因为领导不满意你所做的事情,而受到训斥或经济惩罚。

43.在工作中,你能和领导有融洽的关系。

44.你可以看见你努力工作的成果。

45.你的工作常常要求你提出许多新的想法。

46.由于你的工作，经常有许多人来感谢你。

47.你的工作成果常常能得到上级、同事或社会的肯定。

48.在工作中，你可能是一个负责人，虽然可能只领导很少几个人，但你信奉“宁做兵头，不做将尾”的俗语。

49.你从事的工作经常在报刊、电视中被提到，因而在人们的心目中很有地位。

50.你的工作有数量可观的夜班费、加班费、保健费或营养费等。

51.你的工作比较轻松，精神上也不紧张。

52.你的工作需要和影视、戏剧、音乐、美术、文学等艺术打交道。

上面题目选项具体分值分别是：A. 5 分；B. 4 分；C. 3 分；D. 2 分；E. 1 分。请你根据表中每项前面的题号，计算一下每项的总得分，并把它填在每 1 项的得分栏上。然后在表格下面依次列出得分最高和最低的 3 项价值观。

职业价值观评价表

题号	价值观	说明	得分
2,30,36,46	利他主义	工作的目的和价值在于直接为大众的幸福和利益尽一份力。	
7,20,41,52	审美主义	工作的目的和价值在于能不断地追求美的东西，得到美感的享受。	
1,23,38,45	智力刺激	工作的目的和价值在于不断进行智力操作与思考学习，探索新事物，解决新问题。	
13,17,44,47	成就动机	工作的目的和价值在于不断创新，不断取得成就，不断得到领导和同事的赞扬，不断实现自己想要做的事。	
5,15,21,40	自主独立	工作的目的和价值在于能充分发挥自己的独立性和主动性，按自己的方式、步调或想法去做，不受他人的干扰。	
6,28,32,49	社会地位	工作的目的和价值在于所从事的工作在人们的心目中有较高的社会地位，使自己得到他人的重视与尊敬。	
14,24,37,48	权力控制	工作的目的和价值在于获得对他人或某事物的管理支配权，能指挥和调遣一定范围内的人或事物。	
3,22,39,50	经济报酬	工作的目的和价值在于获得优厚的报酬，使自己有足够的财力去获得自己想要的东西，使生活过得较为富足。	
11,18,26,34	社会交往	工作的目的和价值在于能和各种人交往，建立比较广泛的社会联系和关系，甚至能和知名人物结识。	

续表

题号	价值观	说明	得分
9,16,19,42	安全稳定	不管自己能力怎样,希望在工作中有一个安稳局面,不会因为工资、奖金、调动工作或领导训斥等经常提心吊胆、心烦意乱。	
12,25,35,51	轻松舒适	希望能将工作作为一种消遣、休息或享受的形式,追求比较舒适、轻松、自由、优越的工作条件和环境。	
8,27,33,43	人际关系	希望一起工作的大多数同事和领导人品较好,相处时感到愉快、自然。	
4,10,29,31	追求新意	希望工作的内容经常变换,使工作和生活显得丰富多彩,不单调枯燥。	

得分较高的 3 项是:
1. ________;
2. ________;
3. ________。

得分较低的前 3 项是:
1. ________;
2. ________;
3. ________。

根据得分较高和较低的 3 项,可以大致看出你的价值倾向,在选择职业时就可以加以考虑。

三、确立职业目标工具的使用

(一)SWOT 分析法

SWOT 分析详解

S 擅长什么 能做什么别人做不到的 人际关系、家庭状况、个人健康状况 性格、兴趣、专业、经验	W 缺乏什么技术 别人有什么比自己好 人际关系、家庭状况、个人健康状况 性格、兴趣、专业、经验
O 自身能力、条件 行业发展、职业需求 社会、国家或区域政策、经济形势	T 行业竞争 工作性质

(2)决策平衡单

职业决策平衡单表

序号	考虑项目 (加权范围1～5倍)	第一方案		第二方案		第三方案	
		得(+)	失(-)	得(+)	失(-)	得(+)	失(-)
1	适合自己的能力						
2	适合自己的兴趣						
3	符合自己的价值观						
4	满足自己的自尊心						
5	较高的社会地位						
6	带给家人声望						
7	符合自己的生活形态						
8	优厚的经济报酬						
9	足够的社会资源						
10	适合个人目前的处境						
11	有利于择偶以建立家庭						
12	未来有发展性						
合计							
得失参数							

填表方法如下。

第一步:在第一行列出所有选择。

第二步:在“考虑项目”一列中,根据个人关注的具体内容,填入在选择时需要考虑的因素(以上表格所列项目仅为参考范例,个人可根据各自实际情况确定)。

第三步:将表的各项加权计分。

(1)每个项目的得分或失分,可以根据该方案具有的优势(得分)、缺点(失分)来回答(计分),计分范围1～10分。

(2)给每个“考虑项目”赋予权重:重要性因人、因时、因地不同,此刻,你可以根据考虑项目的重要性与迫切性,给它们乘上权数,加权范围在1～5倍。

第四步:合计每个方案的优点总分和缺点总分,并正负相加,算出得失差数。

注意:客观作答才能正确评估每个方案对自己的重要性。

四、评审指标

成长赛道评审指标

指标	说明	分值
职业目标	结合所学专业多渠道了解相关行业发展趋势和就业市场需求，综合分析个人能力优势、兴趣特长等，合理设定职业目标	10
	基于职业目标对综合素质和专业能力等方面要求，科学分析个人现实情况与职业目标间的差距，制定合理可行的成长计划	10
	职业目标能够将个人理想与国家需要、经济社会发展相结合，体现正确的择业就业观念	10
学习实践行动	围绕目标职业要求，结合学校育人特色和所学专业，利用学校及社会资源开展学习实践	30
	学习实践行动取得阶段性标志性成果，接近职业目标要求	20
动态调整	及时对学习实践行动成效进行自我评估，总结分析收获、不足和原因，对职业目标和学习实践行动路径等作动态调整	20

就业赛道评审指标

指标	说明	分值
职业目标	能够结合就业市场需求和个人所学专业、能力及兴趣等特点，合理设定职业目标	5
	准确把握目标职业的任职要求、工作内容、基本流程和发展前景等	5
岗位胜任力	具备目标岗位所需综合素质，如思维认知、沟通协作能力和执行力等，具有敬业奉献的职业精神	40
	具备目标岗位所需的专业知识和技能要求，相关实习实践经历丰富，具备解决实际问题的专业能力	40
发展潜力	具备持续学习能力、创新精神和应对不确定性挑战的潜质，适应未来职业发展要求；符合就业市场需求，现场获得用人单位提供的录用意向	10

五、某职业技术学院大学生职业生涯发展报告

某职业技术学院

大学生职业生涯发展报告

年级：____________________

学院：____________________

专业：____________________

姓名：____________________

职业目标：________________

指导老师：________________

年　　月

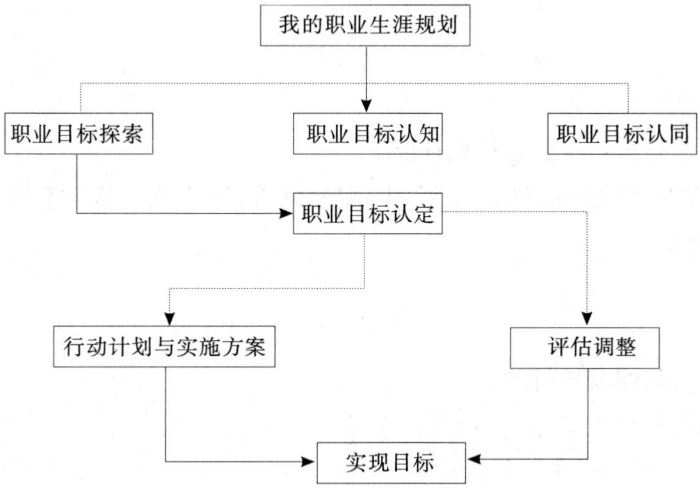

总体框架

一、探索奥秘,找寻职业目标

我的职业目标是 ______________。

(一) 探索奥秘,找寻职业目标——职业目标探索

1. 职之缘起

2. 行业榜样

3. 自我感知(谈谈兴趣、性格、技能等)

4. 价值观

(二) 拓展职业认知——职业目标认知

1. 能力要求

2. 通用素质

3. 社会需求

（三）强化自身差距——职业目标认同

通过 SMART 原则、决策平衡单，人岗匹配度分析，最终确定我的职业目标是成为一名________（职业目标）。

二、汇聚信息，赋能成长行动

（一）成长实践

（二）行动阶段成果

三、维护架构，践行成长计划

（一）未来成长计划

	规划内容
短期规划 （求学期间）	
中期规划 （毕业五年）	
长期规划 （毕业十年）	

（二）评估与调整

1. 每周记录学习、实践成果。
2. 每月通过人岗匹配度分析对职业目标进行再次衡量。
3. 每季度通过 SWOT 分析出差距，复盘调整下一步计划。

第二部分 创新创业意识培育

一、创业素质能力的认知

你是当老板的料吗？

无论你是在校大学生，或是毕业进入就业市场的年轻人，还是在社会上摸爬滚打多年的"上班族"，都希望拥有一份属于自己的事业。但是自己当老板可不是一件容易的事，你是否适合创业？有多少创业潜力？下列测试可帮助你确定自己是否具备创业能力，明确自己是否应当加入创业的行列。

1. 你是否曾经为了某个理想而设下两年以上的长期计划，而且按计划进行直到完成？

2. 在学校和家庭生活中，你是否能在没有父母及师长的督促下，就可以自发地完成分派的工作？

3. 你是否喜欢独自完成自己的工作，并且做得很好？

4. 你是否在接到工作任务后，不拖延地完成自己的工作？

5. 当你与朋友在一起时，你的朋友是否常寻找你听取指导和建议？你是否曾被推荐为领导者？

6. 求学时，你有没有赚钱的经验？

7. 你是否能够专注地投入个人兴趣连续十小时以上？

8. 你是否有习惯保存重要资料，并且井井有条地整理，以备需要时可以随时提取查阅？

9. 在平时生活中，你是否热衷于社区服务工作？你关心别人的需要吗？

10. 不论成绩如何，你是否喜欢音乐、艺术、体育活动等课程？

11. 在求学期间，你是否曾经带动同学，完成一项由你领导的大型活动，譬如运动会、歌唱比赛等活动？

12. 你喜欢在竞赛中，看到自己表现良好吗？

13. 当你为别人工作时，发现其管理方式不当，你是否会想出适当的管理方式并建议改进？

14. 当你需要别人资助时，是否能充满自信地要求，并且能说服别人来帮助你？

15. 当你需要经济支援时，是否能充满自信地要求，并且能说服别人来帮助你？

16. 当你要完成一项重要工作时，是否总是给自己足够时间仔细完成，而不是让时间虚度，在匆忙中草率完成？

17. 参加重要的聚会时，你是否准时赴约？在平时生活中，你有时间观念吗？你是否能充分运用时间？

18. 你是否有能力安排一个恰当的环境，使你在工作时能不受干扰，有效率地专心工作？

19. 你交往的朋友中，是否有许多有智慧、有眼光、有远见、稳重型的人物？

20. 你在学校社团等团体中，是否被认为受欢迎的人物？

21. 你自认为是个好的理财人物吗？当有一定数额的钱时，你是否有计划地花费这笔钱？你是否有生财的计划，以赚取更多的利润？

22. 你愿意为钱辛苦工作？钱对你重要吗？你是否可以为了赚钱而牺牲个人娱乐？

23. 你有足够的责任感吗？能够为自己完成的工作负起责任吗？你是否总是独自挑起责任的担子，彻底了解工作目标并认真执行工作？

24. 你在工作时，是否有足够的耐心与耐力？

25. 你是否能在很短的时间内，结交许多新朋友？你是否能使新朋友对你留下深刻的印象？

以上问题答“是”得 1 分，答“否”不得分，请计算一下你所得的分数，并参照下面的答案。

0～5 分：你目前不适合自己创业，应当训练自己为别人工作的技术与专业技能。

6～10 分：你需要在别人的指导下去创业，才有创业成功的机会。

11～15 分：你非常适合自己创业，但是在所有“否”的答案中，你必须分析出自己的问题加以纠正。

16～20 分：你个性中的特质，足以使你从小事慢慢开始，并从创业中获得经验，成为成功的创业者。

21～25 分：你有无限的潜能，只要懂得掌握时机和运气，你将是未来的商业巨子。祝你创业成功！

创业素质能力测评表

具体要求：

1. 实事求是地填写创业素质能力测评表。

2. 填写每一项时，先阅读要求，再评价你在这方面是优势、劣势还是不确定，在对应的表格处打√。

3. 让另外一位同学对你进行评价。

4. 最后计算出优势、劣势以及不确定的对号总数。

下面是一个同学的测评实例，请同学们根据自己的情况填表。

创业素质能力测评表

评估内容		自我评估			他人评估		
		优势	劣势	不确定	优势	劣势	不确定
企业家精神	创新:创造性地解决问题						
	冒险:敢于承担风险						
	合作:善于与他人进行合作						
	敬业:把现有工作当成事业成功的内在需求						
	学习:持续学习,终身学习						
	责任:敢于承担责任						
	执着:百折不挠、坚持不懈的毅力和意志						
	诚信:能说到能做到						
知识素质	专业技术知识:生产产品、提供服务的实践知识						
	经营管理知识:有效经营企业所需的知识						
	行业相关知识:较为丰富的知识面						
能力素质	领导能力:善于领导团队,能够有效地激励他人						
	决策能力:果断地作出决策						
	营销能力:具备良好的市场营销技能						
	交际能力:善于沟通,妥善处理内外部关系						
	人力资源管理能力:善于发现、使用、培养人员						
	战略管理能力:眼光长远,能从总体上把握形势						
	组织管理能力:高效地、科学地组织人员						
	信息管理能力:善于收集整理与分析信息						
	文化管理能力:善于塑造积极向上的组织氛围						
身心素质	身体素质:具有健康的体魄和充沛的精力						
	自信心:充满自信,坚持信仰如一						
	独立性:善于独立思考、独立工作						
	坚韧性:百折不挠、坚持不懈的毅力和意志						
	敢为性:敢于实践,敢冒风险						
	克制性:善于克制,防止冲动						
	适应性:灵活地适应各种变化						
总计							
优势(合计)		劣势(合计)		不确定(合计)			

注意:通过企业家精神测评与创业素质能力测评,先得出优势、劣势、不确定的具体分

数，然后进行比较，如果优势多，说明你创业潜质较高；如果劣势多，说明你目前还存在短板；如果不确定较多，说明自我认知或他人对你的认识不足，需要进一步使用其他的测评方法。

二、创业的认知

1. 什么是创业？____

____。

2. 创业者应该具备哪些素质？____

____。

三、创业想法产生和筛选

1. 你的创业想法：____

____。

2. 选择一个创业想法，尝试用 SWOT 方法检验这个创业想法是否适合你？

<table>
<tr><td colspan="2">你的创业想法：</td></tr>
<tr><td>S</td><td>W</td></tr>
<tr><td>O</td><td>T</td></tr>
<tr><td>检测结论：</td><td></td></tr>
</table>

第三部分　就业指导

一、职业认知网站与平台

芜湖职业技术学院就业信息网

芜湖经济技术开发区
人力资源市场微信公众号

合肥经开人才微信公众号

合肥新站高新区人才微信公众号

南京市人才服务中心微信公众号

杭州人才网

苏州工业园区人力资源和管理服务中心网

24365校园招聘服务网

教育部大学生就业资讯微信公众号　　安徽公共招聘网服务平台微信公众号

请根据你的职业认知，填写你的求职意愿：

意向就业地区：________________________________。

意向就业城市：________________________________。

意向就业行业：________________________________。

意向就业单位：________________________________。

意向就业岗位：________________________________。

意向职业目标：________________________________。

期望薪酬待遇：________________________________。

毕业去向：

1. 毕业后，你的就业/创业去向是________________________

2. 对就业/创业政策的了解________________________

二、制作个人简历

下面介绍几种简历范本。

个人简历

求职意向：市场营销。

Personal·Resume

基本信息

姓名：

出生年月：2006.05

民族：汉

身高：177cm

电话：123-456-7890

政治面貌：中共党员

邮箱：info@tukuppt.com

毕业院校：安徽××大学

住址：芜湖市××路888号

学历：本科

照片

教育背景

2020.07-2024.06 安徽××大学 市场营销（本科）

主修课程：

管理学、微观经济学、宏观经济学、管理信息系统、统计学、会计学、财务管理、市场营销、经济法、消费者行为学、国际市场营销

实习经历

2024-04至今 熊猫办公有限公司 市场营销（实习生）

- 负责公司线上端资源的销售工作（以开拓客户为主），公司主要资源以广点通、智汇推、百度、小米、360、沃门户等；
- 实时了解行业的变化，跟踪客户的详细数据，为客户制定更完善的投放计划（合作过珍爱网、世纪佳缘、56视频、京东等客户）

2023.07-2024.03 熊猫办公有限公司 软件工程师

- 负责公司业务系统的设计及改进，参与公司网上商城系统产品功能设计及实施工作。
- 负责客户调研、客户需求分析、方案写作等工作，参与公司多个大型电子商务项目的策划工作，担任大商集团网上商城一期建设项目经理。

校园经历

2023.03-2023.06 熊猫办公有限公司 校园大使主席

- 目标带领自己的团队，辅助完成在各高校的“伏龙计划”，向全球顶尖的AXA金融公司推送实习生资源。
- 整体运营前期开展了相关的线上线下宣传活动，中期为进行咨询的人员提供讲解。后期进行了项目的维护阶段，保证了整个项目的完整性。

技能证书

普通话一级甲等；

大学英语四/六级（CET-4/6），良好的听说读写能力，快速浏览英语专业文件及书籍；

通过全国计算机二级考试，熟练运用office相关软件。

自我评价

深度互联网从业人员，对互联网保持高度的敏感性和关注度，熟悉产品开发流程，有很强的产品规划、需求分析、交互设计能力，能独立承担APP和WEB项目的管控工作，善于沟通，贴近用户。

个人简历 CURRICULUM VITAE

照片

自我评价

×××××××××××××××××××××××××××××××
×××××××××××××××××××××××××××××××
×××××××××××××××××××××××××××××××
×××××××××××××××××××××××××××××××
×××××××××××××××××××××××××××××××
×××××××××××××××××××××××××××××××
××××××××××××××××××。

个人信息

姓　　名： **实习经验：** 6个月 **邮　　箱：** xxxx@xxx.com

年　　龄： 22 **手 机 号：** 135xxxx9999 **现住城市：** 安徽省芜湖市

求职意向

从事职业： 市场推广专员 **期望月薪：** 6k~7k

教育背景

安徽某职业学院 2020.09-2023.06 市场营销（专科）

证　　书

普通话一级甲等 大学英语四/六级 全国计算机二级考试 熟练运用office办公软件

实习经历

公司名称： 安徽某信息科技有限公司 **职位名称：** 推广经理助理 **在职时间：** 2023.01-至今

工作描述： 工作经验的时间采取倒叙形式，最近经历写在前面；工作经验的描述与目标岗位的招聘要求尽量匹配，用词精准；工作成果尽量以数据来呈现，突出个人成果以及做出的贡献；描述尽量具体简洁。如：

1.负责执行产品线上推广和数据整理分析，目标实现新用户增长并分析推广策略结果；通过与X个第三方广告渠道沟通需求并跟进上线，参与XX次推广活动策划，日常维护XX家渠道，分析并制作每日的数据报告，实习期所在团队取得XX%用户数量涨幅，新增XX新用户；

2.参与推广公司孵化的XX新产品，包括前期需求搜集与后期验收、宣讲培训工作。前期通过组织用户与竞品调研，输出XX份反馈结论和竞品市场分析报告，有X项已立项并通过产品部的评审。通过参与此项目，共协调XX个部门,推进XX人参与其中，显著提高沟通能力。

校园经历

校园职务： XX协会主席/学生会XX部长 **在职时间：** 2022.09-2023.01

职位描述： 编写指南：1.内容清晰，结果导向；2.与目标申请岗位相结合，升华内容；3.可参考STAR法则来写：Situation：背景与简介？Task：目标任务？Action：亮点挑战与解决办法？Result：成果与收益？

1.帮助某人才招聘企业实现实习生招聘、人才引进项目；

2.作为XX协会主席，先后联系XX家人才招聘企业，筹备立项及计划书，获得某公司认可支持。先后组织XX名协会成员与其它协会团队，帮助某公司完成在XX家高校的“XX人才计划”，向全球顶尖的XX公司推送实习生XX名，并获得校企共同奖励；

3.本次经历极大锻炼了本人做事的耐心与韧性，以及锻炼带领团队的协作能力。在运营前期找了XX家企业均被拒绝，仍坚持执行，最终获得零突破。在协调校方资源支持下，经过与企业XX次的评审与演练，筹备线上线下宣传活动，并进行咨询人员培训与管理制度编写等工作，最终保证整个项目顺利完成。

PERSONAL RESUME

照片

姓 名:

个人简历

求职意向：Java 开发工程师

- 生日：1999.06.05
- 性别：男
- 身高：177cm
- 籍贯：湖北
- 婚姻：未婚
- 体重：76kg
- 电话：13800138000
- 邮箱：BD@100chui.com
- 学历：专科

教育背景

2020.09-2023.06　　××大学　　计算机技术 专科

主修课程： 计算机导论、C/C++语言编程、Java 语言编程、算法与程序设计、数据库、数据结构体、编译原理、操作系统、计算机组成原理、计算机网络、图形学等。

工作经历

2021.07-2022.09　　北京网聘咨询有限公司　　Java 软件实习生

工作描述：

- 执行公司和部门领导的工作安排，并及时将结果反馈给领导；
- 执行所在项目或产品负责人分配的工作任务，认真完成；
- 根据项目或研发负责人分配的任务进行 JAVA 代码的开发；
- 完成前辈给的学习任务，对日常的工作进行自我总结，收获实战工作经验。

2022.11-2023.05　　北京网聘信息技术有限公司　　Java 软件开发工程师助理

工作描述：

- 根据开发需求说明和开发文档，协助完成相应的功能模块开发工作；
- 参与系统功能模块的详细设计，负责项目编码及维护工作；
- 参与部门 JAVA 开发框架的研究和设计工作，并在技术经理或构架师的指导下进行开发工作；
- 熟悉 MYSQL、ORACLE 等数据库管理系统，主要完成 Web 与数据库的交互工作。

个人技能

- 熟悉 git, maven, svn 等项目构建及版本管理工具。
- 熟悉 activemq, zookeeper, dubbo 的使用。
- 熟悉 tomcat 等应用服务器的应用部署及配置，熟悉 linux 操作系统操作。
- 熟悉 redis, mongodb 等 nosql 的使用。

自我评价

为人诚恳，待人真诚，具有良好的团队合作精神和沟通组织能力，工作认真、踏实、积极上进。自学能力强，思维敏捷，对于新知识接受快，勇于面对困难，敢于挑战。

张 三

ZHANG SAN

Personal Resume

照片

个人信息

年　　龄：22

实习经验：6个月

手 机 号：135XXXXXXXX

邮　　箱：service@XXX.com

现住城市：××市××区

求职意向

从事职业：java工程师

期望月薪：6k～7k

教育背景

学校名称：某某职业学院

就读时间：2020.09-2024.06

所学专业：计算机

学历学位：专科

证　　书

英语四级

省级"三好学生"

实习经历

- 公司名称：某信息科技有限公司职
- 在职时间：2024.01-至今
- 职位名称：软件开发工程师助理
- 工作描述：

工作经验的时间采取倒叙形式，最近经历写在前面；工作经验的描述与目标岗位的招聘要求尽量匹配，用词精准；工作成果尽量以数据来呈现，突出个人成果以及做出的贡献；描述尽量具体简洁。如：

1.负责开发XXX网站的XX频道改版，目标实现符合产品需求的功能。包括用户登录注册、商品管理、CMS管理、订单管理和数据埋点与统计分析功能，并按时按质上线；通过接入第三方XX和XX接口，此次改版后符合上线标准与项目管理要求，并对框架提升方向提出XX相关建议与意见。

2.通过此次实习，获得java语言基本应用、多线程管理、接口开发、代码调试、自动化脚本、测试验收、信息安全加密等经验，并且熟悉了需求分析方法、XX框架应用、数据库管理、角色权限管理以及平台开发指南。

自我评价

本科计算机专业学科背景，获得XX次奖学金，在XX受到软件开发培训，参与全国大学生挑战杯创业大赛获得X等奖，学校XX协会/学生会成员，组织X场XX会议，系统学习了计算机定性与定量研究方法。具有X次计算机系统相关的实习经历，累计实践工作经验X月，掌握基本的XX技术，分析和学习能力强，可有效进行XX方向的开发、XX技术解决。

校园经历

- 1.所学课程：在校期间顺利完成计科主要课程，积累了较多理论基础。涉及：数据结构、编译原理、操作系统、数据库系统、汇编语言程序设计、微机系统与接口技术、通信原理、通信系统、计算机网络、现代交换原理、TCP/IP原理与技术、计算机网络安全、计算机网络组网原理、网络编程技术、计算机网络管理、网络操作系统、Internet技术及应用、软件工程与方法学、数字信号处理、网格计算技术、计算机系统结构等。
- 2 实践经历：2.1参加《挑战杯XX》省级竞赛获得一等奖，扮演了系统网络技术员身份，从项目立项到技术方案分析以及完成开发均顺利完成。涉及数据库搭建、用户登录与权限设置、CMS系统管理等模块。

  2.2每年均会组织校级java开发主题辩论赛，累计有参赛人员100人次（包括教师），自己也获得X次优秀奖。通过前期筹备、执行活动、后期总结，不仅学习到如何处理人与事的关系，协调资源，还学习到如何将理论知识与实践相结合的整套方法论，熟悉在软件开发领域，不同视角的理解与认知，开阔了技术应用思维。

三、安徽省高校毕业生就业创业扶持政策(汇编)

四、安徽省高校毕业生就业创业常用官网

序号	分类	网站名称	网址	简介
1	求职招聘类	中国公共招聘网	http://www.job.mohrss.gov.cn/	由人力资源社会保障部主办的公共就业服务网站,以岗位信息发布和提供就业服务为主的综合性平台。网站内设“高校毕业生就业服务平台”模块,毕业生可通过此模块查询岗位信息、了解就业创业政策、获取重大招聘活动信息、进行求职登记等。
2		中国国家人才网	http://www.newjobs.com.cn/	由人力资源社会保障部全国人才流动中心主办的全国唯一一家国家级政府所属人才招聘网站,是中国最具权威性的人力资源专业门户网站。
3		就业在线	https://www.jobonline.cn/	由人力资源社会保障部组织建设的国家级招聘求职服务平台,汇聚各地、各类人力资源服务机构的“旗舰店”。发挥公共就业人才服务机构和经营性人力资源服务机构的作用,实现招聘求职信息实时、全面汇聚、共享和发布,支持跨区域、跨层级开展招聘求职服务。
4		安徽公共招聘网	http://www.ahggzp.gov.cn/	由安徽省人力资源和社会保障厅主办,发布安徽省及长三角地区人事招聘考试及机关、事业、知名企业等招聘信息资讯。网站同步提供人事档案托管、流动党员管理、青年就业见习等服务。

续表

序号	分类	网站名称	网址	简介
5	人事考试类	军队人才网	http://81rc.81.cn/	由军委政治工作部主办，全军专业技术干部考试中心和解放军报社承办的军队人才网站，主要发布军队招生、军队文职人员招聘等信息。
6		安徽省人事考试网	http://www.apta.gov.cn/	安徽省人事考试网是安徽省人事考试院的官方网站，负责发布专业技术人员考试、国家及省公务员招考、事业单位招考以及其他一些社会化考试等人事考试方面的最新资讯。
7	创业服务类	安徽省创业服务云平台	http://www.ahcy.gov.cn/	由安徽省人力资源和社会保障厅主办的创业服务类网站，通过政策、测评、培训、场地、资金、服务、活动及项目八大模块，汇聚创业资源，以创业金币流转激活创业全流程，打造一站式创业服务。
8	办事服务类	安徽省阳光就业网上服务大厅	http://ygjy.ah.gov.cn/	由安徽省人力资源和社会保障厅主办的办事服务类网站，高校毕业生可通过此网站进行就业失业登记，申领求职创业补贴、一次性就业补贴、一次性创业补贴等，查询就业见习岗位和公益性岗位信息等。

参考文献

[1] 李家华.《创业基础》(第 2 版)[M]. 北京:清华大学出版社,2015.

[2] 王彩凤. 大学生职业生涯规划与就业指导[M]. 北京:中国人民大学出版社,2014.

[3] 钟谷兰,杨开. 大学生职业生涯发展与规划(第 2 版)[M]. 上海:华东师范大学出版社,2016.

[4] 谢宝国,赵一君,杨光萍. 大学生涯规划与职业发展[M]. 北京:教育科学出版社,2016.

[5] 高瑞果,吕闽,孙静. 大学生就业与创业指导[M]. 北京:国家行政学院出版社,2017.

[6] 庄明科,谢伟. 大学生职业生涯规划(第 2 版)[M]. 北京:中国人民大学出版社,2019.

[7] 肖焰,肖竞,张晓超. 大学生就业创业能力训练教程[M]. 北京:机械工业出版社,2019.

[8] 黄淑敏,吕闽. 大学生职业生涯规划与就业指导(第二版)[M]. 北京:航空工业出版社,2021.

[9] 杨兆辉,陈晨. 大学生创新创业基本能力训导(第 2 版)[M]. 北京:电子工业出版社,2023.

第1版
后　记

就业是民生之本,高校毕业生就业更是民生工作的重中之重。特别是当前国际形势的不稳定、不确定因素增多,世界经济形势复杂严峻。在当前稳就业面临一定压力的背景下,做好高校毕业生就业工作,真正地落实"六稳""六保"政策,是夯实高等教育持续健康发展的基础。编写符合高职高专院校教育特点,体现高职高专学生职业发展规律和就业创业指导特色的《大学生职业生涯规划与就业创业指导实用教程》是当前形势所需。

全书分为职业生涯规划、就业能力指导、创新创业教育三个模块共五编。职业生涯规划模块主要包括职业生涯规划的意义、职业生涯的影响因素、职业生涯规划的实践、职业素养的提升等内容。就业创业指导模块分析了当前就业形势,对就业政策进行了解读,以帮助学生做好心理调适和角色转换,分析毕业去向,指导学生制作简历和掌握面试技巧,指导毕业生掌握最新的劳动法律法规和权利维护技巧等。创新创业教育模块分析了当前创业的时代背景,对创新创业政策进行了解读,包括创新创业意识培养等内容。此外,教材压缩了理论部分,充分体现了针对性和可读性。附录中设计了教学中的作业模块,梳理了毕业生常用的求职平台和网站,整理了最新的大学生就业创业政策,展示了部分优秀毕业生事迹等。

本书由周基燕、章莉娟担任主编,童传旺、钱琴琴担任副主编。全书的结构与内容由周基燕、章莉娟修改定稿。具体编写分工如下:第一编、第二编,章莉娟;第三编,童传旺;绪论、第四编、第五编,周基燕;附录,钱琴琴。本书的编写、修订和出版得到了学校领导的关心和指导、就业工作人员的无私帮助和出版社编辑人员的大力支持,在此一并表示感谢!

由于我们的水平有限，本书难免会有不当之处，恳请授课老师、广大同学和热心读者给予批评指正，我们不胜感激！

编　者

2021 年 2 月

第2版
后　记

就业是民生之本，高校毕业生就业更是民生工作的重中之重。面对日益严峻的就业形势和不断变化的职业环境，大学生们迫切需要科学的指导和实用的策略来规划自己的职业生涯，提升就业竞争力，培养创业意识。《大学生职业生涯规划与就业创业指导实用教程(第2版)》在第1版基础上，对最新就业形势作了分析，更新了相关就业创业扶持政策及案例，内容符合高职高专院校教育特点。

作为一本旨在帮助大学生明确职业方向、提升就业竞争力的实用教程，本书分为职业生涯规划、创新创业教育、就业创业指导三个模块共五编。职业生涯规划模块主要包括职业生涯规划的意义、职业生涯的影响因素、职业生涯规划的实践、职业素养的提升等内容。创新创业教育模块分析了当前创业的时代背景，对创新创业政策进行了解读，包括创新创业意识培养等内容。就业创业指导模块分析了当前就业形势，对就业政策进行了解读，以帮助学生做好心理调适和角色转换，分析毕业去向，指导学生制作简历和掌握面试技巧，指导毕业生掌握最新的劳动法律法规和权利维护技巧等。附录中设计了教学中的作业模块，梳理了毕业生常用的求职平台和网站。在内容编排上，我们注重理论与实践相结合，既阐述了职业生涯规划的基本理论和方法，又通过大量的案例分析和实战演练，帮助学生将所学知识转化为实际能力。同时，我们也紧跟时代步伐，引入了最新的职业发展理念和就业趋势，确保学生能够获取到最前沿的信息和资源。

本书由周基燕担任主编，童传旺、钱琴琴担任副主编。全书的结构与内容由周基燕、章莉娟修改定稿。具体编写分工如下：第一编、第二编，章莉娟；第三编，童传旺；绪论、第四编、第五编，周基燕；附录，钱琴琴。

在教材编写过程中，我们特别注重与学生的互动和反馈，通过问卷调查、访谈等方式，收集了大量学生的意见和建议，不断优化和完善教材内容。我们希望通过这本书，能够为大学生的职业生涯规划与就业指导提供有力的支持和帮助，让他们在未来的职业道路上少走弯路，更加顺利地实现自己的人生价值。

本书的编写、修订和出版得到了校领导的关心和指导、全校就业工作人员的无私帮助和出版社有关编辑人员的大力支持，在此一并表示感谢！由于我们的水平有限，本书难免会有不当之处，恳请授课老师、广大同学和热心的读者给予批评指正，我们不胜感激！

编　者

2024 年 7 月

第3版
后　记

就业是民生之本，高校毕业生就业更是民生工作的重中之重。面对日益严峻的就业形势和不断变化的职业环境，大学生们迫切需要科学的指导和实用的策略来规划自己的职业生涯，提升就业竞争力，培养创业意识。《大学生职业生涯规划与就业创业指导实用教程（第 3 版）》在第 1 版、第 2 版的基础上，不仅增加了新的典型案例，还增加了职业生涯规划和就业创业的前沿内容，以适应快速变化的社会和职场需求。我们对个别章节的内容与结构进行了调整，以期更好地服务于教学和自学。

我们深知，作为教育工作者，我们的责任不仅仅是传授知识，更是引导学生发现自我、规划未来、实现梦想。因此，我们努力将理论与实践相结合，让本书不仅仅是一本教科书，更是学生职业生涯规划和就业创业的指南和伙伴。作为一本旨在帮助大学生明确职业方向、提升就业竞争力的实用教程，本书分为职业生涯规划、就业创业指导、创新创业教育三个模块共五编。职业生涯规划模块主要包括职业生涯规划的意义、职业生涯的影响因素、职业生涯规划的实践、职业素养的提升等内容。创新创业教育模块分析了当前创业的时代背景，对创新创业政策进行了解读，包括创新创业意识培养等内容。就业创业指导模块分析了当前就业形势，对就业政策进行了解读，以帮助学生做好心理调适和角色转换，分析毕业去向，指导学生制作简历和掌握面试技巧，指导毕业生掌握最新的劳动法律法规和权利维护技巧等。附录中设计了教学中的作业模块，梳理了毕业生常用的求职平台和网站。在内容编排上，我们注重理论与实践相结合，既阐述了职业生涯规划的基本理论和方法，又通过大量的案例分析和实战演练，帮助学生将所学知识转化为实际能力。同时，我们也紧跟时代步伐，引入了最新的职业发展理念和就业趋势，确保学生能够获取到最前沿的信息和资源。

本书由周基燕、章莉娟担任主编，童传旺、钱琴琴担任副主编。全书的结构与内容由周基燕、章莉娟修改定稿。具体编写分工如下：第一编、第二编，章莉娟；第三编，童传旺；绪论、第四编、第五编，周基燕；附录，钱琴琴。

在教材编写过程中，我们特别注重与学生的互动和反馈，通过问卷调查、访谈等方式，收集了大量学生的意见和建议，不断优化和完善教材内容。我们希望通过这本书，能够为大学生的职业生涯规划与就业指导提供有力的支持和帮助，让他们在未来的职业道路上少走弯路，早日实现自己的职业梦想，更加顺利地实现自己的人生价值。

本书的编写、修订和出版得到了校领导的关心和指导、全校就业工作人员的无私帮助和出版社有关编辑人员的大力支持，在此一并表示感谢！由于我们的水平有限，本书难免会有不当之处，恳请授课老师、广大同学和热心的读者给予批评指正，以便我们能够不断改进和完善，我们不胜感激！

编　者

2024 年 11 月